Tobias Haertel, Claudius Terkowsky, Sigrid Dany, Sabrina Heix (Hg.)

Hochschullehre & Industrie 4.0

Herausforderungen – Lösungen – Perspektiven

© 2019 wbv Publikation
ein Geschäftsbereich der
wbv Media GmbH & Co. KG, Bielefeld

Gesamtherstellung:
wbv Media GmbH & Co. KG, Bielefeld
wbv.de

Umschlagmotiv: gmast3r/iStockphoto

Bestellnummer: 6004633
ISBN (Print): 978-3-7639-5934-1
ISBN (E-Book): 978-3-7639-5935-8
Printed in Germany

Das Werk einschließlich seiner Teile ist urheberrechtlich geschützt. Jede Verwertung außerhalb der engen Grenzen des Urheberrechtsgesetzes ist ohne Zustimmung des Verlags unzulässig und strafbar. Insbesondere darf kein Teil dieses Werkes ohne vorherige schriftliche Genehmigung des Verlages in irgendeiner Form (unter Verwendung elektronischer Systeme oder als Ausdruck, Fotokopie oder unter Nutzung eines anderen Vervielfältigungsverfahrens) über den persönlichen Gebrauch hinaus verarbeitet, vervielfältigt oder verbreitet werden.

Für alle in diesem Werk verwendeten Warennamen sowie Firmen- und Markenbezeichnungen können Schutzrechte bestehen, auch wenn diese nicht als solche gekennzeichnet sind. Deren Verwendung in diesem Werk berechtigt nicht zu der Annahme, dass diese frei verfügbar seien.

Bibliografische Information der Deutschen Nationalbibliothek
Die Deutsche Nationalbibliothek verzeichnet diese Publikation in der Deutschen Nationalbibliografie; detaillierte bibliografische Daten sind im Internet über http://dnb.d-nb.de abrufbar.

Inhalt

Editorial: Hochschullehre & Industrie 4.0: Herausforderungen – Lösungen – Perspektiven 5

Teil I: Kreativität und Entrepreneurship 11

Tobias Haertel, Claudius Terkowsky, Silke Frye
Kreativität in der Industrie 4.0: Drei zentrale Thesen für die Ingenieurdidaktik 13

David H. Cropley, Arthur J. Cropley
Industrie 4.0 und Kreativität im Ingenieurwesen: Folgen für die Hochschullehre 27

Andreas Liening, Jan-Martin Geiger, Tim Haarhaus, Ronald Kriedel
Entrepreneurship Education und Industrie 4.0 aus hochschuldidaktischer Perspektive 41

Teil II: Gender 57

Susanne Ihsen
Analoge Erkenntnisse, Erfolge und Widerstände für genderspezifische Chancengleichheit in MINT: Auf der Schwelle zur Digitalisierung und Industrie 4.0 59

Christina Krins
Frauen in der digitalen Arbeitswelt: Geschlechtsspezifische Effekte und emanzipatorische Chancen des digitalen Wandels 73

Teil III: Remote Labs und Lernfabriken 87

Claudius Terkowsky, Dominik May, Silke Frye
Labordidaktik: Kompetenzen für die Arbeitswelt 4.0 89

Reinhard Langmann
Industrial Internet of Things und Remote Labs in der Lehre für Automatisierungsingenieurinnen und -ingenieure 105

Joshua Grodotzki, A. Erman Tekkaya
Eine Lehre für die Zukunft? Wie Technologie von heute das Lernen von morgen verändert 127

Simone Kauffeld, Nine Reining
Agiles Arbeiten in der Industrie 4.0: Herausforderungen für die Hochschullehre der Zukunft am Beispiel einer Lehr-Lernfabrik 137

Nicolina Praß, Marco Saggiomo, Gesine Köppe
Digital Capability Center: Industrie 4.0 in der Lernfabrik 153

Daniel Pittich, Ralf Tenberg, Karsten Lensing
Technikdidaktische Herausforderungen im Übergang zu Industrie 4.0 167

Daniela Schmitz, Daniel Al-Kabbani
Flipped Classroom, Microlearning und Mobile Learning: Was Lehrende jetzt wissen müssen 183

Autorinnen und Autoren 199

Editorial: Hochschullehre & Industrie 4.0: Herausforderungen – Lösungen – Perspektiven

Die Industrie 4.0 verändert alles, sie hat Auswirkungen auf unser Arbeitsleben, unser Privatleben und alle Bereiche der Gesellschaft – und das mit einer sehr hohen Dynamik, die wenig Zeit zur Vorbereitung auf diese Veränderungen gibt. Umso wichtiger ist es, dass alle Bildungsträger jetzt dazu beitragen, die Gesellschaft mit gezielten Bildungsangeboten auf die Industrie 4.0 vorzubereiten.

Auch Hochschulen stehen in diesem Zusammenhang vor massiven Umbrüchen: Nicht nur müssen sie neue Inhalte der Industrie 4.0 in ihre curricularen Strukturen integrieren (es gibt kaum eine Disziplin, die nicht davon betroffen ist), um auf sich verändernde Kompetenzanforderungen zu reagieren. Auch die Art, wie Lernende lernen, wird sich nachhaltig verändern. In der digitalen Hochschule wird es nicht mehr darum gehen, Vorlesungen als Video aufzuzeichnen oder Skripte im Moodle-System abzulegen, auf dass die Studierenden regen Gebrauch davon machen mögen. Virtual Reality und Augmented Reality werden ganz andere Möglichkeiten eröffnen: Simulationen, cyber-physikalische Systeme, Remote-Labore und internationale Studierendengruppen, die über Webkonferenzen zusammenarbeiten, werden bald in der Lehre alltäglich sein. Darüber hinaus stehen Durchbrüche bei der künstlichen Intelligenz vor der Tür. Schon heute unterstützt sie Studierende bei der Organisation ihres Studiums. Künstliche Intelligenz wird Lernende bei Lernprozessen zur Seite stehen und in letzter Konsequenz die Lehrenden ersetzen. Der erste humanoide Roboter durfte im Wintersemester 2017/18 an der Universität Marburg eine Vorlesung übernehmen.

Hochschulen müssen zeitnah auf diese Entwicklungen reagieren. Lehrende sollten in der Lage sein, auf die neuen Herausforderungen einzugehen, mit möglichst positiven Lernerfahrungen für die Studierenden, die Lust machen, sich auf die Techniken der Industrie 4.0 einzulassen und sie zu gestalten – und damit die eigene und die gesellschaftliche Zukunft zu formen.

Lust an der Industrie 4.0 in der Lehre fördern – das ist ein zentrales Anliegen dieses Sammelbandes. Alle Beiträge greifen die neuen Herausforderungen auf und bieten Lösungen an, mit denen Lehrende ihre Studierenden auf die Industrie 4.0 vorbereiten können.

Den Auftakt machen drei Beiträge aus dem Bereich **Kreativität und Entrepreneurship**: In den Beiträgen wird deutlich gemacht, wie sehr diese Kompetenzen als Schlüsselkompetenz in der Industrie 4.0 benötigt werden.

Tobias Haertel, Claudius Terkowsky und Silke Frye formulieren in ihrem Text „Kreativität in der Industrie 4.0: Drei zentrale Thesen für die Ingenieurdidaktik" drei zentrale Aspekte zur Förderung der Kreativität von Studierenden. Ingenieurinnen und Ingenieure werden maßgeblich dazu beitragen, die Techniken der Industrie 4.0 zu gestalten und nicht antizipierte Probleme der soziotechnischen Systeme zu lösen. Kreativität kommt dabei eine Schlüsselrolle zu. Die Autorin und die Autoren zeigen drei konkrete Maßnahmen auf, mit denen Lehrende vor allem (aber nicht ausschließlich) in den Ingenieurwissenschaften die Kreativität ihrer Studierenden fördern können. Behandelt werden in diesem Zusammenhang Lernziele zur Kreativität und ihre Einbindung in Veranstaltungen (1), neue Ansätze der Maker Education zur Habitualisierung der Studierenden als Gestaltende von Technik (2) und Methoden zur (Selbst-)Motivierung von Lernenden (3).

Dass Kreativität in Zeiten der Industrie 4.0 eine für Ingenieurinnen und Ingenieure unverzichtbare Kompetenz ist, arbeiten auch *David und Arthur Cropley* in ihrem Beitrag „Industrie 4.0 und Kreativität im Ingenieurwesen: Folgen für die Hochschullehre" heraus. Deswegen schlagen sie vor, die bestehenden Ansätze der MINT-Didaktik gezielt um Kreativität zu ergänzen und eine MINKT-Didaktik in den Fokus zu rücken. Die MINKT-Didaktik integriert kreative kognitive Faktoren (z. B. Denkstrategien), persönliche Faktoren (Motivation, Selbstbild) und soziale Faktoren (Einstellungen, Werte), die von den Autoren anschaulich beschrieben werden. David und Arthur Cropley zeigen, wie diese Aspekte von Lehrenden mit geeigneten Aufgaben kreativitätsförderlich (oder mit nicht geeigneten Aufgaben kreativitätshemmend) angesprochen und entsprechende kreative Leistungen von Studierenden bewertet werden können.

Eine weitere wichtige Kompetenz ist für *Andreas Liening, Jan-Martin Geiger, Tim Haarhaus und Ronald Kriedel* das unternehmerische Denken von Studierenden. In ihrer Arbeit „Entrepreneurship Education und Industrie 4.0 aus hochschuldidaktischer Perspektive" belegen die Autoren die gesellschaftliche Bedeutung von Start-ups in Zeiten der Industrie 4.0. Um den Kompetenzbedarf der Studierenden in der Hochschullehre zunächst inhaltlich aufzugreifen, skizzieren sie einen Ansatz der Entrepreneurship Education mit seinen spezifischen Herausforderungen. Mit sehr konkreten Beispielen zu Methoden und Formaten einer Entrepreneurship Education geben sie Lehrenden Hinweise, wie sie das unternehmerische Denken ihrer Studierenden fördern können.

Ein in der öffentlichen Debatte oft geführtes Argument lautet, zur Abmilderung des Fachkräftemangels in technischen Berufen müsste der Anteil der Frauen in technischen Studiengängen und Ausbildungen stark erhöht werden. Tatsächlich sind Frauen in vielen klassisch technischen Berufen stark unterrepräsentiert, und der Fachkräftemangel ist ein reales und bedeutendes Problem. Es gibt jedoch noch ein viel stärkeres Argument, sich Gedanken zur Förderung von Frauen in technischen Studiengängen zu machen: Die Zukunft in Zeiten der Industrie 4.0 ist technisch, und es geht um nichts weniger als die gesellschaftliche Teilhabe. Nur diejenigen, die über die Kompetenzen verfügen, die Techniken der Industrie 4.0 in ihrem Beruf zu beherrschen, werden zukunftssichere Arbeitsplätze bekommen. Deswegen ist der geringe Anteil von Studentinnen z. B. im Maschinenbau nicht nur aus volkswirtschaftlicher Sicht ein Problem, sondern aus gesamtgesellschaftlicher Sicht nicht akzeptabel. Einen digital divide darf es in einer Gesellschaft, die ubiquitär technisch geprägt sein wird, nicht mehr geben. Aus diesem Grund beschäftigen sich zwei Beiträge explizit mit der Rolle von **Gender** bzw. Frauen in der Industrie 4.0.

Den Auftakt macht hier *Susanne Ihsen*, die in ihrem Beitrag „Analoge Erkenntnisse, Erfolge und Widerstände für genderspezifische Chancengleichheit in MINT – auf der Schwelle zur Digitalisierung und Industrie 4.0" zunächst zielgenau formuliert, was in den vorhergehenden Beiträgen ebenfalls konstatiert wird: Außerfachliche Kompetenzen werden in der Industrie 4.0 zu neuen fachlichen Kompetenzen, in ihrer Betrachtung bei der Arbeit außerhalb homosozialer Gruppen und in diversen Arbeitszusammenhängen. Vor diesem Hintergrund beschreibt Susanne Ihsen die Anforderungen an Lehrende auf den Ebenen einer gendersensiblen Fach-, Methoden-, Sozial- und Selbstkompetenz und veranschaulicht nachdrücklich, dass in der digitalen Welt noch viel getan werden muss, um die Chancenungleichheiten aus der analogen Welt nicht zu übernehmen.

Dass die Digitalisierung eine große Chance für Frauen ist, die es nun aber auch zu nutzen gilt, ist ebenfalls der Grundtenor im Beitrag von *Christina Krins*, „Frauen in der digitalen Arbeitswelt – Geschlechtsspezifische Effekte und emanzipatorische Chancen des digitalen Wandels". Sie analysiert die Chancen und Risiken der Digitalisierung auf den Ebenen geschlechtsspezifischer Beschäftigungseffekte, Arbeitsformen und relevanter Kompetenzen in der Industrie 4.0. So bergen z. B. die neuen digitalen Techniken Chancen für flexiblere Arbeitszeiten und die Vereinbarkeit von Beruf und Familie und damit gleichzeitig aber auch das Risiko der Entgrenzung des Privaten oder der Ausgrenzung bei vor Ort getroffenen Entscheidungen. Für alle drei Perspektiven stellt Christina Krins konkrete Ansätze zu einer geschlechterorientierten Gestaltung des digitalen Wandels auf und schließt, wie Susanne Ihsen und ganz im Sinne dieses Sammelbandes, mit der Ermutigung, die aktuellen Entwicklungen zur Förderung der Chancengleichheit zu nutzen.

Kreativität, Entrepreneurship, genderorientierte Gestaltung des digitalen Wandels – damit werden zentrale Herausforderungen der Industrie 4.0 für die Hochschullehre aufgegriffen. Die schöne Formulierung von Susanne Ihsen fasst dies gut zusammen: Außerfachliche Kompetenzen werden neue fachliche Kompetenzen. Über diese Veränderung der Lerninhalte hinaus führt die vierte industrielle Revolution auch zu weiteren notwendigen Neuerungen in der Lehre – insbesondere auf der Ebene, wie in Zukunft gelehrt und gelernt wird.

Die weiteren Beiträge im Sammelband befassen sich daher insbesondere mit innovativen Lehrformaten, den **Remote Labs und Lernfabriken**.

Den Anfang machen hier *Claudius Terkowsky, Dominik May und Silke Frye* mit ihrer Arbeit „Labordidaktik: Kompetenzen für die Arbeitswelt 4.0". Die Autorin und die Autoren verfolgen mit ihrem Beitrag das Ziel, den hochschulischen Lehr-Lernort Labor auf seine Passung zur Ausbildung relevanter Kompetenzen für die Industrie 4.0 hin zu überprüfen und mögliche Potenziale für die künftige Entwicklung von

Kompetenzen für die Arbeitswelt 4.0 zu identifizieren. Zwar ist ein Labor an sich kein innovatives Lehrformat – auf die über 150-jährige Geschichte des Labors weisen die Autorin und Autoren zu Recht hin. Jedoch ist ein mittels Industrie-4.0-Technologie cyber-physikalisiertes Labor, das durch eine innovative Labordidaktik gezielt die Kompetenzen der Arbeitswelt in der Industrie 4.0 in den Blick nimmt, gegenüber den auf induktiv-instruktiven Ansätzen verharrenden Grundlagenlaboren eine dringlich notwendige Neuerung für die Lehre. Aus diesem Grund arbeiten Claudius Terkowsky, Dominik May und Silke Frye zunächst die für die Industrie 4.0 relevanten fachspezifischen und fachübergreifenden technischen, sozialen und Selbstkompetenzen heraus und zeigen dann entlang eines konkreten Fallbeispiels eines cyberphysikalisierten teleoperativen Labors, wie diese Kompetenzen in die Laborlehre integriert werden können, oder, wie sie es zutreffend beschreiben, das Digitale in das Labor gebracht werden kann.

In dieselbe Richtung geht auch *Reinhard Langmann* mit seinem Beitrag „Industrial Internet of Things und Remote Labs in der Lehre für Automatisierungsingenieurinnen und -ingenieure", allerdings nimmt er stärker die technischen Aspekte in den Fokus. Anhand des FlexIOT-Portals zeigt er, wie leicht sich für die Industrie 4.0 kontextualisierte Remote Labs für die Lehre erstellen lassen und veranschaulicht dies mit mehreren Beispielen.

Ebenfalls mit Laboren befassen sich *Joshua Grodotzki und A. Erman Tekkaya* in ihrem visionären Beitrag „Eine Lehre für die Zukunft? Wie Technologie von heute das Lernen von morgen verändert." Mit Anna und Martin, zwei hypothetischen Studierenden der Zukunft, zeigen sie am Beispiel der Umformtechnik, wie Lernen in der Industrie 4.0 bald aussehen wird. Im Zentrum der Vision steht ein Lab Space, der alle Geräte einer Fakultät vereint und Lernenden physisch und vor allem virtualisiert zur Verfügung steht. Virtuelle Brillen, haptische Tools und Laufbänder gewähren einen Immersionsgrad, der die Grenzen zwischen realem und virtuellem Labor verwischt. Vorlesungen finden ebenfalls im virtuellen Hörsaal statt, für Arbeitsgruppen gibt es virtuelle Lernräume. Das gibt Anna und Martin viel Zeit, sich mit den Maschinen auseinanderzusetzen, zu experimentieren, Erfahrungen zu sammeln und sich mit ihren Kommilitoninnen und Kommilitonen auszutauschen. Die Vision einer Lehre, die Studierende perfekt auf die Anforderungen der Industrie 4.0 vorbereitet, und in deren Kern mit Anna eine kreative Maschinenbauingenieurin steht, die gerade ihr eigenes Unternehmen gründet und damit wieder an Susanne Ihsen erinnert: Außerfachliche Kompetenzen werden zu neuen fachlichen Kompetenzen.

Als spezielle Form von Laboren, die ebenfalls innovativ die Kompetenzen der Industrie 4.0 aufgreifen können, zählen Lernfabriken. Zunächst befassen sich damit *Simone Kauffeld und Nine Reining* in ihrer Arbeit „Agiles Arbeiten in der Industrie 4.0: Herausforderungen für die Hochschullehre der Zukunft am Beispiel einer Lehr-Lernfabrik". Sie schauen sich die neuen Anforderungen in der Arbeitspraxis an und identifizieren vor allem Agilität und Flexibilität als wichtige Merkmale. Am Beispiel der Lehr-Lernfabrik in Braunschweig zeigen sie auf, wie Agilität als Kompetenz von den Studierenden erworben werden kann.

Nicolina Praß, Marco Saggiomo und Gesine Köppe stellen unter der Überschrift „Digital Capability Center: Industrie 4.0 in der Lernfabrik" mit dem DCC (Digital Capability Center) eine weitere Lernfabrik vor. Das DCC bildet eine realitätsgetreue Modellfabrik aus dem Bereich der Textilproduktion ab. Lernende können dabei zunächst die konventionelle Arbeitswelt kennenlernen. Mit wenigen Handgriffen kann das DCC anschließend jedoch in eine komplett mit allen verfügbaren Techniken der Industrie 4.0 ausgestatteten Produktionsanlage umgewandelt werden. Große Datenmengen aus vielzähligen Sensoren, Automatisierungstechniken, digitale Assistenzsysteme und Augmented Reality Tools zeigen eine Fabrik, die sich grundlegend von der bisherigen Produktion abgrenzt und auch ganz andere Kompetenzen erfordert. Industrie 4.0 wird im DCC erlebbar. Mit diesem spannenden Ansatz richtet sich das DCC an Unternehmerinnen und Unternehmer, Technikerinnen und Techniker, aber auch Studierende des entsprechenden Studiengangs der RWTH Aachen, die mit ihrer Arbeit im DCC optimal auf die Industrie 4.0 vorbereitet werden.

Die Arbeitsanforderungen in den Unternehmen, aus denen die notwendigen Kompetenzen abgeleitet werden – auch *Daniel Pittich, Ralf Tenberg und Karsten Lensing* folgen dieser Vorgehensweise in ihrem Beitrag „Technikdidaktische Herausforderungen im Übergang zu Industrie 4.0". Auf Grundlage der umfassenden Antizipation neuer Kompetenzbedarfe kommen sie zu dem Ergebnis, dass Wissensarbeit und Prozessorientierung in Kombination mit sozialen Kompetenzen an Bedeutung gewinnen und einen Ansatz des handlungsorientierten Unterrichts für die Lehramtsausbildung in technischen Fächern notwendig machen.

Konkrete Hinweise, wie Lehrende ihre Veranstaltungen im Sinne der Industrie 4.0 umgestalten können, liefern *Daniela Schmitz und Daniel Al-Kabbani* in ihrem Beitrag „Flipped Classroom, Microlearning und Mobile Learning: Was Lehrende jetzt wissen müssen". Mit einer Art FAQ-Liste stellen sie zunächst das Konzept des Flipped Classrooms vor und legen dabei ein besonderes Augenmerk auf die Gelingensbedingungen. Darüber hinaus werden Just in Time Teaching, Microlearning und Mobile Learning anschaulich beschrieben. Eine Bewertungsmatrix unterstützt die Lehrenden bei der Auswahl des für sie am besten geeigneten digitalen Lehr-/Lernszenarios. Dieser Beitrag beendet unseren Sammelband.

Wir möchten uns bei allen Autorinnen und Autoren für ihre Arbeit ganz herzlich bedanken. Die gemeinsamen Diskussionen mit allen Beteiligten waren stets sehr inspirierend. Die Arbeit an dem Sammelband ist aber auch verbunden mit einem sehr schmerzlichen Ereignis: Mit großer Bestürzung mussten wir zur Kenntnis nehmen, dass unsere sehr geschätzte Autorin Susanne Ihsen am 20. August 2018 verstorben ist. Das macht uns fassungslos. Susanne Ihsen war eine großartige Wissenschaftlerin und Pionierin, sie hat die so wichtige Geschlechterforschung in den Ingenieurwissenschaften und die konkrete Förderung von Frauen in MINT-Berufen entscheidend vorangetrieben. Unser Mitgefühl gilt ihren Angehörigen und Kolleginnen und

Kollegen. Wir möchten uns ganz herzlich bei ihrem Lebensgefährten Klaus Siebertz bedanken, der es uns in einer Zeit, in der es für ihn ganz andere Herausforderungen gegeben hat, trotzdem ermöglicht hat, den Beitrag von Susanne Ihsen, der für diesen Sammelband so wichtig ist, zu veröffentlichen.

Dortmund, März 2019

Tobias Haertel
Claudius Terkowsky
Sigrid Dany
Sabrina Heix

Teil I: Kreativität und Entrepreneurship

Kreativität in der Industrie 4.0: Drei zentrale Thesen für die Ingenieurdidaktik

Tobias Haertel, Claudius Terkowsky, Silke Frye

Abstract

Kreativität gilt als Schlüsselkompetenz in der Arbeitswelt der Industrie 4.0, in der es sehr viel stärker darum gehen wird, Probleme zu lösen und neue soziotechnische Systeme zu gestalten – nicht nur, aber insbesondere auch in den Ingenieurwissenschaften. In diesem Beitrag werden drei zentrale Thesen aufgestellt, die Voraussetzungen für eine effektive Förderung der Kreativität in der Hochschullehre bilden. Dabei geht es um die folgenden Punkte: (1) Die Einbindung von Kreativität ins Design von Lehrveranstaltungen im Sinne des Constructive Alignments, (2) die möglichst frühe Nutzung von Lehr-/Lernszenarien mit den Merkmalen der Maker Education und (3) die gemeinsame Wahrnehmung der Verantwortung für die (Selbst-)Motivation in Lernprozessen von Lernenden und Lehrenden.

Schlüsselwörter: Kreativität, Lernziel Kreativität, Maker Education, Motivation von Studierenden

1   Einleitung

Der technische Fortschritt durch Automatisierung verändert schon seit Jahrzehnten die Art, wie wir leben und arbeiten (u. a. Rump & Eilers 2017, S. 42). Spätestens mit der dritten industriellen Revolution verschmelzen IT und Automatisierungstechniken, stets mit dem Ziel der effizienteren, effektiveren und damit optimalen Produktion von Gütern oder der Entwicklung von Dienstleistungen (vgl. Bauernhansl 2017). Der Begriff Industrie 4.0 markiert dabei einen Wendepunkt, ab dem neue technische Fortschritte, wie die Möglichkeit umfassendster Vernetzung von Sensoren und Aktoren in immer kleineren Dimensionen bis zur Nano-Ebene, die Digitalisierung und Automatisierung von jedweden Prozessen extrem beschleunigen (vgl. Roth 2016, S. 5). Die Geschwindigkeit dieser Entwicklung steigt nicht länger linear, sondern seit dem Beginn der Industrie 4.0 exponentiell (vgl. Herlitschka & Valtiner 2017, S. 341). So führen die aktuellen technischen Fortschritte dazu, dass nicht mehr nur einfache kognitive oder physische Arbeiten automatisiert werden, sondern in zunehmendem Umfang auch komplexere Vorgänge. Aktuell befasst sich eine Studie des Stifterverbandes mit sog. „Future Skills" als „jene[n nach wie vor nur von Menschen zu erbringenden] Fähigkeiten, die für die Gestaltung von transformativen Technologien notwendig sind" (Kirchherr, Klier et al. 2018, S. 4).

Galten Expertinnen und Experten, Facharbeiterinnen und Facharbeiter bisher als relativ sicher vor den Umwälzungen der Automatisierung, so werden auch sie spätestens mit den anstehenden Errungenschaften der künstlichen Intelligenz herausgefordert. Es gibt kaum eine Branche und damit kaum eine Arbeitswelt, die nicht in den nächsten Jahren von der Industrie 4.0 grundlegend verändert wird (vgl. Rump & Eilers 2017, S. 20 ff.). Einen Vorsprung werden die Menschen in dieser Arbeitswelt der Zukunft vor allem dort haben und behalten, wo sie sich mit der Gestaltung dieser soziotechnischen Systeme und der Lösung nicht antizipierter sozialer oder technischer Probleme befassen. Gestaltung und Problemlösung sind zentrale Herausforderungen der Zukunft, nicht nur, aber vor allem für Ingenieurinnen und Ingenieure bzw. die Beschäftigten in den MINT-Berufen generell (vgl. Morococz, Levy et al. 2016). Beides erfordert in hohem Maße Kreativität. Das Bildungssystem, insbesondere die Hochschulbildung, ist jedoch nicht auf diese neuen Anforderungen und die Förderung von Kreativität ausgerichtet (vgl. Baumann & Seidl 2018).

Ingenieurstudiengänge sind zumeist immer noch gekennzeichnet durch die Vermittlung von theoretischem Fachwissen in frontalen Lehrformaten und eine Anpassung der Studierenden an die konkreten Erwartungen der Lehrenden und die Spielregeln der Disziplin (vgl. Wagner 2010, S. 16 ff.). Der hohe Druck nach sehr guten oder mindestens guten Noten auf die Studierenden katalysiert diese Anpassung an die Erfüllung von Erwartungen noch einmal. Kreativität, mit ihren Risiken und Unabwägbarkeiten vor allem mit Blick auf die spätere Benotung, wird somit zunächst systematisch verhindert (Haertel & Terkowsky 2016b; Terkowsky, Haertel et al. 2016; Haertel & Terkowsky 2016c; Haertel, Terkowsky & Grams 2013; Haertel, Terkowsky & Ossenberg 2015; Terkowsky & Haertel 2012). Das ändert sich zwar in der Regel mit dem Promotionsstudium, in dem Kreativität nicht nur zugelassen, sondern explizit notwendig ist, um das für die Dissertation neue Wissen zu generieren. Dieser Zeitpunkt ist aber offensichtlich zu spät:

- zu spät, um die sozialisierte Anpassung zu überwinden und die Betreuenden der Dissertationen von neuen Ideen zu überzeugen;
- zu spät, um von bestehenden Lehrstrukturen gelangweilte und frustrierte Studienabbrecherinnen und -abbrecher nicht zu verlieren.

Die Erfolgsgeschichte des Silicon Valley besteht vor allem aus Ikonen der zweiten Kategorie (Krücken 2013, S. 97).

Vor diesem Hintergrund werden an dieser Stelle drei zentrale Thesen aufgestellt (und im Folgenden erläutert), die Voraussetzungen für die effektive Förderung von Kreativität in ingenieurwissenschaftlichen Studiengängen bilden:

(1) Kreativität muss als Lernziel, Lernmethode und in die Bewertung von Lehrveranstaltungen im Sinne des Constructive Alignments eingebunden werden.

(2) Zur Habitualisierung von Ingenieurinnen und Ingenieuren als Gestaltende muss die praktische Anwendung des Wissens von Beginn an integraler Bestandteil des Studiums sein (z. B. durch die Möglichkeiten der Maker Education).

(3) Die Förderung der Motivation von Studierenden ist gemeinsame Aufgabe von Lernenden und Lehrenden.

2 Kreativitätsförderung im Constructive Alignment

2.1 Constructive Alignment als Verfahren für didaktische Analyse und Gestaltung

Zu den Kernaussagen des Constructive Alignments zählt, dass Studierende sich stets an den Anforderungen der Bewertung orientieren (Biggs 1996, S. 356 f.). Ein in den Ingenieurwissenschaften häufiges Beispiel für eine nicht ausreichend abgestimmte Lehrveranstaltung sind Lernziele, die auf eine höhere kognitive Kompetenzniveaustufe als Anwendung oder Analyse abzielen, die jedoch in einer Vorlesung mit Übung vermittelt werden, wobei in der Vorlesung die Fachinhalte *theoretisch* behandelt und in der Übung (z. B. im Labor) deren *praktische* Anwendung eingeübt und so erlernt werden sollen. Wenn dann die Bewertung in Form einer Klausur vorgenommen wird, die sich lediglich auf die Vorlesung, nicht jedoch auf die Anwendung in der Übung fokussiert, konzentrieren sich, so die Annahme des Constructive Alignments, die Studierenden auf die Vorlesung mit ihrem entsprechenden Skript, das sie für die Klausur auswendig lernen. Das erreichte Kompetenzniveau verharrt dabei auf den Stufen Wissen oder bestenfalls Verstehen. Eine optimal abgestimmte Veranstaltung würde jedoch die Lernprozesse der Übung ebenfalls entscheidend in die Prüfung einbinden. Erst wenn ein Bestehen dieser Prüfung ohne die Prozesse in der Übung mit der praktischen Anwendung nicht möglich ist, befassen sich die Studierenden mit den entsprechenden Lernzielen und erreichen das von den Lehrenden angestrebte Kompetenzniveau (Biggs 1996, S. 353 f.). Wenn Kreativität als Kompetenz erworben werden soll, setzt das in dieser Logik voraus, dass

- Kreativität generell erlernbar ist,
- sie auch als Lernziel bzw. beabsichtigtes Lernergebnis formuliert und den Studierenden explizit kommuniziert wird,
- geeignete Lehrmethoden zur Förderung der Kreativität eingesetzt werden und
- Kreativität Bestandteil der Bewertung wird.

Die ersten beiden Punkte werden mit dem Sechs-Facetten-Modell zur Förderung von Kreativität in der Hochschullehre aufgegriffen (Terkowsky & Haertel 2014, 2015; Haertel & Jahnke 2009, 2011; Haertel & Terkowsky 2012).

2.2 Das Sechs-Facetten-Modell zur Förderung von Kreativität in der Hochschullehre

Das Sechs-Facetten-Modell zur Förderung von Kreativität in der Hochschullehre wurde im Rahmen des BMBF-Projekts „DaVinci: Gestaltung kreativitätsförderlicher Lehr-/Lernkulturen in der Hochschule" (2008–2011) entwickelt (Jahnke & Haertel 2010; Jahnke, Haertel & Wildt 2017) und im Rahmen von ELLI/ELLI 2 („Exzellentes Lehren und Lernen in den Ingenieurwissenschaften", BMBF-Projekte im Rahmen des Qualitätspakts Lehre, 2011–2020) disziplinär zugeschnitten auf die Ingenieurwissenschaften weiterentwickelt (Haertel & Terkowsky 2016a, 2013; Terkowsky & Haertel 2013) und in weitergehende Lehr-/Lernszenarien (z. B. zum Thema Entrepreneurship in den Ingenieurwissenschaften) erfolgreich übertragen (Terkowsky, Haertel et al. 2018a, 2018b).

Die im Modell vorgenommene Operationalisierung von Kreativität kann zur Formulierung von Lernzielen bzw. beabsichtigten Lernergebnissen genutzt werden:

1. Reflektierendes Lernen:
   Nach Besuch der Veranstaltung sind die Studierenden in der Lage, für sie neues und bestehendes Wissen kritisch zu hinterfragen. Sie können die Vor- und Nachteile neuer Zusammenhänge und Ansätze diskutieren. Sie sind in der Lage, falsche Informationen zu erkennen und zu benennen.
2. Selbstständiges Lernen:
   Nach Besuch der Veranstaltung sind die Studierenden in der Lage, Lernaufgaben eigenständig zu bearbeiten. Sie sind in der Lage, selbstständig notwendige Informationen zu suchen und zu beschaffen. Sie sind der Lage, sich bei Problemen geeignete Hilfe zu organisieren. Sie sind in der Lage, eigene Entscheidungen im Lernprozess zu treffen und zu verteidigen.
3. Neugier und Motivation:
   Nach Besuch der Veranstaltung sind Studierende in der Lage, ihre übergeordneten Interessen am Fach mit dem Thema der Veranstaltung zu verbinden. Sie sind in der Lage, ihre eigenen Interessen an der Veranstaltung zu reflektieren und Widersprüche zu benennen. Sie sind in der Lage, geeignete Methoden zur Überwindung eigener Motivationsdefizite auszuwählen und anzuwenden.
4. Kreierendes Lernen:
   Nach Besuch der Veranstaltung sind Studierende in der Lage, Konzepte zu entwickeln. Sie sind in der Lage, Prototypen herzustellen. Sie sind in der Lage, ihre Produkte zu präsentieren und zu erläutern.
5. Vielperspektivisches Lernen:
   Nach Besuch der Veranstaltung sind die Studierenden in der Lage, ein fachliches Problem oder eine fachliche Fragestellung aus unterschiedlichen Perspektiven zu betrachten. Sie sind in der Lage, Verknüpfungen zu anderen Disziplinen zu ziehen und diese fruchtbar für eigene Arbeiten zu nutzen. Sie sind in der Lage, ihr fachliches Wissen auf Fragestellungen und Probleme anderer Disziplinen zu übertragen.
6. Entwicklung origineller Ideen:
   Nach Besuch der Veranstaltung sind Studierende in der Lage, Kreativitäts- und Denktechniken zur Generierung von Ideen anzuwenden. Sie sind in der Lage, neue Ideen zu kommunizieren und zu bewerten. Sie sind in der Lage, die mit der Überführung von Ideen zu Innovationen verbundenen Unsicherheiten zu beherrschen.

Lehrende können als ersten wichtigen Schritt einzelne oder alle Lernziele in ihre Modul- und Veranstaltungsziele integrieren und ihren Studierenden kommunizieren. Entscheidend ist darauf aufbauend die Implementierung entsprechender Lehrmethoden in die entsprechenden Veranstaltungen. Die Lernenden müssen die Möglichkeit bekommen, mit der Anwendung der Lehrmethode die Lernziele erreichen zu können. Kontextspezifische Methoden lassen sich am besten in ingenieurdidaktischen Weiterbildungsveranstaltungen entwickeln (z. B. Kreativität im Labor [Terkowsky & Haertel 2013; Terkowsky, Haertel et al. 2013; Terkowsky et al. 2016], Kreativität in der Hochschullehre, [Haertel & Terkowsky 2016b; Haertel, Terkowsky & Ossenberg 2016; Haertel, Terkowsky & Wilkesmann 2017; Haertel, Frye et al. 2017]). Allgemeinere Methoden lassen sich zahlreich in Arbeitsblättern oder geeigneter Literatur finden (z. B. Baumgartner 2002; Krengel 2016; Metzig & Schuster 2016; Schlag 2013). Damit die Studierenden diese Lehrmethoden tatsächlich bearbeiten und ihre Leistung neben den anderen Lernzielen auch auf die Erreichung der Lernziele zur Kreativität ausrichten, müssen diese im Sinne des Constructive Alignments auch in der Prüfung entsprechend berücksichtigt werden. In mündlichen Prüfungsformaten oder Klausuren mit offenen Fragen lässt sich dies relativ leicht umsetzen, schwieriger, wenn auch nicht unmöglich, wird es bei Multiple-Choice-Klausuren. Auch hier können ingenieurdidaktische oder allgemeine hochschuldidaktische Workshops zur kompetenzorientierten Prüfung dabei helfen, kontextbezogene Lösungen zu entwickeln.

3 Maker Education zur Habitualisierung von Technikgestaltenden

Wenn Technikgestaltung und Problemlösung zu den zentralen Aufgaben angehender Ingenieurinnen und Ingenieure in der späteren Berufstätigkeit zählen, ist es zu spät, diese erst im Master- oder Promotionsstudium curricular zu verankern. Eine besondere Chance bieten daher die Einbindung eines Makerspace bereits ab dem ersten Hochschulsemester und die Realisierung darauf aufbauender innovativer Lehrveranstaltungen.

3.1 Makerspaces als Lernorte der Technikgestaltung

Makerspaces sind in den USA spätestens seit der Unterstützung durch Präsident Obama mit der ersten Maker Faire im Weißen Haus 2014 breit akzeptiert (vgl. Longo, Yoder et al. 2016, S. 3) und inzwischen an nahezu jeder Hochschule in den USA implementiert. Longo et al. (2016) konnten die folgenden positiven Effekte hochschulischer Makerspaces in ingenieurwissenschaftlichen Studiengängen nachweisen:
- Makerspaces verbessern den Zugang zu Wissen und fördern die Nachhaltigkeit dort erworbenen Wissens.
- Makerspaces führen in geringerem Umfang zu besseren Leistungen und Noten der Lernenden.
- Makerspaces unterstützen signifikant die Entfaltung von Kreativität, Selbstbewusstsein und unternehmerischem Denken von Studierenden (vgl. Longo et al. 2016, S. 13).

Galaleldin, Bouchard et al. (2016) kommen in einer Untersuchung ihres Makerspace an der University Ottawa zu dem Ergebnis:

> „[...] it enabled students to investigate and solve an engineering problem, and to gain more confidence in their engineering knowledge through hands-on experience, prototyping, and continuous iterations of their designs. Furthermore, the Makerspace helped students to be more confident in their design skills, and helped them to finalize their design projects by demonstrating limitations/restrictions of manufacturing methods, prototyping, and providing guidance." (Galaleldin et al. 2016, S. 5)

In einer Untersuchung, die an Universitäten in den USA durchgeführt wurde, konnten Morococz et al. (2016) eine Korrelation zwischen der Häufigkeit, in der Studierende im ersten Semester einen Makerspace aufsuchen, und ihrer positiven Selbsteinschätzung zur Bearbeitung von Produktentwicklungs- und Problemlösungsaufgaben nachweisen (Morococz et al. 2016, S. 11). Die positive Selbsteinschätzung hat großen Einfluss einerseits auf die tatsächliche Bereitschaft der Studierenden, praktische Problemlösungs- und Produktentwicklungsaufgaben zu bewältigen, und andererseits auf die Motivation der Studierenden, das begonnene Studium auch zu beenden (Adelman 1998; Brainard & Carlin 1997; Marra, Rodgers et al. 2013). Insbesondere für die untypischen Studierenden in ingenieurwissenschaftlichen Studiengängen, also allen, die nicht zu den „typical-students (männlich, deutsche Hochschulreife und oftmals vorhergehende Berufsausbildung)" (Arnold, Hiller & Weiss 2010, S. 15) gehören, hat die frühe Einbindung praktischer und kollaborativer Arbeit in einem Makerspace im Studium enorme Vorteile: Sie fühlen sich schneller integriert und dazugehörig zur Gruppe angehender Ingenieurinnen und Ingenieure (vgl. Morococz et al. 2016, S. 5; Blickenstaff 2005; May & Chubin 2003).

Makerspaces sind ein Weg, diese Ziele zu erreichen. Ein weiteres ebenfalls neu nach Deutschland gekommenes innovatives Format zur Einbindung der Maker Education in die hochschulische Lehre in diesem Sinne ist die „Ingenieure ohne Grenzen Challenge" (IoGC).

3.2 „Ingenieure ohne Grenzen Challenge" als Lehrveranstaltung
Der Verein Ingenieure ohne Grenzen e. V. stellt bei der IoGC in Zusammenarbeit mit dem BMBF-Projekt ELLI/ELLI 2 („Exzellentes Lehren und Lernen in den Ingenieurwissenschaften", 2011–2020) praktische Aufgabenstellungen aus der Entwicklungszusammenarbeit. Im Wintersemester 2018/19 ging es dabei z. B. um
- die kühle und trockene Lagerung von Saatgut,
- die Verbesserung der Wasserqualität von Zisternen in Mikro-Siedlungen,
- ein Sanitärkonzept für Schulen und
- die Bewässerung landwirtschaftlicher Flächen jeweils in Kenia.

Den Studierenden kommt dabei die Aufgabe zu, Ideen zur Problemlösung zu entwickeln und prototypisch umzusetzen. Eine besondere Herausforderung liegt darin, dass nur vor Ort verfügbare Materialen und Techniken genutzt werden sollen und die fertige Lösung, ebenso wie der Prototyp, nicht viel Geld kosten dürfen. Am Ende der jeweils im Wintersemester stattfindenden IoGC präsentieren die Studierenden ihre Lösungen auf einer Abschlusskonferenz und ermitteln das gewinnende Team. Die im Rahmen der Challenge entwickelten Lösungen werden vom Ingenieure ohne Grenzen e. V. aufgegriffen, an die Kontaktgruppen vor Ort zurückgespielt und, sofern sie das Problem praktikabel lösen, auch tatsächlich umgesetzt.

Die Studierenden nutzen zur Realisierung ihres Prototyps einen Makerspace und entwickeln dabei ein Gefühl dafür, dass sie Technik gestalten und mit dieser überdies anderen Menschen helfen. Die Wahrnehmung des sozialen Sinns von Technik ist dabei einer der wirkmächtigsten Ansätze zur Förderung von Frauen in technischen Studiengängen (Arnold et al. 2010, S. 15). Das Konzept der IoGC lässt sich leicht in unterschiedlichste bestehende Veranstaltungen oder Studienleistungen einbauen, z. B. im Kontext von Technikmanagement, Projektmanagement, Fach-, Projekt- oder Bachelorarbeiten.

4   Motivationsförderung

Lehre in einem Makerspace und/oder in so innovativen Formaten wie der IoGC fördert die Motivation der Studierenden. Selbstlernkonzepte, Problemlösung, praktische Arbeiten, Teamarbeit und Wettbewerb – dieser Abwechslungsreichtum fordert und aktiviert Studierende auf mehreren Ebenen. Gleichwohl wird in ingenieurdidaktischen Weiterbildungsveranstaltungen zur Labordidaktik oder Kreativität im Labor immer wieder deutlich, dass viele Anstrengungen der Lehrenden, die Motivation der Studierenden zu fördern, nicht den erhofften Erfolg mit sich bringen. Selbst Lehr-/Lernszenarien, die studierendenzentriert und nach dem Ansatz des Constructive Alignments entwickelt wurden, die aktivierende Elemente enthalten und Anwendungsbezüge herstellen, werden von Studierenden nicht immer mit der gleichen Begeisterung wahrgenommen, mit der Lehrende sie konzipiert haben. Das führt bisweilen zu Frustrationsempfindungen bei den Lehrenden und den falschen Rückschlüssen, entweder die eigenen Anstrengungen zu überziehen und ins *Edutainment* zu rutschen oder das eigene Bild von den Studierenden zu verändern („Die Studierenden von heute können das nicht mehr"). Dabei erfordern Lehr-/Lernszenarien mit Phasen des Selbstlernens und -arbeitens die Selbstmotivation von Studierenden (Wolters 2003, S. 190) – eine Fähigkeit, die sie auch im späteren Berufsleben benötigen werden. Motivation beschreibt in diesem Zusammenhang die Bereitschaft der Studierenden, eine Aufgabe zu bearbeiten und wird beeinflusst von ihrem Interesse, ihrer Wahrnehmung des Sinns und der Wirksamkeit der Aufgabe und ihrer Einschätzung, die Aufgabe auch erfolgreich bewältigen zu können. Dabei sind diese Faktoren bei den Studierenden nicht einfach gegeben, sondern durchaus beeinflussbar:

> „To the extent that such a strategy is instigated, monitored, and directed by a student, it also can be identified as a self-regulation strategy and one factor in determining whether that student is a self-regulated learner. As conceptualized here, motivational regulation is

one process that operates within the larger system of self-regulated learning. As such it is related to but conceptually distinct from other processes considered critical to self-regulated learning including motivation, volition, and metacognition." (Wolters 2003, S. 190 f.)

Studierende, die in der Lage sind, solche Strategien anzuwenden, sind seltener Situationen ausgesetzt, in denen sie mit der Bearbeitung einer Aufgabe gar nicht erst anfangen oder sie aus Langeweile, aus mangelnden Fortschritten oder aus Ablenkungen aus der Umwelt unvollendet abbrechen. Die strategische Steuerung der eigenen Motivation hat damit Einfluss auf die Leistungen der Studierenden und stellt selbst eine studentische Leistung dar, für die wiederum die notwendige Motivation gegeben sein muss (Wolters 2003, S. 191 f.). Aus diesem Grund ist es wichtig, die Beeinflussung der eigenen Motivation als Lernziel für die Studierenden auszugeben (s. o. Sechs-Facetten-Modell Lernziel „Neugier und Motivation"). Eine ausgezeichnete Übersicht über solche Strategien (u. a. zum Umgang mit Faktoren aus der Umwelt, negativer Selbstwahrnehmung oder geeigneter Festsetzung von Zielen) findet sich bei Wolters (2003, S. 195 ff.). Besonders hervorgehoben werden sollen an dieser Stelle Übungen, in denen Studierende sich zu Beginn oder im Verlauf von Lehr-/Lernprozessen Gedanken zur aktiven Förderung des eigenen Interesses gegenüber einer gestellten Aufgabe machen. Die Wirksamkeit dieses Ansatzes haben Sansone et al. (1992; 1999) in mehreren Untersuchungen, bei denen Studierende Interesse bei der Bearbeitung absichtlich langweiliger Aufgaben entwickeln sollten, nachgewiesen. Studierende, die gezielt eine Strategie zur Steigerung ihres Interesses entwickelt und angewendet haben, zeigten dabei signifikant bessere Leistungen bei der Bearbeitung der langweiligen Aufgaben. Mit der Ausgabe solcher Strategien als Lernziel, mit dem Einsatz entsprechender Methoden in der Lehre und der Berücksichtigung entsprechender Leistungen in diesem Bereich bei der Bewertung können Lehrende die Motivation der Studierenden gezielt fördern und zugleich auch fordern. Sie entlassen damit die Studierenden nicht aus der Verantwortung, selbst Motivation für Lernprozesse aufzubringen. Darüber hinaus sollten Lehrende stets sicherstellen, dass die gestellten Aufgaben von den Studierenden als sinnvoll, bearbeitbar und lösbar wahrgenommen werden. Dies kann entweder durch entsprechende Nachfragen der Lehrenden oder wiederum durch angestoßene Reflexionsprozesse der Lernenden erreicht werden, die ggf. zu Handlungen in Form von Rückmeldungen an die Lehrenden führen, falls eine Aufgabe diese Bedingungen nicht mehr erfüllen sollte.

5 Fazit

Im Ergebnis sind es drei zentrale Fragen, die sich jede und jeder Lehrende in den Ingenieurwissenschaften stellen muss, wenn die Studierenden mit der Förderung ihrer Kreativität und ihres Selbstverständnisses als Technikgestaltende auf die Anforderungen der Arbeitswelt in der Industrie 4.0 vorbereitet werden sollen: (1) Mit welchen Lernzielen möchte ich die Kreativität der Lernenden fördern, mit welchen Methoden ihnen das Erreichen der Lernziele ermöglichen und wie binde ich die Lernziele zur Kreativität in die Prüfung ein? (2) Wie kann ich, damit die Habitualisierung als Gestalterin oder Gestalter von Technik frühestmöglich einsetzt, Formen der Maker Education in die Lehre integrieren? (3) Mit welchen Methoden sollen die Studierenden ihre eigene Motivation fördern und wie kann ich zur Motivation der Lernenden beitragen?

Die Auseinandersetzung mit den drei vorgestellten Thesen bietet Lehrenden konkrete Ansätze für ihre eigenen Veranstaltungen. Sie können als Ausgangspunkt genutzt werden, um eigene Schritte zur Förderung der Kreativität der Studierenden zu gehen, sich weiter (z. B. im folgenden Quellenverzeichnis) zu informieren oder bei Bedarf ingenieurdidaktische Beratungs- und Weiterbildungsangebote in Anspruch zu nehmen.

Literatur

Adelman, C. (1998). *Women and men of the engineering path: a model for analyses of undergraduate careers.* Washington, DC: U.S. Dept. of Education: National Institute for Science Education.

Arnold, A., Hiller, S. & Weiss, V. (2010). *LeMoTech – Lernmotivation im Technikunterricht.* (Projektbericht). Stuttgart: Universität Stuttgart.

Bauernhansl, T. (2017). Die Vierte Industrielle Revolution – Der Weg in ein wertschaffendes Produktionsparadigma. In B. Vogel-Heuser, T. Bauernhansl & M. ten Hompel (Hg.), *Handbuch Industrie 4.0* (2. Auflage, Bd. 4) (S. 1–31). Berlin: Springer Vieweg.

Baumann, I. & Seidl, T. (2018). Die Ausbildung des kreativen Ingenieurs – Analyse von Curricula im Hinblick auf das Lernen von Kreativität. *die hochschullehre, 4,* 655–670. Verfügbar unter: http://www.hochschullehre.org/?p=1260 (Zugriff am: 27.11.2018).

Baumgartner, P. (Hg.). (2002). *Reflektierendes Lernen: Beiträge zur Wirtschaftspädagogik.* Innsbruck: Studien-Verl.

Biggs, J. (1996). Enhancing teaching through constructive alignment. *Higher Education, 32*(3), 347–364. doi.org/10.1007/BF00138871.

Blickenstaff, J. C. (2005). Women and science careers: leaky pipeline or gender filter? *Gender and Education, 17*(4), 369–386. doi.org/10.1080/09540250500145072.

Brainard, S. G. & Carlin, L. (1997). A longitudinal study of undergraduate women in engineering and science. In Frontiers in Education Conference & IEEE Education Society (Hg.), *Teaching and learning in an era of change: proceedings, Frontiers in Education 1997 27th Annual Conferenec, November 5–8, 1997, Pittsburgh, Pennsylvania* (S. 134–143). Piscataway, NJ: IEEE Service Center.

Galaleldin, M., Bouchard, F., Anis, H. & Lague, C. (2016). The Impact of Makerspaces on Engineering Education. *Proceedings of the Canadian Engineering Education Association (CEEA).* doi.org/10.24908/pceea.v0i0.6481.

Haertel, T., Frye, S., Schwuchow, B. & Terkowsky, C. (2017). CreatING: Makerspace im ingenieurwissenschaftlichen Studium. *Synergie. Fachmagazin für Digitalisierung in der Lehre, 4*, 20–23.

Haertel, T. & Jahnke, I. (2009). Da Vinci – Gestaltung kreativitätsförderlicher Lehr-/Lernkulturen an Hochschulen. *Journal Hochschuldidaktik, 20*(1), 4–7.

Haertel, T. & Jahnke, I. (2011). Kreativitätsförderung in der Hochschullehre: ein 6-Stufen-Modell für alle Fächer? In I. Jahnke & J. Wildt (Hg.), *Fachbezogene und fachübergreifende Hochschuldidaktik. Blickpunkt Hochschuldidaktik* (Bd. 121) (S. 135–146). Bielefeld: W. Bertelsmann Verlag.

Haertel, T. & Terkowsky, C. (2012). Where have all the inventors gone? The lack of spirit of research in engineering education. In *Proceedings of the 2012 Conference on Modern Materials, Technics and Technologies in Mechanical Engineering. The Ministry of Higher and Secondary Specialized Education (MHSSE) of the Republic of Uzbekistan, Andijan Area, Andijan City, Uzbekistan* (S. 507–512). Verfügbar unter: http://zhb.tu-dortmund.de/Medien/Publikation/Wilkesmann/thaertel_cterkowsky_where_have_all_the_inventors_gone.pdf (Zugriff am: 18.01.2019)

Haertel, T. & Terkowsky, C. (2013). Kreativität im Ingenieurstudium. In *HD MINT. MINTTENDRIN Lehre erleben. Tagungsband zum 1. HDMINT Symposium 2013, 7./8. November* (S. 151–157). Technische Hochschule Nürnberg Georg Simon Ohm.

Haertel, T. & Terkowsky, C. (Hg.). (2016a). Creativity in Engineering Education. Special Issue. *International Journal of Creativity & Problem Solving (IJCPS), 26*.

Haertel, T. & Terkowsky, C. (2016b). Creativity versus adaption to norms and rules: a paradox in higher engineering education. *International Journal of Creativity & Problem Solving (IJCPS), Special Issue – Creativity in Engineering Education, 26*(2), 105–119.

Haertel, T. & Terkowsky, C. (2016c). The Shark Tank Experience: How Engineering Students Learn to Become Entrepreneurs. In *Proceedings* (S. Paper ID #16542). New Orleans, Louisiana, USA.

Haertel, T., Terkowsky, C. & Grams, H. (2013). Kreative Forschende oder fleißige Arbeitsbienen? Die Abschlussarbeit als Chance zur Kreativitätsförderung im Ingenieurstudium. In A. E. Tekkaya, S. Jeschke, M. Petermann, D. May, N. Friese, C. Ernst, S. Lenz, K. Müller & K. Schuster (Hg.), *Innovationen für die Zukunft der Lehre in den Ingenieurwissenschaften* (S. 45–53). Aachen, Bochum, Dortmund: TeachING-LearnING.EU.

Haertel, T., Terkowsky, C. & Ossenberg, P. (2015). Kreativität in der Hochschullehre: Was geht? In J. Tosic (Hg.), *Lehren, Lernen und Beraten auf Augenhöhe. Tagungsband zum Diskussionsforum für BMBF-Projekte* (S. 46–53). Hochschule Niederrhein – University of Applied Sciences.

Haertel, T., Terkowsky, C. & Ossenberg, P. (2016). Kreativtität in der Hochschullehre: Tue etwas Ungewöhnliches! In M. Heiner, B. Baumert, S. Dany, T. Haertel, M. Quelmelz & C. Terkowsky (Hg.), *Was ist Gute Lehre? Perspektiven der Hochschuldidaktik* (S. 73–82). Bielefeld: W. Bertelsmann Verlag.

Haertel, T., Terkowsky, C. & Wilkesmann, U. (2017). Innovation Mainstreaming in der Hochschule: Wie kommt das Neue in die Lehre? In D. Bücker, V. Dander, A. Gumpert, S. Hofhues, U. Lucke, F. Rau, H. Rohland & T. van Treeck (Hg.), *„Trendy, hip und cool": Auf dem Weg zu einer innovativen Hochschule?* (S. 55–62). Bielefeld: W. Bertelsmann Verlag.

Herlitschka, S. & Valtiner, D. (2017). Digitale Transformation: Das Analoge wird immer digitaler – Industrie und Gesellschaft gestalten sich neu. *e & i Elektrotechnik und Informationstechnik, 134*(7), 340–343.

Jahnke, I. & Haertel, T. (2010). Kreativitätsförderung in Hochschulen – ein Rahmenkonzept. *Das Hochschulwesen, 58*(3), 88–96.

Jahnke, I., Haertel, T. & Wildt, J. (2017). Teachers' conceptions of student creativity in higher education. *Innovations in Education and Teaching International, 54*(1), 87–95. doi.org/10.1080/14703297.2015.1088396.

Kirchherr, J., Klier, J., Lehmann-Brauns, C. & Winde, M. (2018). *Future Skills: Welche Kompetenzen in Deutschland fehlen*. Verfügbar unter: https://www.stifterverband.org/medien/future-skills-welche-kompetenzen-in-deutschland-fehlen (Zugriff am: 18.01.2019)

Krengel, M. (2016). *Golden Rules: erfolgreich lernen und arbeiten: alles, was du brauchst. Selbstvertrauen, Motivation, Konzentration, Zeitmanagement, Organisation* (7. Auflage). Lauchhammer: Eazybookz.

Krücken, G. (2013). Die Universität – ein rationaler Mythos? *Beiträge zur Hochschulforschung, 35*(4), 82–101.

Longo, A., Yoder, B., Guerra, R. C. C. & Tsanov, R. (2016). University Makerspaces: Characteristics and Impact on Student Success in Engineering and Engineering Technology Education. In *Proceedings*. New Orleans, Louisiana, USA: American Society for Engineering Education. Verfügbar unter: https://www.google.com/url?sa=t&rct=j&q=&esrc=s&source=web&cd=7&cad=rja&uact=8&ved=2ahUKEwiBlLDR9_TeAhVktYsKHSUzArcQFjAGegQICBAC&url=https%3A%2F%2Fpeer.asee.org%2Funiversity-makerspaces-characteristics-and-impact-on-student-success-in-engineering-and-engineering-technology-education.pdf&usg=AOvVaw1LqB7cBmBs0gMayWD3YtAG (Zugriff am: 18.01.2019)

Marra, R. M., Rodgers, K. A., Shen, D. & Bogue, B. (2013). Leaving Engineering: A Multi-Year Single Institution Study. *Journal of Engineering Education, 101*(1), 6–27. doi.org/10.1002/j.2168-9830.2012.tb00039.x.

May, G. S. & Chubin, D. E. (2003). A Retrospective on Undergraduate Engineering Success for Underrepresented Minority Students. *Journal of Engineering Education, 92*(1), 27–39. doi.org/10.1002/j.2168-9830.2003.tb00735.x.

Metzig, W. & Schuster, M. (2016). *Lernen zu lernen: Lernstrategien wirkungsvoll einsetzen* (9. Auflage). Berlin, Heidelberg: Springer.

Morocoz, R. J., Levy, B., Forest, C., Nagel, R. L., Newstetter, W. C. & Linsey, J. S. (2016). Relating Student Participation in University Maker Spaces to their Engineering Design Self-Efficacy. In *ASEE 2016 Conference Proceedings*. New Orleans, Louisiana, USA. Verfügbar unter: https://www.asee.org/public/conferences/64/papers/16125/download (Zugriff am: 18.01.2019)

Roth, A. (2016). Industrie 4.0 – Hype oder Revolution? In A. Roth (Hg.), *Einführung und Umsetzung von Industrie 4.0: Grundlagen, Vorgehensmodell und Use Cases aus der Praxis* (S. 1–15). Berlin, Heidelberg: Springer. doi.org/10.1007/978-3-662-48505-7_1.

Rump, J. & Eilers, S. (2017). Arbeit 4.0 – Leben und Arbeiten unter neuen Vorzeichen. In J. Rump & S. Eilers (Hg.), *Auf dem Weg zur Arbeit 4.0: Innovationen in HR* (S. 3–77). Berlin, Heidelberg: Springer. doi.org/10.1007/978-3-662-49746-3_1.

Sansone, C., Weir, C., Harpster, L. & Morgan, C. (1992). Once a boring task always a boring task? Interest as a self-regulatory mechanism. *Journal of Personality and Social Psychology, 63*(3), 379–390.

Sansone, C., Wiebe, D. J. & Morgan, C. (1999). Self-regulating interest: the moderating role of hardiness and conscientiousness. *Journal of Personality, 67*(4), 701–733.

Schlag, B. (2013). *Lern- und Leistungsmotivation* (4., überarb. und aktualisierte Auflage). Wiesbaden: Springer VS.

Terkowsky, C. & Haertel, T. (2012). Where have all the inventors gone? The neglected spirit of research in engineering education curricula. In *Proceedings* (S. 5–8). Tashkent, Uzbekistan.

Terkowsky, C. & Haertel, T. (2013). Fostering the Creative Attitude with Remote Lab Learning Environments: An Essay on the Spirit of Research in Engineering Education. *International Journal of Online Engineering (iJOE), Vol. 9* (Special Issue 5: EDUCON2013), 13–20.

Terkowsky, C. & Haertel, T. (2014). On learning objectives and learning aktivities to foster creativity in the engineering lab. In *Proceedings* (S. 745–750). Dubai, VAE: IEEE.

Terkowsky, C. & Haertel, T. (2015). Fostering creativity in the engineering lab: An essay on learning objectives and learning activities. In *Proceedings* (S. 237–242). Ponta Delgada, Sao Miguel Island, Azores, Portugal: IEEE.

Terkowsky, C., Haertel, T., Bielski, E. & May, D. (2013). Creativity @ School: mobile learning environments involving remote labs and E-Portfolios. A conceptual framework to foster the inquiring mind in secondary STEM education. In J. Garcia Zubia & O. Dziabenko (Hg.), *IT Innovative Practices in Secondary Schools: Remote Experiments*. University of Deusto Bilbao, Spain (S. 255–280).

Terkowsky, C., Haertel, T., Ortelt, T., Radtke, M. & Tekkaya, A. E. (2016). Creating a Place to Bore Or a Place to Explore? Detecting Possibilities to Foster Students' Creativity in the Manufacturing Engineering Lab. *International Journal of Creativity & Problem Solving (IJCPS), 26*(2), 23–45.

Terkowsky, C., Haertel, T., Rose, A.-L., Leisyte, L. & May, D. (2018a). Nager avec les requins sans se faire dévorer: comment les étudiants en ingénierie peuvent apprendre à être créatifs, à développer un esprit d'entreprise et à innover. In D. Lemaître (Hg.), *Formation des ingénieurs à l'innovation. Collection: innovation, entrepreneuriat et gestion* (S. 159–188). London: ISTE Editions.

Terkowsky, C., Haertel, T., Rose, A.-L., Leisyte, L. & May, D. (2018b). Swimming with Sharks without Being Eaten: How Engineering Students can Learn Creativity, Entrepreneurial Thinking and Innovation. In D. Lemaître (Hg.), *Training Engineers for Innovation* (S. 147–176). London: ISTE Ltd.

Wagner, W. (2010). *Tatort Universität: vom Versagen deutscher Hochschulen und ihrer Rettung.* Stuttgart: Klett-Cotta.

Wolters, C. A. (2003). Understanding procrastination from a self-regulated learning perspective. *Journal of Educational Psychology, 95*(1), 179–187. doi.org/10.1037/0022-0663.95.1.179.

Industrie 4.0 und Kreativität im Ingenieurwesen: Folgen für die Hochschullehre

David H. Cropley, Arthur J. Cropley

Abstract

Die schiere Beispiellosigkeit der sich aus der Industrie 4.0 ergebenden Veränderungen stellt Ingenieurinnen und Ingenieure vor radikale Herausforderungen, die nicht durch Anpassungen des schon Bestehenden zu beherrschen sind: Es müssen *kreative* Lösungen generiert werden. Diese Aufgabe verlangt nach speziellen psychologischen Ressourcen, die eine für die Generierung wirksamer Neuheit unentbehrliche mentale Disposition definieren. Die Hochschullehre sollte die Entwicklung der notwendigen kognitiven, persönlichen, motivationalen und emotionalen Qualitäten fördern, um den Ingenieurnachwuchs für die Industrie 4.0 fit zu machen. Dies erfordert eine *externe* Integration der MINT-Didaktik, um die Entwicklung von für die Kreativität günstigen Geistesgewohnheiten zu fördern. Eine solche Integration sollte sich sogar auf die Übernahme von relevanten Aspekten technikfremder Fächer wie etwa Kunst erstrecken. Psychologische Instrumente für die Auswertung der Wirksamkeit der kreativitätsorientierten Didaktik bestehen schon.

Schlüsselwörter: Kompetenzen, Kreativitätsphasen, Leistungsbewertung, MINT-Fächer, zweispurige Lehre

1 Der Faktor „Mensch" in der Industrie 4.0

Vor fast 60 Jahren betonte der Psychologe Jerome Bruner (1962), dass ein neues Zeitalter ziemlich kurz bevorstand, in dem das, was wir heute *künstliche Intelligenz* (engl. artificial intelligence – AI) nennen, für routinemäßiges Denken die volle Verantwortung übernehmen würde. In diesem Zeitalter würde Kreativität die letzte Bastion der menschlichen Souveränität bilden. Nun ist das von Bruner vorhergesehene Zeitalter im Begriff, Realität zu werden und die Industrie 4.0 stellt einen großen Schritt in die von ihm prognostizierte Richtung dar. Im deutschsprachigen Raum hat sich eine Diskussion der für die Industrie 4.0 notwendigen Kompetenzen der beteiligten Menschen schon entfacht. Erol, Jäger et al. (2016, S. 14–15) unterscheiden zwischen „persönlichen" Kompetenzen (z. B. Autonomie, Flexibilität), „interpersonalen" Kompetenzen (z. B. die Fähigkeiten, interdisziplinär zu arbeiten und Netzwerke zu bilden), „handlungsorientierten" Kompetenzen (z. B. analytisches Denken und Problemlösungsfertigkeiten) und „bereichsspezifischen" Kompetenzen (z. B. Fachkenntnisse,

Beherrschung fachbereichsspezifischen Werkzeugs). Hartmann & Tschiedel (2016, S. 11) unterscheiden zwischen „Menschen-Kompetenzen" und „Maschinen-Kompetenzen" und D. H. Cropley & Cropley (2018, S. 59 ff.) fokussieren auf „persönliche Ressourcen".[1]

Mehrere von D. H. Cropley & Cropley (2018, S. 6) zusammengefasste Abhandlungen unterscheiden zwischen zwei Arten von Innovation: „inkrementelle" versus „diskontinuierliche" bzw. „disruptive". Aus der Sicht dieses Beitrags liegt der entscheidende Unterschied darin, dass sich inkrementelle Änderungen mit der „Verwertung *bestehender* Technologien" beschäftigen, wohingegen disruptive Änderungen „die *Abkehr von dem, was schon existiert*" umfassen (Luecke & Katz 2003, S. 2). Wie Denker wie etwa Floridi (2015) betonen, ist das Auffälligste an dem Industrie-4.0-Zeitalter gerade diese diskontinuierliche oder disruptive Neuheit. Es ist nicht mehr möglich, einfach das schon Bestehende anzupassen. Dies ist es, worauf sich Albert Einstein bezog, als er (sinngemäß) sagte: „Wir können neue Probleme nicht mit altem Denken lösen." Eine Revolution verlangt nach neuem Denken – kurz gesagt: nach Kreativität.

Rosenstock & Riordan (2017, S. 4) sprechen von Kreativität als der entscheidenden „psychischen Disposition", die für Menschen in modernen, durch allgegenwärtigen und schnellen Wandel markierten Gesellschaften unentbehrlich ist. Bakhshi, Downing et al. (2017) stellen fest, dass in der Zukunft in den Industrieländern Fertigkeiten wie kreatives Problemlösen oder die Fähigkeit, divergent zu denken, zu den meist gefragten persönlichen Qualifikationen zählen werden. In einer repräsentativen Umfrage in deutschen Unternehmen (vgl. z. B. acatech 2016) waren u. a. Innovationsfähigkeit, kritisches Denken und eigenständiges Entscheiden menschliche Kompetenzen, die von der Industrie als für das Arbeiten im Rahmen der Industrie 4.0 unerlässlich angesehen wurden. Aus der Sicht von Einzelpersonen liegt das vielleicht überzeugendste praktische Argument für die Wichtigkeit der Kreativität im Schluss von Frey & Osborne (2017), dass Berufe, die auf *kreativer Intelligenz* basieren, die geringste Wahrscheinlichkeit haben, im 21. Jahrhundert durch die automatisierten Fertigungsprozesse von Industrie 4.0 ersetzt zu werden.

2 Worin besteht die Kreativität?

In einer Umfrage unter mehr als 500 deutschen Unternehmen hat das Fraunhofer-Institut für Arbeitswirtschaft und Organisation festgestellt, dass 2014 nur 29 % dieser Unternehmen eine „Industrie 4.0-Strategie" entwickelt hatten (Schlund, Hämmerle & Strölin 2014, S. 6). Der vielleicht wichtigste Faktor, der die Offenheit für Kreativität im Ingenieurwesen hindert, ist die Tatsache, dass Kreativität oft schlecht verstanden wird. Viele Leute – nicht zuletzt auf dem Gebiet der Technik – stehen der Kreativität entweder gleichgültig gegenüber oder sie sind unsicher, wie sie in der

---

[1] Alle Übersetzungen aus dem Englischen wurden von A. J. Cropley gemacht. Alle Hervorhebungen in zitierten Textteilen stammen von uns.

Praxis gefördert und genutzt werden kann. Diese Situation ist keineswegs auf das Ingenieurwesen beschränkt und spiegelt oft einfach einen allgemeinen Mangel an Einsichten in das wider, was Kreativität ist, wie sie der Lösung von realen Problemen einen Mehrwert hinzufügen kann und was getan werden muss, um sie zu fördern.

Laut Plucker, Beghetto & Dow (2004, S. 90) ergibt sich Kreativität aus einer Interaktion zwischen *Eignung*, *Prozess* und *Umgebung*, die zu einem wahrnehmbaren *Produkt* führt, das sowohl neu als auch wirksam und nützlich ist. Im Ingenieurwesen interessieren wir uns in der Regel für Kreativität im praktischen Sinne – von D. H. Cropley & Cropley (2005, S. 169) „funktionale Kreativität" benannt. Laut Florida (2002, S. 68) beinhaltet Kreativität in diesem Sinne die Herstellung „bedeutungsvoller neuer Formen". Wichtig bei dieser Herangehensweise ist die Idee, dass ein neues Produkt für irgendetwas gut ist und andere Menschen dies erkennen können. Burghardt (1995, S. 4) spricht von „zielgerichteter" Kreativität und Horenstein (2002, S. 2) verdeutlicht, worin dieses Ziel liegt: der Herstellung von „Geräten bzw. Systemen, die Aufgaben ausführen bzw. Probleme lösen". acatech (2013, S. 18) definiert die Produkte der Technik als „künstliche, zweckgerichtete und materielle sowie immaterielle Elemente besitzende Objekte und Prozesse". Laut D. H. Cropley & Cropley (2018, S. 23) unterliegen solche Objekte und Prozesse einem „Nützlichkeitsgebot".

Bei der von Plucker, Beghetto & Dow (2004) hervorgehobenen Dimension der „Eignung" handelt es sich um die persönlichen Merkmale der einzelnen Beteiligten, die an der Schaffung wahrnehmbarer, neuartiger Produkte im eben dargestellten Sinne beteiligt sind. Sowohl Crant (2000, S. 440) als auch Parker, Williams & Turner (2006) beschreiben eine „proaktive" Persönlichkeit, die laut D. H. Cropley & Cropley (2018) aus drei Komponenten besteht: persönlichen Dispositionen (z. B. Probleme mit Zuversicht konfrontieren, für neue Ideen offen sein oder an Probleme unorthodox herangehen), Motivationslagen (etwa Risikobereitschaft, Toleranz für Ambiguität oder Unzufriedenheit mit dem Bestehenden) und Affektzuständen (wie etwa angenehmer Nervenkitzel versus Angst in der Konfrontation mit Komplexität, Optimismus versus Pessimismus angesichts Unsicherheit oder Freude auf Herausforderungen). Rauch, Wiklund et al. (2009) nennen solche Eigenschaften „psychologische Ressourcen" für Kreativität. Tabelle 1 (s. Abschnitt 4) fasst die Ergebnisse mehrerer Analysen solcher Ressourcen zusammen (vgl. D. H. Cropley & Cropley 2018, S. 63–64).

Obwohl das Thema *Prozess* komplexer und nuancierter ist als hier dargestellt, können zwei übergreifende Komponenten hervorgehoben werden. Schon 1949 hatte der Psychologe Guilford in seiner Präsidentschaftsansprache auf der Jahrestagung der American Psychological Association (1950 veröffentlicht) eine damals bahnbrechende These aufgestellt. Er argumentierte, dass die intellektuellen Fertigkeiten der Menschen zu eng definiert und durch die Hervorhebung dessen, was er „konvergentes Denken" nannte, dominiert waren. Faktoren wie Schnelligkeit, Genauigkeit und Korrektheit wurden zu Ungunsten von etwa dem Generieren von Alternativen oder dem Ausmachen unerwarteter Zusammenhänge – von ihm „divergentes Denken" benannt – überbetont. Während in der Zeit unmittelbar nach Guilford Kreativität oft ausschließlich mit divergentem Denken assoziiert wurde, ist es wichtig zu erkennen, dass auch konvergentes Denken eine kritische Rolle spielt, besonders im Kontext von Problemlösen (A. J. Cropley 2006). Ingenieurinnen und Ingenieure werden dieses Zusammenspiel sofort als ein Merkmal des Designprozesses erkennen. Auf das Wesentlichste reduziert umfasst also der Kern des kreativen Prozesses im Ingenieurwesen zwei Phasen: eine Phase der kreativen Synthese (d. h. des divergenten Denkens) und eine Phase der logischen Analyse (d. h. des konvergenten Denkens).

Die letzte von Plucker, Beghetto & Dow (2004, S. 90) zitierte psychologische Dimension der Kreativität (die „Umgebung") wird von uns *Umfeld-Druck* (engl.: press) benannt. Dies umfasst die ökologischen und sozialen Faktoren, die die Kreativität bedingen. Diese Faktoren können zusammengefasst werden als (a) ein soziales Klima, das Kreativität entweder erleichtert oder hemmt, und (b) die förderliche bzw. ablehnende Reaktion des Umfelds auf die Generierung von Neuheit. Der Umfeld-Druck umfasst also auf der einen Seite etwa Belohnung von Kreativität (oder nicht) oder Förderung von Risikobereitschaft und, auf der anderen Seite, die Art und Weise, ob und inwieweit die Gesellschaft Abweichungen von den Normen toleriert oder sogar fördert (z. B. durch Regeln und Standards, die – wie im Ingenieurwesen – professionelle Aktivitäten regeln). Ein für diesen Beitrag entscheidender Aspekt des Umfelds ist das Hochschulwesen.

3 Kreativität und die Hochschullehre – die Notwendigkeit einer MINKT-Didaktik

Unmittelbar nach dem *Sputnik-Schock* von 1957 hatte Maley (1959) ausführlich nach der Förderung von Kreativität bei dem, was wir jetzt die MINT-Fächer nennen, verlangt. In den Post-Sputnik-Jahren ist diese Betonung der Notwendigkeit von Kreativität in der Ingenieurausbildung nicht abgeebbt. Aber der U.S.-Bericht *Den schwellenden Sturm überwinden: Amerika für eine glänzende Zukunft aktivieren und einsetzen* (engl.: Rising above the gathering storm: Energizing and employing America for a brighter future) (National Academy of Sciences, National Academy of Engineering, and Institute of Medicine 2007) berichtete, dass die USA Gefahr liefen, ihre führende Position in diesen Fächern zu verlieren. Kreative Studierende neigten sogar dazu, das Studium der Ingenieurwissenschaften überproportional häufig frühzeitig abzubrechen. In einem Überblick wiesen D. H. Cropley & Cropley (2000) darauf hin, dass diese Mängel auch im Vereinigten Königreich und Australien bestanden.

Die notwendige pädagogische Reaktion wurde als die *Integration* der MINT-Didaktik identifiziert. Sowohl Honey, Pearson & Steingruber (2014) als auch Roehrig, Moore et al. (2012), um zwei Beispiele zu nennen, haben das Wesentlichste an einer integrierten Didaktik als die Herstellung von Verbindungen zwischen Einzelfächern innerhalb der MINT-Fächer konzipiert; wie Wang, Moore et al. (2011) es (sinngemäß) formulierten: „eine Integration der vier Fächer Mathematik, Information, Naturwissenschaften und Technik". Diese Herangehensweise könnte als *interne* Integration gekennzeichnet werden. Aber laut Sanders (2009, S. 24) müsste die Integration der MINT-Fächer einen „Kontext und Rahmen für die Organisation abstrakter Konzepte von Naturwissenschaft und Mathematik" bieten. Folglich ermutigte er Lehrkräfte, „kontextualisiertes Wissen über Naturwissenschaft und Mathematik aktiv zu konstruieren". Also forderte er eine umfassendere Konzeption der MINT-Integration und betonte insbesondere, dass das MINT-Studium „vom Studium der Sozial-, Human- und Geisteswissenschaften nicht abgetrennt werden sollte". Empfehlenswert ist also eine Integration nicht nur innerhalb der Gruppe von MINT-Fächern (intern), sondern auch zwischen MINT- und Nicht-MINT-Fächern (extern). A. J. Cropley (2018) ging so weit, eine Integration der MINT-Didaktik mit Aspekten der Kunstdidaktik zu empfehlen, und Plotkins (2018, S. 97) sprach sinngemäß von der Notwendigkeit, in englischer Sprache „by adding ‚A' for art turn ‚STEM' into ‚STEAM'" (dt.: durch das Hinzufügen von „K" für Kunst aus der MINT-Didaktik eine MINKT-Didaktik zu machen).

Die EU (z. B. European Council 2008) befürwortete die Förderung von Innovation und Kreativität in „allgemeiner und beruflicher Bildung", d. h. nicht in speziellen Fächern isoliert. Auch ein kürzlich veröffentlichter Bericht der australischen Curriculum-Auswertungs- und Berichterstattungsbehörde (engl.: Curriculum Assessment and Reporting Authority) (ACARA 2016) brachte dies noch deutlicher zum Ausdruck. Die Behörde empfahl die Einbettung von kritischem und kreativem Denken in *alle* Lernbereiche: Insbesondere forderte der Bericht die Integration von „Vernunft, Logik, *Vorstellungskraft* und *Innovation*" in das gesamte Curriculum.

4 Was müsste eine MINKT-Didaktik fördern?

In einer direkten Diskussion der integrierten MINT-Didaktik greift Sanders (2009) auf Studien der Psychologie des schulischen Lernens zurück, um die psychologischen Vorteile zu veranschaulichen, die eine solche Didaktik mit sich bringt. Dazu gehören zwar Wissen, aber auch heuristische Strategien und *konstruktive* Lernprozesse sowie positive Motivation und förderliche soziale Interaktionen. Daher soll die MINKT-Didaktik im Sinne dieses Beitrags die Förderung spezieller Arten von Denken oder Denkstrategien (kognitive Faktoren), Motivation und Selbstbild (persönliche Faktoren) sowie Einstellungen und Werte (soziale Faktoren) umfassen, die normalerweise nicht als integraler Bestandteil der MINT-Kultur betrachtet werden. Der spezifische Zweck der Berücksichtigung solcher psychologischen Faktoren ist die Förderung von psychologischen Qualitäten wie z. B. der Fähigkeit mit Veränderungen konstruktiv umzugehen, der Bereitschaft, etwas Neues auszuprobieren, der Fähigkeit, unerwartete Lösungswege zu erkennen, der Freude an der Entdeckung, der Selbstwirksamkeitsüberzeugung oder dem Widerstand gegen sozialen Anpassungsdruck, d. h. die Förderung von „K" für Kunst. Tabelle 1 bietet Beispiele für die Art von psychologischen Prozessen und Dispositionen, die gefördert werden sollen.

Hetland, Winner et al. (2007, S. 6, Abb. 2) nennen diese die *allgemeinen* „Gewohnheiten des Geistes". Es stellt sich nun die Frage, wie die MINKT-Didaktik die Entwicklung kognitiver Prozesse, motivationaler Zustände, persönlicher Eigenschaften, Gefühle, Einstellungen und damit zusammenhängender psychologischer Prozesse und Zustände der in Tabelle 1 zusammengefassten Art fördern soll.

Tabelle 1: Beispiele dessen, was die MINKT-Didaktik fördern sollte (vgl. A. J. Cropley 2018, S. 93)

Psychische Domäne	Prozess bzw. persönliche Disposition
Prozess	Generierung verschiedenartiger Ideen
	Elaborierung von Ideen
	Aufbau breiter kognitiver Kategorien
	Kombinierung von Konzepten
	Überqueren von Denkgrenzen
	Verbindung von Ideen aus fernliegenden Feldern
	Generierung multipler Lösungen
Motivation	erpicht, über das Tagtägliche hinauszugehen
	angespornt von Unsicherheit
	bereit, sich auf Risiken einzulassen
	bereit, Wissen zwischen Wissensfeldern zu transferieren
	geneigt, das Altbekannte in einem neuen Licht zu sehen
	bereit, es im Alleingang zu machen
Affekt	Freude an Unsicherheit
	Spaß an Herausforderungen
	Faszination für das Ungeläufige
	positive Einstellung gegenüber Arbeit
	hohe Wertschätzung von Individualität
Persönliche Merkmale	offen
	unorthodox
	Komplexität liebend
	widerständig gegen Konformitätsdruck
	gekennzeichnet durch Selbstakzeptierung und Selbstverantwortung
	überzeugt von der eigenen Selbstwirksamkeit
	unverwüstlich

5 Das Beispiel der Leistungsbewertung

Brophy, Klein et al. (2008) fassen den Kern dessen zusammen, was die MINKT-Didaktik aus der Sicht des vorliegenden Beitrags benötigt. Studierende müssen u. a. „Ideen entwickeln und einsetzen" und „sich anpassen und erneuern" (S. 370) können. Darüber hinaus sollten sie fähig sein, „Ideen mit anderen Mitteln als Sprache auszudrücken" (S. 371) und „selbstbestimmte Forschungsfertigkeiten" besitzen (S. 372). Auch die Selbstauswertung eigener Designs durch Studierende gehört dazu. Honey, Pearson & Steingruber (2014, S. 51) erklären, dass „[MINT]-Integration in der Regel durch die Verwendung problem-, projekt- oder gestaltungsbasierter Aufgaben erreicht wird, die Lernende mit komplexen Kontexten konfrontieren, die reale Situationen widerspiegeln".

Ein Beispiel ist eine Gruppe von MINT-Studierenden der landwirtschaftlichen Verfahrenstechnik, die sich mit der Problematik der Ertragsoptimierung von Kulturpflanzen mittels einer Industrie-4.0-Lösung auseinandersetzten, weil physikalische und chemische Lösungen – wie Bewässerung und Düngung – an ihre Grenzen stoßen. Ihre Erforschung dieses Feldes hat ein für sie interessantes Problem aufgedeckt: Eine beträchtliche Portion Samen sprießt nicht, weil sie zu tief oder nicht tief genug gesät wird. Die Studierenden gaben sich die Aufgabe, ein technologisches System für die „intelligente Aussaat" (engl.: intelligent seeding) zu entwickeln. Sie entwarfen ein Saatsystem, bei dem eine von einem GPS-Satelliten geleitete Drohne während der Aussaat Daten an eine intelligente Sämaschine übermittelt, sodass die Maschine jeden Samen in genau der richtigen Tiefe säen kann. Die Studierenden schrieben die entsprechende Software und entwickelten ein mathematisches Modell, um die Wirksamkeit ihres Systems vorherzusagen, was es der Sämaschine ermöglicht, die Effektivität ihrer eigenen Arbeit kontinuierlich zu überwachen.

Wie Brophy, Klein et al. (2008, S. 372) schlussfolgern, teilen allgemeine Design-Modelle in der Kunst, Wissenschaft und Technik gemeinsame Grundprinzipien. Ein wesentlicher Unterschied zwischen Kunst und MINT besteht jedoch darin, dass Kunstprodukte nicht denselben strikten Qualitätsstandards wie technische Produkte hinsichtlich etwa Machbarkeit, Kosten, Sicherheit, Benutzerfreundlichkeit und Nachhaltigkeit entsprechen müssen. Diese Autoren sehen daher einen großen Unterschied zwischen Kunst und MINT in Bezug auf die Kriterien, nach denen Produkte bewertet werden, insbesondere im Zusammenhang mit dem, was D. H. Cropley & Cropley (2018, S. 137) „Zweckdienlichkeit" und „Wirksamkeit" nennen, d. h. Brauchbarkeit von Produkten für die Lösung von Problemen in der realen Welt. Allerdings, könnten sich in einem breiter angelegten Curriculum – in einem MINKT-Curriculum – Studierende auch mit Faktoren außer technischer Funktionsfähigkeit auseinandersetzen, die Produkte für potenzielle Nutzer ansprechend machen; von D. H. Cropley & Cropley (2019, S. 42) die „bestechende Qualität" von Produkten benannt.

Tabelle 2 bietet psychologische Richtlinien, um Studienaufgaben so zu gestalten, dass sie divergentes Denken, Risikobereitschaft, persönliche Offenheit und Ähnliches fördern. Die Tabelle konzentriert sich auf vier Aspekte der Aufgabenstellung (Grad der Struktur der Aufgabe, Ausführlichkeit der Definition des Problems, Spezifizität der Vorbereitung auf die Aufgabe, Vorbestimmtheit der Lösung) und kontrastiert kreativitätsförderliche mit kreativitätshemmender Aufgabenstellung.

Tabelle 2: Kreativitätsförderliche versus kreativitätshemmende Aufgabenstellung (vgl. A. J. Cropley 2018, S. 96)

Aspekt der Aufgabe	Merkmale der Aufgabenstellung	
	kreativitätsförderliche Aufgabenstellung	kreativitätshemmende Aufgabenstellung
Grad der Struktur	komplex facettenreich uneinheitlich	einfach und klar hoch strukturiert einheitlich
Ausführlichkeit der Problemdefinition	unvertraut zweideutig auslegungsbedürftig	vertraut eindeutig vollständig
Spezifität der Vorbereitung	abstrakt allgemein selbstgesteuert	konkret aufgabenspezifisch von außen gesteuert
Vorbestimmtheit der Lösung	unspezifisch unvorhersehbar studierendenspezifisch	klar definiert spezifisch standardisiert

6 Die Auswertung solcher Aufgaben

Die Anwendung der in Tabelle 2 dargestellten Leitprinzipien für die Aufgabenstellung wirft die Frage auf, wie die sich daraus ergebenden studentischen Leistungen ausgewertet werden können, da die altbewährte Richtig-falsch-Kategorisierung dafür offensichtlich nicht mehr tauglich ist. Aufbauend auf früheren Untersuchungen heben D. H. Cropley & Cropley (2018) vier Merkmale eines kreativen Produkts hervor. Um als funktional kreativ eingestuft zu werden, müssen Produkte selbstverständlich *zweckdienliche* und *wirkungsvolle* Neuheit aufweisen. Aber ein Produkt kann weiter gehen, indem es eine *bestechende Qualität* besitzt. Im Bildungsbereich fallen bestechende Produkte dadurch auf, dass sie gut organisiert, angenehm zu lesen oder anzuschauen sind, vielleicht ein gewisses *Etwas* an sich haben und dadurch an Überzeugungskraft gewinnen. Schließlich kommt in der Cropley-Taxonomie die „Impulsgebung" zum Tragen: Eine impulsgebende Lösung eröffnet neue Perspektiven an bekannte Inhaltsbereiche oder überträgt bestehende Perspektiven auf bisher unbemerkte Inhaltsbereiche. Basierend auf diesen Überlegungen haben D. H. Cropley & Cropley (2016) ein Auswertungsinstrument entwickelt, das eingesetzt werden kann, um die Art und das Ausmaß der Kreativität von u. a. studentischen Arbeiten zu messen: die *Kreative Lösungen-Diagnose-Skala* (KLDS, engl.: Creative Solutions Diagnosis Scale).

Forschung über die psychometrischen Eigenschaften der KLDS (z. B. D. H. Cropley, Kaufman & Cropley 2011; D. H. Cropley & Kaufman 2012) hat gezeigt, dass sich die Dimension Neuheit in zwei Komponenten aufteilt (Problemaufdeckung und Vortriebseffekt). Folglich misst die Skala nicht vier sondern fünf Dimensionen eines Produkts: „Zweckdienlichkeit und Wirksamkeit" (engl.: Relevance und Effectiveness), „Problemaufdeckung" (engl.: Problematization), „Vortriebseffekt" (engl.: Propulsion), „bestechende Qualität" (engl: Elegance), „Impulsgebung" (engl.: Genesis). Diese Dimensionen sind in „Indikatoren" zerlegt, die es ermöglichen, den Ausprägungsgrad der Kompetenzen zu erkennen, z. B. „Korrektheit" und „Leistungsfähigkeit" (Indikatoren für Zweckdienlichkeit und Wirksamkeit), „Problemfindung" und „Prognose" (Indikatoren für Problemaufdeckung), „Neudefinierung" und „Generierung" (Indikatoren für Vortriebseffekt), „Überzeugungskraft" und „gefälliges Äußeres" (Indikatoren für bestechende Qualität) sowie „Übertragbarkeit" und „Zukunftsträchtigkeit" (Indikatoren für Impulsgebung). Die Indikatoren ermöglichen eine Diagnose dazu, wie kreativ eine studentische Arbeit ist (quantitativer Aspekt), welche Art von Kreativität die Arbeit umfasst (qualitativer Aspekt) und wo die internen Stärken und Schwächen der Arbeit liegen (z. B. hebt eine Arbeit Probleme des Inhaltsbereichs hervor – hohe Problemaufdeckung –, bietet aber keine neuen Lösungsperspektiven – niedrige Impulsgebung).[2]

Die Ergebnisse der funktionalen Kreativität (normalerweise *Produkt* benannt) sind in der Regel sichtbar, nicht aber die Verfahren, die zum Produkt geführt haben (*Prozess*). Es wäre aber sehr hilfreich, wenn man den (unsichtbaren) kreativen Prozess – anstatt mittels psychologischer Testverfahren – anhand sichtbarer konkreter Produkte rekonstruieren oder modellieren könnte. D. H. Cropley & Cropley (2019, S. 122 ff.) haben das „Erweiterte Phasenmodell" (EPM) entwickelt, das den Ablauf des Prozesses beim Zustandekommen eines kreativen Produkts in sieben Phasen aufteilt: Vorbereitung, Aktivierung, Generierung, Erkenntnis, Verifikation, Kommunikation, Validation. Eine intuitive Zuordnung der Indikatoren der KLDS zu den Phasen des EPM (s. Tab. 3) suggeriert, dass ein systematischer Zusammenhang zwischen EPM-Phasen und erkennbaren Merkmalen studentischer Produkte tatsächlich denkbar ist. Beispielsweise haben spekulative empirische Beobachtungen die Möglichkeit angedeutet, dass es zwischen verschiedenen Studienschwerpunkten (etwa Technik versus Kunst) deutliche Unterschiede hinsichtlich der Stärke der Betonung bestimmter Prozesse gibt (z. B. könnte ein Fach Aktivierung, Generierung und Erkenntnis besonders betonen, ein anderes dahingegen Vorbereitung, Verifikation und Validation). Daraus ergibt sich die Möglichkeit einer phasenbezogenen Diagnose des kreativen Lernprozesses, die Stärken und Schwächen des Lernens in bestimmten Phasen aufdecken und dadurch Anhaltspunkte für das Lehren liefern könnte.

---

2 Die KLDS kann von Studierenden zum Zwecke der Selbstbewertung verwendet werden. Sie kann auch als didaktisches Werkzeug eingesetzt werden, um z. B. für Studierende die Erwartungen von Lehrenden hinsichtlich Kreativität zu konkretisieren. Es gibt dazu eine passende App (https://play.google.com/store/apps/details?id=com.csdsrubrik.id&hl=en).

Tabelle 3: Die phasenbezogene Analyse des kreativen Lernprozesses

EPM-Phase	Hauptprozess in dieser Phase	Ergebnis dieser Phase	KLDS-Indikatoren des erfolgreichen Abschlusses der Phase*
Vorbereitung	Sammlung relevanter Informationen	Vertrautheit mit dem entsprechenden Feld	Überblick Sachlichkeit Korrektheit
Aktivierung	Erkennung, dass es ein Problem gibt und Definierung/Neudefinierung des Problems	Problemaufdeckung	Problemfindung Diagnose Prognose
Generierung	Generierung von Kandidatenlösung(en)	Vortriebseffekt	Neudefinierung Generierung Aufbruch
Erkenntnis	Erkennung einer vielversprechenden Lösung	bestechende Qualität (intern)	Gefälligkeit Anmut Harmonie
Verifikation	Feststellung des Wertes dieser Lösung (Selbstbewertung)	bestechende Qualität (extern)	Überzeugungskraft Leistungsfähigkeit Vollständigkeit
Kommunikation	Bewertung der Lösung im tatsächlichen Leben	Wirksamkeit	Brauchbarkeit grundlegende Qualität Neubeginn
Validierung	Anerkennung der Lösung durch sachkundige andere Menschen (Fremdbewertung)	Impulsgebung	Übertragbarkeit wegweisende Qualität Zukunftsträchtigkeit

* Die hier dargestellte Zuordnung von Indikatoren zu Phasen ist rein intuitiv.

7 Zweispurige Lehre – die Lehre der Zukunft

Die Hervorhebung kreativitätsförderlicher Qualitäten dürfte nicht zur Vernachlässigung etwa von Faktenwissen, logischem Denken oder Akkuratheit führen. A. J. Cropley & Gribov (2005, S. 65) legen ein entsprechendes Zukunftskonzept für das Bildungswesen vor und nennen es „zweispurige" Ausbildung. Sie bieten eine Reihe von Konzepten an, um die essenzielle Essenz kreativitätsorientierter Bildung einzukapseln, und argumentieren, dass die systematische Entwicklung einer Neigung zur Kreativität (nicht anstelle von, sondern zusätzlich zur Fähigkeit, traditionelles Wissen zu beherrschen) als Bildungsziel angenommen werden sollte. Diesen Autoren zufolge erfordert dies eine zusätzliche kreative Dimension der traditionellen Wissensvermittlung und nicht die Aufgabe des traditionellen Wissens zugunsten der Kreativität: Gebraucht wird nicht eine neue, *kreative* Einseitigkeit, sondern eine umfassendere Ausbildung. Sie nannten die neue Dimension „Lehre für Innovation".

Unentbehrlich für eine solche Lehre sind Verfahren, wodurch Lehr- und Lernaktivitäten geprüft, diagnostiziert und verbessert werden können; z. B. die *Kreative-*

Lösungen-Diagnose-Skala (KLDS), die eine Eigendiagnose des *Produkts* durch Studierende ermöglicht, der *Kreativitätsfördernde-Lehrer-Index* (KFLI) (engl.: Creativity-Fostering Teacher Behavior Index, CFTIndex) (Soh 2018), der sich mit der Eigendiagnose des *Lernumfelds* durch Lehrende befasst, und das in Tabelle 3 dargestellte *Phasenbezogene System für die Analyse des Prozesses* (PSAP) (engl.: Phase-Related System for the Analysis of Process). Ob sich diese Vorstellung der Zukunft der Ingenieurausbildung durchsetzen kann, bleibt noch offen.

Literatur

ACARA (2016). *Collaborative problem-solving online assessment and the Australian Curriculum. Interim Project Report*. Sydney, NSW: Australian Curriculum Assessment and Reporting Authority.

acatech (Hg.). (2013). *Technikwissenschaften – Erkennen, Gestalten, Verantworten*. Heidelberg: Springer.

acatech (Hg.). (2016). *Kompetenzentwicklungsstudie 4.0 – erste Ergebnisse und Schlussfolgerungen*. München: Deutsche Akademie der Technikwissenschaften.

Bakhshi, H., Downing, J. M., Osborne, M. A. & Schneider, P. (2017). *The future of skills: Employment in 2030*. London, UK: Pearson and NESTA.

Brophy, S., Klein, S., Portsmore, M. & Rogers, C. (2008). Advancing engineering education in P-12 classrooms. *Journal of Engineering Education, 97*, 369–387.

Bruner, J. S. (1962). The creative surprise. In H. E. Gruber, G. Terrell & M. Wertheimer (Hg.), *Contemporary approaches to creative thinking* (S. 1–30). New York: Atherton Press.

Burghardt, M. D. (1995). *Introduction to the engineering profession*. (2. Auflage). New York, NY: HarperCollins College Publishers.

Crant, J. M. (2000). Proactive behavior in organizations. *Journal of Management, 26*, 435–462.

Cropley, A. J. (2006). In praise of convergent thinking. *Creativity Research Journal, 18*(3), 391–404.

Cropley, A. J. (2018). Creativity or doom: Integrating STEM education to forestall disaster. *International Journal of Creativity & Problem Solving, 28*, 89–100.

Cropley, A. J. & Gribov, I. (2005). Two-dimensional education: Fostering the „prepared mind" for creativity. *Baltic Journal of Psychology, 6*, 65–74.

Cropley, D. H. & Cropley, A. J. (2000). Fostering creativity in engineering undergraduates. *High Ability Studies, 11*(2), 207–219.

Cropley, D. H. & Cropley, A. J. (2005). Engineering creativity: A systems concept of functional creativity. In J. C. Kaufman & J. Baer (Hg.), *Faces of the muse: How people think, work and act creatively in diverse domains* (S. 169–185). Hillsdale: NJ: Lawrence Erlbaum.

Cropley, D. H. & Cropley, A. J. (2016). Promoting creativity through assessment: A formative CAA tool for teachers. *Educational Technology, 56*(6), 17–24.

Cropley, D. H. & Cropley, A. J. (2018). *Die Psychologie der organisationalen Innovation.* Wiesbaden: Springer Fachmedien

Cropley, D. H. & Cropley, A. J., (2019). *Die Schattenseite der Kreativität. Wie Kriminalität und Kreativität zusammenhängen – eine psychologische Analyse.* Wiesbaden: Springer VS.

Cropley, D. H. & Kaufman, J. C. (2012). Measuring functional creativity: Non-Expert raters and the Creative Solution Diagnosis Scale. *The Journal of Creative Behavior, 46,* 119–137.

Cropley, D. H., Kaufman, J. C. & Cropley, A. J. (2011). Measuring creativity for innovation management. *Journal of Technology Management and Innovation, 6,* 13–29.

Erol, S., Jäger, A., Hold, P., Ott, K. & Sihn, W. (2016). Tangible Industry 4.0: a scenario-based approach to learning for the future of production. *Procedia CIRP, 54,* S. 13–18. doi: 10.1016/j.procir.2016.03.162.

European Council and the Representatives of the Governments of the Member States. (2008). Conclusions of the Council and of the representatives of the governments of the member states, meeting within the Council of 22 May 2008 on promoting creativity and innovation through education and training. *Official Journal of the European Union,* C 141/17.

Florida, R. (2002). *The rise of the creative class.* New York: Basic Books.

Floridi, L. (2015). *Die 4. Revolution: Wie die Infosphäre unser Leben verändert.* Berlin: Suhrkamp.

Frey, C. B. & Osborne, M. A. (2017). The future of employment: how susceptible are jobs to computerization? *Technological Forecasting and Social Change, 114,* 54–280.

Guilford, J. P. (1950). Creativity. *American Psychologist, 5,* 444–454.

Hartmann, V. & Tschiedel, R. (2016) Betriebliches und überbetriebliches Management „künstlicher Kompetenz". *Lehren und Lernen, 121*(1), 10–16.

Hetland, L., Winner, E., Veenema, S. & Sheridan, K. M. (2007). *Studio thinking: The real benefits of visual arts education.* New York, NY: Teachers College Press.

Honey, M., Pearson, G. & Steingruber, H. (Hg.). (2014). *Integration in K-12 STEM education: Status, prospects, and an agenda for research.* Washington, DC: The National Academies Press. doi.org/10.17226/18612.

Horenstein, M. N. (2002). *Design concepts for engineers* (2. Auflage). Upper Saddle River, NJ: Prentice-Hall, Inc.

Luecke, R. & Katz, R. (2003). *Managing creativity and innovation.* Boston: Harvard Business School Press.

Maley, D. (1959). Research and experimentation in the junior high school. *The Industrial Arts Teacher, 18,* 12–16.

National Academy of Sciences, National Academy of Engineering, and Institute of Medicine. (2007). *Rising above the gathering storm: Energizing and employing America for a brighter economic future.* Washington, DC: The National Academies Press. doi.org/10.17226/11463.

Parker, S. K., Williams, H. M. & Turner, N. (2006). Modeling the antecedents of proactive behavior at work. *Journal of Applied Psychology, 91,* 636–652.

Plotkins, M. (2018). Engaging first-year students through a shared multi-disciplinary, creativity requirement. A practice report. *Student Success, 9*, 95–100.

Plucker, J. A., Beghetto, R. A. & Dow, G. T. (2004). Why isn't creativity more important to educational psychologists? Potentials, pitfalls, and future directions in creativity research. *Educational Psychologist, 39*(2), 83–96.

Rauch, A., Wiklund, J., Lumpkin, G. T. & Frese, M. (2009). Entrepreneurial orientation and business performance: An assessment of past research and suggestions for the future. *Entrepreneurship Theory and Practice, 33*, 761–787.

Roehrig, G. H., Moore, T. J., Wang, H. H. & Park, M. S. (2012). Is adding the e enough? Investigating the impact of K-12 engineering standards on the implementation of STEM integration. *School of Engineering Education Faculty Publications*. Whole Paper 6. doi.org/10.1111/j.1949-8594.2011.00112.x.

Rosenstock, L. & Riordan, R. (2017). Changing the subject. In R. A. Beghetto & J. C. Kaufman (Hg.), *Nurturing creativity in the classroom* (S. 3–5). New York, NY: Cambridge University Press.

Sanders, M. (2009, December–January). STEM, STEM education, STEMmania. *The Technology Teacher*, 21–26.

Schlund, S., Hämmerle, M. & Strölin, T. (2014). *Industrie 4.0 – Eine Revolution der Arbeitsgestaltung*. Ulm: INGENICS AG.

Soh, K. (2018). Creativity Fostering Teacher Behavior Index (CFTIndex): Its design, validation, replication and further research. In K. Soh (Hg.), *Creativity fostering teacher behavior: Measurement and research* (S. 17–36). Singapore: World Scientific Publishing.

Wang, H. H., Moore, T. J., Roehrig, G. H. & Park, M. S. (2011). STEM integration: Teacher perceptions and practice. *Journal of Pre-College Engineering Education Research, 1*(2), Article 2. doi.org/10.5703/1288284314636.

Tabellenverzeichnis

Tab. 1	Beispiele dessen, was die MINKT-Didaktik fördern sollte	32
Tab. 2	Kreativitätsförderliche versus kreativitätshemmende Aufgabenstellung	34
Tab. 3	Die phasenbezogene Analyse des kreativen Lernprozesses	36

Entrepreneurship Education und Industrie 4.0 aus hochschuldidaktischer Perspektive

Andreas Liening, Jan-Martin Geiger, Tim Haarhaus, Ronald Kriedel

Abstract

Neue Technologien beeinflussen bestehende Marktstrukturen und können diese nachhaltig verändern bzw. Wandlungsprozesse in Gang setzen. Im Zuge der vierten industriellen Revolution stehen junge und etablierte Unternehmen unter neuen komplexen Herausforderungen. Ziel dieser Ausarbeitung ist eine Umsetzung neuer Lehrkonzepte in die entrepreneuriale Hochschullehre im Rahmen der vierten industriellen Revolution.

Im ersten Abschnitt wird auf das Potenzial neuer technologischer Entwicklungen der Industrie 4.0 im Hinblick auf neue Geschäftsmodelle eingegangen. Etablierten Unternehmen bietet die digitale Transformation eine Steigerung der Effizienz und eine Absenkung der Kosten. Für diesen organisatorischen und technologischen Wandlungsprozess werden zunehmend entrepreneuriale Fertigkeiten benötigt. Mithilfe des Schwellenkonzepts müssen transformative und integrative Methoden in die Hochschullehre implementiert werden, um alte Denkmuster aufzulösen. Die Methodik hierfür bildet eine Synergie der Jobs-to-be-done-Theorie, dem Design-Thinking-Ansatz und der Geschäfts- und Ertragsmodellentwicklung. Im letzten Abschnitt wird auf das Format der Lehre eingegangen. Dieses sollte in Form eines Innovationssprints erfolgen.

Es stellt sich heraus, dass eine Anpassung des entrepreneurialen Lernarrangements nötig ist, um das volle Potenzial der Industrie 4.0 auszuschöpfen. Dies gilt besonders im Hinblick auf das Erschaffen und die Umsetzung neuer unternehmerischer Gelegenheiten.

Schlüsselwörter: Entrepreneurship Education, Industrie 4.0, Hochschuldidaktik, Schwellenkonzepte

1 Einführung

Phasen des Wohlstands sowie der Depression sind seit jeher kennzeichnend für die industrielle Entwicklung in technologiebasierten Gesellschaften. Obgleich ein gewisses Maß an Stabilität dabei oftmals als ein wünschenswerter, ökonomischer Idealzustand aufgefasst wird und den zentralen Gegenstand der neoklassischen Theorie konstituiert, können existierende Gleichgewichte durch sich verändernde „Umstände" aufgelöst werden (Haken 1983, S. 338). Als eine Gruppe von hierfür ursächlichen Ereignissen können neuartige Technologien identifiziert werden, welche auch als „Basisinnovationen" (Vahs & Brehm 2013, S. 5) bezeichnet werden und über das Potenzial verfügen, Produkte und Verfahren zu revolutionieren. Sie können ferner eine grundlegende Veränderung von bisher geltenden Strukturen und Gesetzmäßigkeiten, die unser gesellschaftliches und wirtschaftliches Miteinander prägen, bewirken. Auch die unter dem Begriff „Industrie 4.0" subsumierten Wandlungsprozesse bergen derartige technologische Neuerungen, die in der Lage sind, bisherige Produktions- und Arbeitsabläufe grundlegend zu verändern. Existierende Produkte, Dienstleistungen oder gar ganze Märkte können hierdurch verschwinden, um wiederum andere zu schaffen.

In diesem Phänomen sieht sich der Schumpeter'sche Innovationsbegriff der „schöpferischen Zerstörung" verankert. Dieser Begriff steht sinnbildlich für die aus unternehmerischem Handeln resultierende „Durchsetzung neuer Kombinationen" (Schumpeter 1987, S. 100) und liefert einen Erklärungsansatz für das Entstehen von Dynamiken im Wirtschaftswachstum. Diese Erkenntnis ist mitunter ursächlich für eine zunehmende Auseinandersetzung mit Entrepreneurship als wissenschaftlicher Disziplin. Neben der Frage, welche ökonomische Funktion Entrepreneure als handelnde Subjekte erfüllen, über welche Persönlichkeitsmerkmale sie verfügen, welche Entscheidungslogiken sie anwenden und wie der Prozess der Unternehmensgründung und -entwicklung gestaltet wird (Liening 2017), konzentriert sich die Entrepreneurshipforschung auf die Frage, auf welche Weise lernende Individuen mit entsprechenden Fähigkeiten ausgestattet werden können.

In diesem Kontext kommt Bildungseinrichtungen die wesentliche Aufgabe zu, unternehmerischen Geist bei Lernenden zu wecken und für entrepreneuriales Denken und Handeln zu sensibilisieren. Vor diesem Hintergrund ist die oben skizzierte vierte industrielle Revolution als Gestaltungsaufgabe zu verstehen, für deren Bewältigung die Entrepreneurship Education geeignete Methoden zur Verfügung stellt.

Im Rahmen dieses Beitrags werden zunächst spezifische, durch die vierte industrielle Revolution hervorgerufene Herausforderungen diskutiert (Abschnitt 2). Dies geschieht in einem Dreischritt, bei dem zunächst Anforderungen an Start-ups dargelegt und hinsichtlich ihrer Relevanz für eine Entrepreneurship Education eingeordnet werden. Daneben bilden etablierte Unternehmen ein zweites Handlungsfeld, da diese ebenfalls mit veränderten Bedingungen konfrontiert sind. Sie stehen vor der Herausforderung, bewährte Abläufe zu managen und zugleich innovativ zu sein. Vor dem Hintergrund dieser beiden Handlungsfelder werden Konsequenzen für die Hochschullehre in Abschnitt 3 hergeleitet.

In Abschnitt 4 erfolgt eine hochschuldidaktische Einordnung von Entrepreneurship vor dem Hintergrund der geänderten Anforderungen durch die Industrie 4.0. Zu diesem Zweck werden didaktische Fragestellungen hinsichtlich der Einbettung von Entrepreneurship Education aufgeworfen und anhand einschlägiger Praxisbeispiele diskutiert. Ferner wird die Bedeutung einer interdisziplinären Lehre mit Blick auf die Entrepreneurship-Ausbildung hervorgehoben, um letztlich relevante Kompetenzfelder für Entrepreneurship als Schlüsselqualifikation zu identifizieren.

2 Industrie 4.0 – Wandel erfordert neue Lösungen

Wandel und Veränderung sind ein Zeichen von Entwicklung. Insbesondere in wirtschaftlichen Kontexten, in denen Wachstum einen ständigen Erfolgsindikator darstellt, sind Wandel und Veränderung elementar. Unternehmen bzw. Organisationen im Allgemeinen müssen sich diesen Herausforderungen stellen. Waren noch im letzten Jahrhundert die Produktion und Bereitstellung von Dienstleistungen auf Unternehmen beschränkt, so ist ein Merkmal der immer stärker vernetzten und globaleren Strukturen die Möglichkeit, dass nahezu jeder in die Rolle des Produzenten eintreten kann. Produktions- und Entwicklungskapazitäten können gemietet und genutzt werden. Zudem ermöglichen immer neue Technologien bestehenden, aber auch neuen Unternehmen in Märkte einzutreten und diese zu verändern. Micro-Multinationals, d. h. kleine und mittlere Unternehmen, die ihre Produkte und Dienstleistungen weltweit vertreiben, zeigen, dass für Organisationen Wettbewerber nicht mehr eindeutig zu identifizieren sind (Dimitratos, Amorós et al. 2014). Organisationen können sich innerhalb weniger Jahre von Unternehmen ohne jegliche Verknüpfungen zu Wettbewerbern entwickeln. Betrachtet man bspw. die Unternehmen Garmin[1] oder Polar[2], hätte vor 15 Jahren niemand TomTom[3] oder Swatch[4] als potenzielle Konkurrenten genannt, ganz abgesehen von den damals noch nicht einmal gegründeten Unternehmen Fitbit[5] und Jawbone[6]. Hieraus ergeben sich eine Vielzahl von Implikationen, welche in den weiteren Abschnitten aufgegriffen werden.

2.1 Herausforderungen für Start-ups

Neuartige technologische Entwicklungen der Industrie 4.0 bieten Unternehmen die Möglichkeit, mit neuen Produkten und Dienstleistungen an ihre Kundschaft heranzutreten. Zudem können Unternehmen auch ihre eigenen Unternehmensabläufe entlang der gesamten Lieferkette weiterentwickeln. Die Entwicklung dieser neuen Technologien birgt jedoch ein hohes Maß an Unsicherheit und enorme geschäftliche Risiken. Daher werden verschiedene entrepreneuriale Ansätze, wie etwa Spin-offs, benötigt (Chesbrough 2007). Auch Start-ups scheinen eine vielversprechende Plattform für die Entwicklung der Industrie 4.0 zu bieten (Wei 2017).

Start-ups werden durch drei Kriterien definiert (Luger & Koo 2005): Sie sind neu, aktiv und unabhängig. Das Kriterium *neu* bezieht sich dabei auf ein rapide wachsendes Geschäft oder Unternehmen mit enormem Einfluss. Bos & Stam (2014) erläutern, dass das Wachstum von Unternehmen mit großem Einfluss das Wachstum einer gesamten nachgelagerten Industrie anregen kann. In diesem Zusammenhang haben mehrere Länder die Bedeutung von Start-ups für ihre Volkswirtschaften bestätigt. Die strategische Allianz zwischen Start-ups und Industrie im kanadischen

---

1 Hersteller von Navigationsempfängern, Fitness-Trackern und Sportuhren
2 Hersteller von Pulsmessern und GPS-Sportuhren
3 Anbieter von Navigationslösungen, Geodaten und GPS-Sportuhren
4 Uhrenhersteller
5 Anbieter von Fitness-Trackern
6 Hersteller von Fitnessarmbändern sowie Bluetooth-Kopfhörern und Lautsprechern

Biotechnologie-Sektor steigert die Performance beider Parteien (Baum, Calabrese & Silverman 2000). Wissenstransfer und Innovationsaktivitäten beeinflussen die Leistungsfähigkeit von Unternehmen auf dem Balkan (Ramadani, Abazi-Alili et al. 2017). Inkubator-, Technologie- und Innovationszentren in der Schweiz unterstützen die Entwicklung unterschiedlicher Start-ups und wirken Arbeitslosigkeit entgegen (Thierstein & Willhelm 2001).

Laut Expertinnen und Experten werden Start-ups auch in der Industrie 4.0 eine entscheidende Rolle spielen: So sollen Start-ups, die weniger als drei Jahre alt sind, zukünftig 50 % aller Lösungen im Bereich des Internets der Dinge bereitstellen (Gartner Inc. 2014). Auch der Weg zur großflächigen Verbreitung des Internets der Dinge werde durch Start-ups geebnet. Das Marktforschungsunternehmen Gartner Inc. (2014) projiziert, dass bis zum Jahr 2020 insgesamt 20 Milliarden vernetzte Geräte existieren werden. Diese Smart Devices betreffen nicht nur Smartphones oder Uhren, sondern auch ganze Fabriken, das Gesundheitswesen, Produktionswesen etc. Gemäß Schätzungen des US-amerikanischen Halbleiterherstellers Intel könnte die gesamte Industrie 4.0 im Jahr 2025 einen Wert von 6,2 Billionen US-Dollar besitzen, wobei Produktion, Gesundheitswesen, Handel, Sicherheit und Transport die bedeutendsten Branchen ausmachen würden (Intel Corporation 2015).

Aus Sicht der Start-ups bietet sich folglich eine Vielzahl von Möglichkeiten, in Branchen aktiv zu werden, die bisher nicht für ihre Innovationsfähigkeit bekannt waren. Parallel zu den vielen neuen Gelegenheiten gibt es aber auch einige Herausforderungen, denen sich Start-ups in der Industrie 4.0 stellen müssen.

Eine wesentliche Herausforderung stellen dabei schwierige Finanzierungsbedingungen dar. So benötigen gerade junge Unternehmen ausreichend Kapital, um schnell wachsen und die nationale oder gar internationale Expansion vorantreiben zu können. Häufig ist Wagniskapital aus öffentlichen oder privaten Mitteln zudem nur unter großem bürokratischen Aufwand erhältlich, was Gründende, die mit den spezifischen bürokratischen Hürden und Regelungen weniger vertraut sind, vor Probleme stellen kann. Eine weitere Herausforderung besteht darin, die Skalierbarkeit des jeweiligen Geschäftsmodells zu gewährleisten – oft fällt es Start-ups schwer, ein Produkt vom Prototyp zur Massenfertigung weiterzuentwickeln, ohne dass dabei Fixkosten und Investitionen in die Infrastruktur signifikant ansteigen. Neben der Bewältigung technischer Schwierigkeiten sollten Start-ups jedoch auch beachten, dass sie möglichen Kundinnen und Kunden Geschäftskonzepte anbieten, die Lösungen für tatsächliche Probleme bereithalten. Daher ist es für junge Unternehmen unabdingbar, im ständigen Austausch mit potenziellen Kooperationspartnerinnen und -partnern, Kundinnen und Kunden sowie Investorinnen und Investoren zu stehen, sodass neue Bedürfnisse und Anforderungen rechtzeitig in das Unternehmen aufgenommen werden können.

Doch auch wenn es Start-ups gelingen sollte, eine innovative Technologie zu entwickeln und zur Marktreife zu bringen, ist der wirtschaftliche Erfolg der Unternehmung noch nicht gesichert. So wird zur Umsetzung einer innovativen Geschäftsmöglichkeit ein interdisziplinäres unternehmerisches Team benötigt, das Wissen und

Fähigkeiten aus vielen unterschiedlichen Fachbereichen kombiniert. Von besonderer Bedeutung sind in diesem Zusammenhang Grundlagenkenntnisse der Unternehmensgründung sowie unternehmerische Fähigkeiten, um eine fundierte Unternehmensplanung zu gewährleisten. Dies beinhaltet u. a. die Erstellung von Businessplänen, aber auch den Entwurf der langfristigen Unternehmensstrategie unter Berücksichtigung interner und externer Faktoren. Hinsichtlich der Unternehmensplanung besteht eine besondere Schwierigkeit für Start-ups in der Industrie 4.0 darin, Marktnachfrage und Anforderungen abzuschätzen, da sie auf einem verhältnismäßig neuen Markt agieren, zu dem erst wenige Erfahrungswerte vorliegen. Regelmäßiger Austausch mit relevanten Beteiligten sowie gezieltes Netzwerken stellen daher probate Mittel dar, um Kenntnisse zu Anforderungen und Bedürfnissen der Branche zu erlangen. Grundsätzlich bedarf es neben technischen Fachkenntnissen folglich auch elementarer betriebswirtschaftlicher Fertigkeiten, um innovative Technologien erfolgreich am Markt anbieten zu können.

Nachdem nun wesentliche Herausforderungen der vierten industriellen Revolution für Start-ups erörtert wurden, sollen im nächsten Abschnitt potenzielle Schwierigkeiten etablierter Unternehmen diskutiert werden.

2.2 Herausforderungen für etablierte Unternehmen

Auch etablierten Produktionsunternehmen bietet die digitale Transformation zur Industrie 4.0 vielfältige Möglichkeiten. Einerseits gibt es verschiedene Optionen, um die Produktion kosteneffizienter zu gestalten. So kann das gebundene Kapital reduziert werden, indem die Wertschöpfungskette optimiert und der Automatisierungsgrad der Fertigung erhöht werden. Energiekosten können durch effizienteren Verbrauch und intelligente Steuerung der Betriebsanlagen gesenkt werden. Auch Personalkosten können durch stark automatisierte Produktionsprozesse eingespart werden. Andererseits bieten sich verschiedene Möglichkeiten zur Produktivitätssteigerung. So können Unternehmen im Zuge der Industrie 4.0 bspw. die Flexibilität der Produktionsvorgänge erhöhen, neuartige Produkte in kürzerer Zeit auf den Markt bringen und passgenauer auf individuelle Wünsche eingehen.

Den vielfältigen Möglichkeiten zur Effizienz- und Produktivitätssteigerung stehen jedoch einige Herausforderungen gegenüber, die etablierte Produktionsunternehmen im Rahmen der vierten industriellen Revolution bewältigen müssen. Das gewaltige Datenvolumen, das entlang der Wertschöpfungskette angesammelt wird, muss durch geeignete Informationssysteme in Echtzeit analysiert und verwertet werden, um Produktionsabläufe effizient zu organisieren. Auch der Implementierungs- und Anpassungsaufwand, der bei der Integration neuer Systemelemente in die bestehende, komplexe Produktionsorganisation anfällt, sollte nicht unterschätzt werden. Zusätzlich kann der umfangreiche Datenaustausch entlang der Wertschöpfungskette, häufig auch direkt zwischen Anbieter und Kundschaft, die Sicherheit und den Schutz sensibler Unternehmensdaten erheblich beeinträchtigen.

Neben den beschriebenen Anforderungen an etablierte Produktionsunternehmen ergibt sich für diese die Fragestellung, wie die Veränderungen im Zuge der vierten industriellen Revolution grundsätzlich gehandhabt werden sollen. Einen Ansatz hierzu stellt das sog. „Ambidextrous Model" von Wales, Monsen & McKelvie (2011) dar, welches die Vorstellung beinhaltet, dass manageriale und entrepreneuriale Prozesse in Organisationen parallel ablaufen. Demnach müssen einerseits bereits vorhandene Produkte gemanagt werden, andererseits sollten auch neue Geschäftsbereiche und Gelegenheiten erschlossen werden, um die Weiterentwicklung des Unternehmens sicherzustellen (O'Reilly III & Tushman 2004). Die Herausforderung für Unternehmen besteht folglich darin, auf der einen Seite inkrementelle Innovationen für bestehende Produkte oder Märkte hervorzubringen, auf der anderen Seite aber auch die Entwicklung radikal neuer Innovationen voranzutreiben. Um dazu fähig zu sein, müssen Unternehmen sowohl die Exploration bestehender Geschäftsmöglichkeiten als auch die Erschließung und Verwertung neuer Geschäftsmöglichkeiten beherrschen. Diese einzelnen Prozesse sind in Abbildung 1 dargestellt. In der oberen Hälfte der Grafik ist abgebildet, wie Organisationen aktuelle Produkte und Dienstleistungen managen und verwalten, um Effizienz-und Effektivitätssteigerungen zu erzielen. Demgegenüber ist in der unteren Hälfte der Grafik dargestellt, wie Unternehmen durch entrepreneuriales Vorgehen neue Produkte und Dienstleistungen erschaffen und letztendlich neue Geschäftsmöglichkeiten erschließen können.

Da mit der Industrie 4.0 erhebliche organisationale Wandlungsprozesse und technologische Neuerungen verbunden sind, lässt sich also festhalten, dass Unternehmen nicht nur manageriale Prozesse beherrschen, sondern auch entrepreneuriale Fertigkeiten ausbilden müssen, um die digitale Transformation bewältigen zu können.

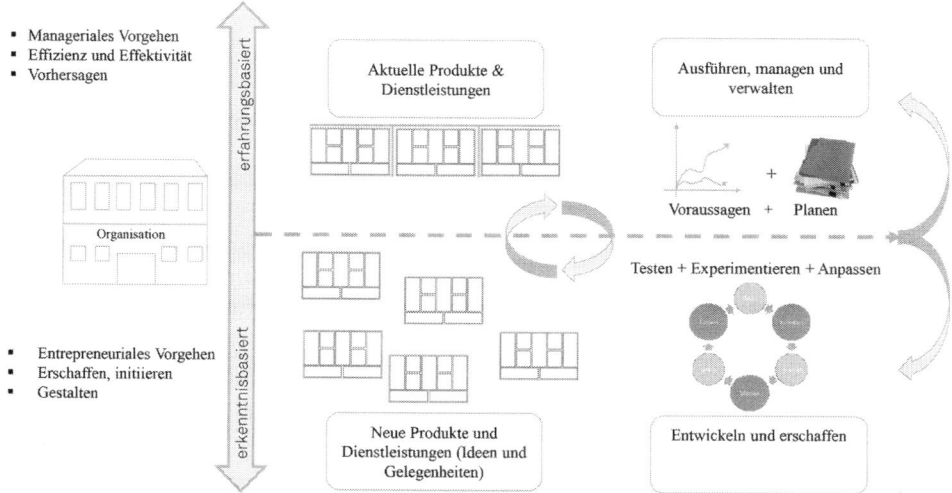

Abbildung 1: Darstellung des entrepreneurialen sowie managerialen Prozesses im Sinne des „Ambidextrous Model" innerhalb einer Organisation (angelehnt an Wales, Monsen & McKelvie 2011)

Vor diesem Hintergrund wird im folgenden Abschnitt 3 darauf eingegangen, inwiefern Entrepreneurship Education für entrepreneuriales Denken und Handeln sensibilisieren und geeignete Methoden zur Verfügung stellen kann.

3 Entrepreneurship Education aus didaktischer und lerntheoretischer Perspektive: Bedeutung von Schwellenkonzepten

3.1 Herausforderungen für die Gestaltung entrepreneurialer Lernarrangements

Entrepreneuriale Bildungsangebote erfreuen sich wachsender Aufmerksamkeit in der Hochschullandschaft: So werden diese einerseits vermehrt in die curriculare Lehre eingebettet und tragen zur Profilbildung von Hochschulen bei. In diesem Zuge werden in Deutschland vermehrt Masterstudiengänge[7] mit einschlägig entrepreneurialer Ausrichtung angeboten. Andererseits erfreuen sich hochschulweite wie hochschulübergreifende Gründungs- und Transferzentren wachsender Beliebtheit. Ziel ist es hierbei, den unternehmerischen Geist zu fördern sowie einen Transfer zwischen Wissenschaft und Wirtschaft im Kontext der sog. „Third Mission" zu ermöglichen. Im Rahmen der curricularen sowie außercurricularen Lehre wird hierbei eine Vielzahl an verschiedenen Bildungsangeboten und sonstigen Aktivitäten unter dem Begriff Entrepreneurship Education subsumiert.

Mit Blick auf die wachsende Zahl eben solcher Bildungsangebote werden Forderungen nach einer disziplinären, wissenschaftlichen Auseinandersetzung mit Entrepreneurship und Entrepreneurship Education laut (Shane & Venkataraman 2000; Thrane, Blenker et al. 2016). In diesem Zusammenhang konstatiert Fayolle (2013), dass Entrepreneurship Education oftmals zu losgelöst von der Education-Perspektive betrachtet wird. So wird die Berücksichtigung didaktischer Fragestellungen bei der Gestaltung entsprechender Lernarrangements gefordert (Fayolle 2013; Fayolle & Gailly 2008):

- „Welche Inhalte sollen vermittelt werden?": Lernarrangements können sich deutlich in ihrer inhaltlichen Ausrichtung unterscheiden (Thrane et al. 2016). So werden bspw. sowohl Workshops zur Geschäftsmodellentwicklung als auch Kurse über Webdesign unter dem Begriff Entrepreneurship Education zusammengefasst.
- „Was ist das Ziel?": Bildungsangebote können einerseits die Stärkung der gründungsbezogenen Selbstwirksamkeitserwartung fokussieren, andererseits kann aber auch auf eine grundsätzliche Sensibilisierung für unternehmerisches Handeln abgezielt werden, unabhängig von einer möglichen Gründung.

---

[7] Mit Blick auf die nordrheinwestfälischen Universitäten sind hier bspw. Duisburg-Essen, Siegen und Wuppertal zu nennen.

- „Welche Methoden werden eingesetzt?": Der Methodeneinsatz hängt in der Regel von Inhalten, Zielen und der Lerngruppe ab. So können erlebnisorientierte Methoden wie Planspiele und Simulationen im Vordergrund stehen, aber auch eher reflexive Methoden wie ein Best-Practice-Vortrag (Balan & Metcalfe 2012).
- „Wer sind die Adressaten?": Bildungsangebote müssen adressatengerecht gestaltet sein. Mit Blick auf Entrepreneurship bedeutet dies, sich an der Lerngruppenkonstellation und etwaigen biografischen wie soziodemografischen Merkmalen zu orientieren (Fayolle 2013).
- „Auf welche Weise wird die Wirkung überprüft?": Findet eine Wirkungsüberprüfung statt und wenn ja, wie? Häufig werden Prä-Post-Fragebögen eingesetzt, um die Veränderung gründungsbezogener Dispositionen (z. B. Gründungsneigung, Selbstwirksamkeitserwartung etc.) zu dokumentieren.[8] Nach Kautonen, Gelderen & Tornikoski (2013) und Souitaris, Zerbinati & Al-Laham (2007) werden hingegen realisierte Gründungen seltener als ein Wirkungsindikator herangezogen, da diese schwieriger als die direkten Folgen eines Lernarrangements zu verorten sind.

Neben didaktischen Fragestellungen sind es auch lerntheoretische Aspekte, die in Praxis und Forschung im Bereich Entrepreneurship Education eingängiger thematisiert werden müssen. Es macht dabei jedoch einen wesentlichen Unterschied, ob Lernen aus einer behavioristischen, konstruktivistischen, kognitivistischen oder einer integrativen Perspektive betrachtet wird (Liening, Geiger et al. 2016). Aus diesem Grund wird auch die Berücksichtigung von Lerntheorien mit Blick auf Entrepreneurship Education gefordert (Garavan & O'Cinneide 1994). Basierend auf diesen Überlegungen wird nachfolgend der Schwellenkonzeptansatz aus allgemeindidaktischer Perspektive entfaltet und auf Entrepreneurship als Fachdisziplin angewandt.

3.2 Schwellenkonzepte als didaktischer Bezugsrahmen

Der Schwellenkonzeptansatz von Meyer & Land (2003, 2005) eröffnet einen didaktischen Zugang zur Identifizierung eben solcher Konzepte, die das Wesen eines Fachs auszeichnen und werden auch als „jewels in the curriculum" bezeichnet. Durch die Auseinandersetzung mit der eigenen Identität sowie der Lebenswelt erlangen sie schließlich individuelle Bedeutsamkeit für Lernende. Obgleich disziplinär verankert, erlangen sie auch über das Fach hinaus Bedeutung. Bei der Beschäftigung mit Schwellenkonzepten sind Lernende ggf. mit der Herausforderung konfrontiert, bisherige Denk- und Verhaltensweisen verwerfen zu müssen und sich gegenüber den neuartigen Konzepten zu öffnen. Hierdurch wird der Schwellenkonzeptansatz auch in einer Linie mit dem sog. „Conceptual-Change-Ansatz" gesehen, welcher Lernen als Prozess des ständigen Ablegens und Rekonstruierens von Denkmustern verortet (Strike & Posner 1982; Vosniadou 2008). Grundsätzlich folgt der Schwellenkonzeptansatz auf diese Weise konstruktivistischen Lerntheorien wie bspw. Piagets Äquilibrationstheorie (Piaget 1976).

---

8 Eine Übersicht bieten bspw. Bae, Qian et al. (2014).

Schwellenkonzepte zeichnen sich nach Meyer & Land (2003, 2005) durch mehrere Merkmale aus. Einerseits werden sie als *transformativ* bezeichnet, da sie bei Lernenden einen Perspektivwechsel auf das Fach einerseits sowie auf ihre eigene Person andererseits verursachen. Darüber hinaus werden sie als *integrativ* beschrieben, da sie bisher verborgene Bedeutungszusammenhänge sichtbar machen und Lernenden eine ganzheitlichere Sicht auf ein Fach ermöglichen. Durch ihre transformativ-prägende Wirkung werden sie ferner als *irreversibel* beschrieben. Schwellenkonzepte werden auch als *begrenzend* (zu anderen Disziplinen) und *beschwerlich* beschrieben, da bisher verwendete Denk- und Verhaltensmuster ggf. aufgegeben werden müssen. In diesem Zuge werden Schwellenkonzepte in der fachlichen Diskussion von anderen Begriffen wie „key concepts", „core concepts" oder „basic concepts" abgegrenzt, da Schwellenkonzepte eben nicht für Novizen ohne weiteres vereinfachbar seien (Davies 2012). So müssten sich Lernende erst einmal ein Interimsverständnis über das Wesen eines Fachs aneignen, um Schwellenkonzepte verinnerlichen zu können.

Mit Blick auf die Forderung nach einer stärkeren Verzahnung von Entrepreneurship und Education scheint der Schwellenkonzeptansatz die Forderungen nach didaktischen wie lerntheoretischen Überlegungen zu adressieren, weshalb dieser im Weiteren mit Blick auf die Gestaltung entrepreneurialer Lernarrangements herangezogen wird.

4 Entrepreneurship in der Hochschullehre

Die aufgeführten Besonderheiten der Industrie 4.0 ergeben für den Einsatz in der Hochschullehre eine Vielzahl an Herausforderungen. Grundsätzlich sind die Lehrenden gefordert, neue relevante Inhalte und technologische Entwicklungen mit in ihre Lehrveranstaltung einzubauen. Da es sich bei der Industrie 4.0 um Entwicklungen handelt, die fachübergreifend zu Veränderungen führen und denen schon jetzt das Potenzial zugeschrieben wird, disruptive Entwicklungen auszulösen, können Lehrende diese Entwicklung nicht rein fachspezifisch angehen. Lösungsansätze können Methoden und Formate sein, in denen sich Studierende mit dem Inhalt der originären Veranstaltung auseinandersetzen können (Primat des Inhalts), aber auch die technologischen Möglichkeiten der Industrie 4.0 anwenden. Die Herausforderung für Lehrende, die Inhalte der Industrie 4.0 aufgreifen wollen, besteht darin, im Sinne der Schwellenkonzepte transformative und integrative Methoden sowie Formate zu wählen (Meyer & Land 2003). Wie bereits erörtert, muss den Lernenden ermöglicht werden, vorhandene lineare und herkömmliche Sichtweisen aufzulösen und neue, eher komplexere, iterative und fachübergreifende Lösungen und Möglichkeiten zu erkennen. Hierbei geht es im Sinne des integrativen Vorgehens nicht darum, vorhandenes Wissen als *falsch* zu deklarieren, sondern vielmehr darum, neue Erkenntnisse und disruptive Entwicklungen in die aktuellen Fachinhalte mit einzubeziehen, zu erweitern oder gar neue Konzepte und Theorien zu entwickeln. Für Lehrende stellt sich nun die Frage, wie dieses in der Hochschullehre umgesetzt werden kann. Da durch die Industrie 4.0 neue Gelegenheiten und Potenziale ermöglicht werden und entrepreneuriale Methoden sich mit genau diesen Fragestellungen beschäftigen, werden im Folgenden entrepreneuriale Methoden vorgestellt, um diese Herausforderungen anzugehen (Liening 2017). Des Weiteren müssen diese Methoden und Formate im Sinne der Schwellenkonzepte transformativ und integrativ sein, um ein Umdenken der Lernenden zu ermöglichen.

4.1 Methoden

Bei der Methodik kommt ein Dreischritt aus der Jobs-to-be-done-Theorie (Bettencourt & Ulwick 2008; Christensen, von den Eichen & Matzler 2011) dem Design-Thinking- und Human-Centred-Design-Ansatz (IDEO.org 2015; Lewrick, Link et al. 2017) sowie der Geschäfts- und Ertragsmodellentwicklung (Gassmann, Frankenberger & Csik 2013; Johnson 2010; Osterwalder & Pigneur 2011) zum Einsatz. Zuerst müssen die Kundschaft bzw. der Anwendende im Detail verstanden werden. Hierbei ist es irrelevant, ob es sich um die Entwicklung eines neuen Unternehmens bspw. eines Start-ups handelt oder um die Weiterentwicklung unternehmensinterner Prozesse. Der Anwendende muss dahingehend verstanden werden, welche Herausforderungen (Jobs) er/sie meistern muss. Hierzu zählt nicht nur die reine Aufgabe als solche, sondern es spielen auch finanzielle, emotionale und soziale Aspekte eine Rolle. Ebenfalls von Bedeutung ist, inwiefern dieses Produkt oder die Dienstleistung beschafft werden kann und wie folgende Aufgaben davon betroffen sind. Sobald dieses im Detail verstanden ist, kann im Sinne des Design-Thinking- bzw. Human-Centred-Design-Ansatzes eine Idee bzw. eine Lösung konzipiert werden, welche die Aufgabe der Kundschaft löst. Hierbei muss die Aufgabe nicht zwangsläufig besser erfüllt werden, sondern kann bspw. schneller, kosteneffizienter oder aber einfacher erledigt werden. Wichtig ist, dass zu Beginn verstanden worden ist, welche der Aspekte dem Nutzenden bei der Aufgabenerfüllung wichtig sind. Mittelfristig ist zudem entscheidend, zwischen der Person, die nutzt, und der, die kauft, zu differenzieren, da bei beiden Personen unterschiedliche Bedürfnisse bzw. Anforderungen vorliegen können. Auf der Basis der Erkenntnisse der Aufgaben wird ein Prototyp entwickelt und dieser Prototyp wird der potenziellen Kundschaft präsentiert. Durch die Anwendung bzw. die Reaktion der Kundschaft auf den Prototypen werden Daten generiert, welche dazu führen, das Produkt oder die Dienstleistung zu verfeinern und weiterzuentwickeln. Wenn das Produkt bzw. die Dienstleistung entwickelt worden ist, geht es darum, ein tragfähiges Geschäftsmodell zu entwerfen. Die Basis eines tragfähigen Geschäftsmodells ist das Produkt bzw. die Dienstleistung sowie die Passung zu der Kundschaft (Aufgaben der Kundschaft/Jobs). Diese wurden durch die ersten Schritte erschaffen bzw. sichergestellt. Zudem werden Fragen zu Beziehungen zur Kundschaft, Ressourcen, Aktivitäten und Kooperationen, die für das Betreiben des Geschäftsmodells notwendig sind, erarbeitet und entwickelt. Abschließend ist das Ertragsmodell, also die Betrachtung der Kosten und Einnahmen, essenziell. Am Ende muss sichergestellt werden, dass die Kosten gedeckt werden können und je nach Ausgestaltung der Rechtsform bzw. des organisationalen Prozesses auch der entsprechende Gewinn erzielt werden kann.

4.2 Formate

Der unternehmerische Prozess kann in Formaten, welche sich in Umfang und Dauer, nicht aber im Prozess als solchem unterscheiden, Anwendung finden. Da es sich um Querschnittsbereiche (fachlicher Input der Lehrenden und zusätzlicher Input der Industrie 4.0) handelt, empfehlen wir diese Herausforderungen nicht in gewöhnlichen Lehrformaten anzuwenden, sondern hierzu Formate zu verwenden, welche im weitesten Sinne unter Innovationssprint (Knapp, Zeratsky et al. 2016; Link 2014) zusammengefasst werden können. Diese Innovationssprints können in Eintagesveranstaltungen (bspw. Innovation Day), kompakten mehrtägigen Veranstaltungen (bspw. Summer Schools) oder wirklichen Sprints über vier bis zwölf Wochen (Innovation Sprints) stattfinden:

- Innovation Days
  Konzept der Eintagesveranstaltungen ist es, sich neuen Themen zu nähern und neue Methoden oder Ansätze kennenzulernen. Im Sinne der Schwellenkonzepte ist die Transformativität und Integrativität als eher gering einzuschätzen, da nur erste *Schubser* in eine andere Richtung gegeben werden können. Beispielsweise ist es den Studierenden nicht möglich, die wirklichen Aufgaben der potenziellen Anwender zu testen, was grundlegend für die oben beschriebenen Methoden ist. Dennoch eignen sich Tagesveranstaltungen sehr wohl dazu, den Prozess in gestraffter Form zu erleben und zu einem ersten Umdenken anzuregen. Insbesondere können in solchen Tagesworkshops neue Ideen und Möglichkeiten aufgezeigt werden. Angewendet auf die Industrie 4.0 bedeutet dies, dass bspw. ein Fachinput zu Möglichkeiten und Herausforderungen der Industrie 4.0 gegeben wird und dann die Teilnehmenden mit der Aufgabe konfrontiert werden, hierzu, unter dem oben beschriebenen Prozess und bezogen auf ihre Fachexpertise, neue Prozesse und Ideen zu entwickeln.
- Kompaktformate wie Summer Schools oder Start-up Weekends
  Der große Vorteil bei mehrtägigen Veranstaltungen liegt darin, dass die Methoden einen größeren Raum einnehmen können. Erste Erschließungen von Aufgaben der Kundschaft sowie die Entwicklung von Prototypen und deren Tests werden ermöglicht. Somit werden im Sinne der Schwellenkonzepte insbesondere die Transformativität und Integrativität gesteigert. Aufgrund des mehrtägigen Anwendens der Methodik und des fortlaufenden Erfahrens des neuen Vorgehens ist eine intensivere Auseinandersetzung mit der Methodik möglich. Durch den Umgang mit erster realer Kundschaft und Kontakten zu Anwendenden wird das Lernerlebnis stärker und die Wirkung der Methoden kann besser nachvollzogen werden. Die größte Herausforderung der Teilnehmenden wird darin bestehen, die eingetretenen Lerneffekte in den Arbeitsalltag zu übernehmen.

- Innovation Sprints
  Begleitete Formate vereinen die Vorteile der beiden oben aufgeführten Formate und erleichtern das Problem der Anwendung im Arbeitsalltag. Im Sinne der Schwellenkonzepte liegt hierbei die stärkste Transformativität und Integrativität vor, da die Teilnehmenden einmalig eine intensive Einführung in die Methodik erhalten und dann über einen Zeitraum von vier bis zwölf Wochen immer wieder zu Präsentationen und Fortschrittsberichten zusammenkommen. So werden die Lernergebnisse wiederholt von den Teilnehmenden reflektiert und kontinuierlich auch während des Universitäts- bzw. Arbeitsalltags angewendet. Hierdurch wird es möglich, dass eine nachhaltige Verhaltensänderung sowie Übernahme der Methodik und Inhalte eintritt.

Die aufgeführten Methoden und Formate sind für Lehrende im Rahmen der Hochschule mit einem größeren Aufwand dahingehend verbunden, dass diese bspw. Zeitslots blocken müssen, externe Expertinnen und Experten einladen müssen (bspw. im Bereich der Industrie 4.0) und insbesondere bei den begleitenden Formaten kontinuierlichen Betreuungsaufwand haben. Die Vorteile für die Teilnehmenden, wie etwa die Kenntnis neuer Methoden und Inhalte sowie die Erkenntnis, eigene neue Ideen und Gelegenheiten zu erschaffen und umsetzen zu können, sollten diesen Aufwand jedoch aufwiegen.

Literatur

Bae, T. J., Qian, S., Miao, C. & Fiet, J. O. (2014). The Relationship Between Entrepreneurship Education and Entrepreneurial Intentions: A Meta-Analytic Review. *Entrepreneurship Theory and Practice, 38*(2), 217–254. doi:10.1111/etap.12095.

Balan, P. & Metcalfe, M. (2012). Identifying teaching methods that engage entrepreneurship students. *Education+ Training, 54*(5), 368–384.

Baum, J. A., Calabrese, T. & Silverman, B. S. (2000). Don't go it alone: Alliance network composition and startups' performance in Canadian biotechnology. *Strategic management journal, 21*(3), 267–294.

Bettencourt, L. A. & Ulwick, A. W. (2008). The customer-centered innovation map. *Harvard Business Review, 86*(5), 109.

Bos, J. & Stam, E. (2014). Gazelles and industry growth. *Industrial and Corporate Change, 23*(1), 145–169.

Chesbrough, H. (2007). Business model innovation: it's not just about technology anymore. *Strategy & leadership, 35*(6), 12–17.

Christensen, C. M., von den Eichen, S. & Matzler, K. (2011). *The Innovators Dilemma: Warum etablierte Unternehmen den Wettbewerb um bahnbrechende Innovationen verlieren.* München: Vahlen.

Davies, P. (2012). Threshold concepts in economics education. In G. M. Hoyt & K. McGlodrick (Hg.), *International handbook on teaching and learning economics* (S. 250–256). Cheltenham, UK: Edward Elgar.

Dimitratos, P., Amorós, J. E., Etchebarne, M. S. & Felzensztein, C. (2014). Micro-multinational or not? International Entrepreneurship, Networking and Learning Effects. *Journal of Business Research, 67*(5), 908–915.

Fayolle, A. (2013). Personal views on the future of entrepreneurship education. *Entrepreneurship & Regional Development, 25*(7/8), 692–701.

Fayolle, A. & Gailly, B. (2008). From craft to science: Teaching models and learning processes in entrepreneurship education. *Journal of European Industrial Training, 3*(7), 569–593.

Garavan, T. N. & O'Cinneide, B. (1994). Entrepreneurship Education and Training Programmes: A Review and Evaluation – Part 1. *Journal of European Industrial Training, 18*(8), 3–12.

Gartner Inc. (2014). *Gartner Says By 2017, 50 Percent of Internet of Things Solutions Will Originate in Startups That Are Less Than Three Years Old*. Verfügbar unter: https://www.gartner.com/en/newsroom/press-releases/2014-10-09-gartner-says-by-2017-50-percent-of-internet-of-things-solutions-will-originate-in-startups-that-are-less-than-three-years-old (Zugriff am 04.02.2019).

Gassmann, O., Frankenberger, K. & Csik, M. (2013). *Geschäftsmodelle entwickeln – 55 innovative Konzepte mit dem St. Galler Business Model Navigator*. München: Carl Hanser.

Haken, H. (1983). *Synergetik. Eine Einführung. Nichtgleichgewichts-Phasenübergänge und Selbstorganisation in Physik, Chemie und Biologie* (2. Auflage). Berlin: Springer.

IDEO.org (2015). *The Filed Guide to Human Centered Design*. Verfügbar unter: https://www.ideo.com/post/design-kit (Zugriff am: 22.01.2019).

Intel Corporation (2015). *A Guide to the Internet of Things*. Verfügbar unter: https://www.intel.com/content/www/us/en/internet-of-things/infographics/guide-to-iot.html (Zugriff am 04.02.2019).

Johnson, M. W. (2010). *Seizing the White Space*. Massachusetts: Harvard Business Press.

Kautonen, T., Gelderen, M. v. & Tornikoski, E. T. (2013). Predicting entrepreneurial behaviour: a test of the theory of planned behaviour. *Applied Economics, 45*(6), 697–707.

Knapp, J., Zeratsky, J., Kowitz, B. & Braun, A. (2016). *Sprint: Wie man in nur fünf Tagen neue Ideen testet und Probleme löst*. München: Redline Verlag.

Lewrick, M., Link, P., Leifer, L. & Langensand, N. (2017). *Das Design Thinking Playbook: mit traditionellen, aktuellen und zukünftigen Erfolgsfaktoren*. München: Vahlen.

Liening, A. (2017). *Komplexität und Entrepreneurship: Komplexitätsforschung sowie Implikationen auf Entrepreneurship-Prozesse*. Wiesbaden: Springer Gabler.

Liening, A., Geiger, J.-M., Kriedel, R. & Wagner, W. (2016). Complexity and Entrepreneurship: Modeling the Process of Entrepreneurship Education with the Theory of Synergetics. In E. S. C. Berger & A. Kuckertz (Hg.), *Complexity in Entrepreneurship, Innovation and Technology Research. Applications of Emergent and Neglected Methods* (S. 93–115). Cham: Springer International Publishing.

Link, P. (2014). Agile Methoden im Produkt-Lifecycle-Prozess – Mit agilen Methoden die Komplexität im Innovationsprozess handhaben. In K.-P. Schoeneberg (Hg.), *Komplexitätsmanagement in Unternehmen: Herausforderungen im Umgang mit Dynamik, Unsicherheit und Komplexität meistern* (S. 65–92). Wiesbaden: Springer Fachmedien.

Luger, M. I. & Koo, J. (2005). Defining and tracking business start-ups. *Small Business Economics, 24*(1), 17–28.

Meyer, J. H. F. & Land, R. (2003). Threshold Concepts and Troublesome Knowledge: Linkages to Ways of Thinking and Practising within the Disciplines. In C. Rust (Hg.), *Improving Student Learning. Improving Student Learning Theory and Practice – 10 Years on* (S. 412–424). Oxford: OCSLD.

Meyer, J. H. F. & Land, R. (2005). Threshold concepts and troublesome knowledge (2): Epistemological considerations and a conceptual framework for teaching and learning. *Higher education, 49*(3), 373–388.

O'Reilly III, C. A. & Tushman, M. L. (2004). The ambidextrous organization. *Harvard business review, 82*(4), 74.

Osterwalder, A. & Pigneur, Y. (2011). *Business Model Generation*. Frankfurt a. M.: Campus.

Piaget, J. (1976). *Die Äquilibration der kognitiven Strukturen*. Stuttgart: Klett.

Ramadani, V., Abazi-Alili, H., Dana, L.-P., Rexhepi, G. & Ibraimi, S. (2017). The impact of knowledge spillovers and innovation on firm-performance: findings from the Balkans countries. *International Entrepreneurship and Management Journal, 13*(1), 299–325.

Schumpeter, J. (1987). *Theorie der wirtschaftlichen Entwicklung. Eine Untersuchung über Unternehmergewinn, Kapital, Kredit, Zins und den Konjunkturzyklus* (7. Auflage). Berlin: Duncker & Humblot.

Shane, S. & Venkataraman, S. (2000). The Promise of Entrepreneurship as a Field of Research. *Academy of Management Review, 25*(1), 217–226.

Souitaris, V., Zerbinati, S. & Al-Laham, A. (2007). Do entrepreneurship programmes raise entrepreneurial intention of science and engineering students? The effect of learning, inspiration and resources. *Journal of Business venturing, 22*(4), 566–591.

Strike, K. A. & Posner, G. J. (1982). Conceptual change and science teaching. *European Journal of Science Education, 4*(3), 231–240.

Thierstein, A. & Willhelm, B. (2001). Incubator, technology, and innovation centres in Switzerland: features and policy implications. *Entrepreneurship & Regional Development, 13*(4), 315–331.

Thrane, C., Blenker, P., Korsgaard, S. & Neergaard, H. (2016). The promise of entrepreneurship education: Reconceptualizing the individual–opportunity nexus as a conceptual framework for entrepreneurship education. *International Small Business Journal, 34*(7), 905–924.

Vahs, D. & Brehm, A. (2013). *Innovationsmanagement: Von der Idee zur erfolgreichen Vermarktung* (4. Auflage). Stuttgart: Schäffer-Poeschel.

Vosniadou, S. (2008). The Framework Theory Approach to the Problem of Conceptual Change. In S. Vosniadou (Hg.), *International handbook of research on conceptual change* (S. 3–34). New York: Routledge.

Wales, W., Monsen, E. & McKelvie, A. (2011). The organizational pervasiveness of entrepreneurial orientation. *Entrepreneurship Theory and Practice, 35*(5), 895–923.

Wei, J. (2017). State of the Hardware Incubators and Accelerators in the United States [Society News]. *Ieee Consumer Electronics Magazine, 6*(1), 22–23.

Abbildungsverzeichnis

Abb. 1 Darstellung des entrepreneurialen sowie managerialen Prozesses im Sinne des „Ambidextrous Model" innerhalb einer Organisation 46

Teil II: Gender

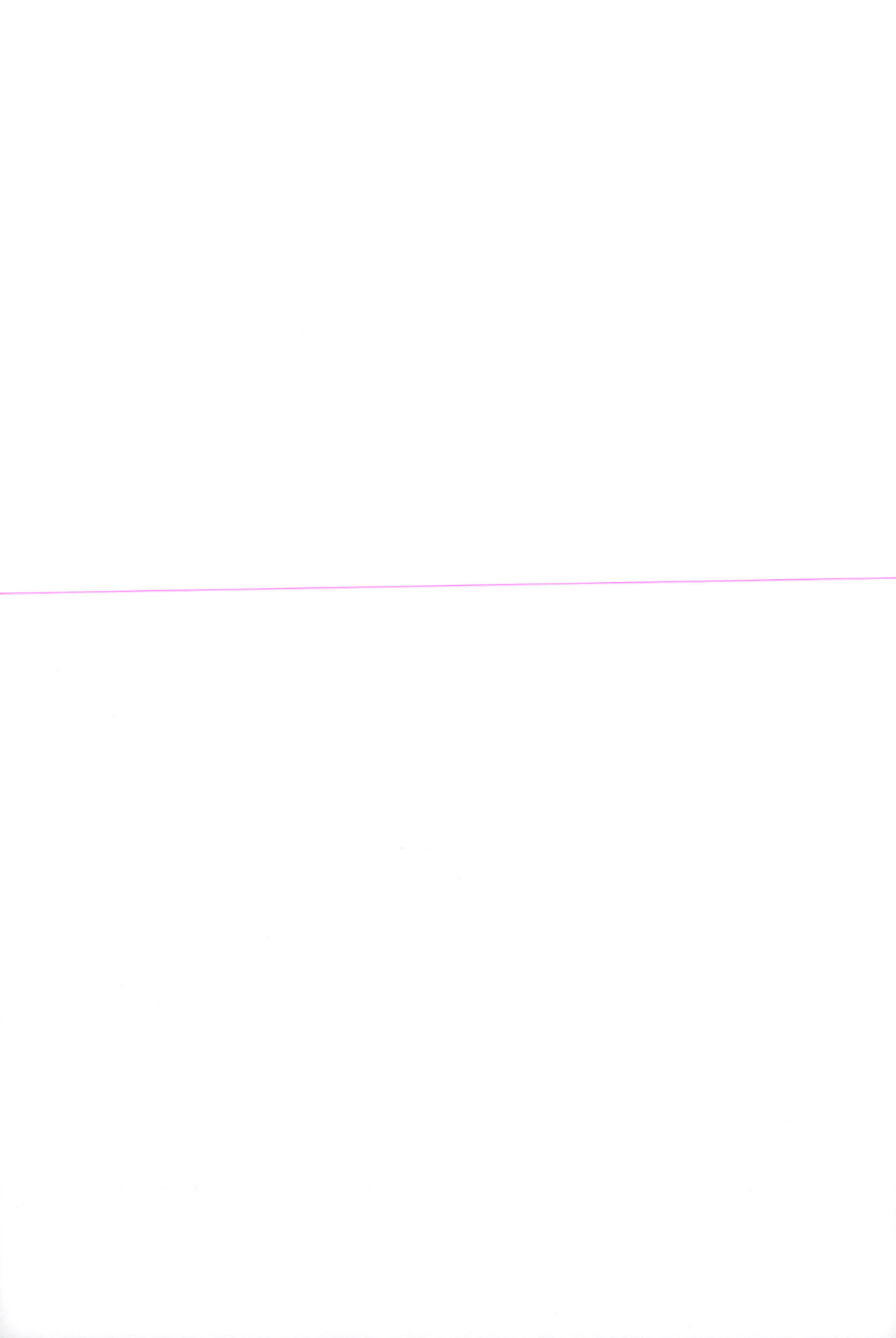

Analoge Erkenntnisse, Erfolge und Widerstände für genderspezifische Chancengleichheit in MINT: Auf der Schwelle zur Digitalisierung und Industrie 4.0

Susanne Ihsen

Abstract

Laut dem Mensch-Organisation-Technik-Konzept (vgl. Ulich 2005) kann die Einführung neuer Techniken, wie z. B. Digitalisierung, nur dann erfolgreich sein, wenn menschliche und technische Ressourcen ebenso wie organisationale Umweltbeobachtungen, Erwartungen und Erfahrungen beachtet werden. Es handelt sich also um einen ganzheitlichen Prozess, der auf der Basis des je aktuellen Forschungsstandes entwickelt wird. Dieser Beitrag beschreibt, nach einer Einleitung ins Thema, anhand einer aktuellen Studie zur Wirksamkeit analoger und digitaler Motivationsprojekte für Frauen in MINT und einer Beratung zu gendersensibler Didaktik in MINT-Studiengängen, die Mensch- und Organisationsschnittstellen, an die die digitale *Revolution* anknüpfen kann. Im Fazit nehme ich eine erste Bewertung dazu vor.

Schlüsselwörter: Gender, außerfachliche Kompetenzen, gendersensible Hochschuldidaktik, Chancengleichheit

1 Einleitung

Welchen weiblichen Persönlichkeitstypus *verkörpern* Siri, Alexa und Bixby? Sind sie dumm, arrogant? Darüber stellt die WELT (Knieps & Boldt 2017) Überlegungen an. Können mathematische Modelle diskriminierend, voreingenommen sein? Die „AI Now Initiative" spricht von einem „Algorithmic Bias", wenn selbstlernende digitale Bewerbungsverfahren ausschließlich Männer als geeignet vorschlagen (vgl. Knight 2017). Und aus welcher Unternehmenskultur heraus verbreitet ein Google-Informatiker in einem zehnseitigen „Manifest"[1] biologistische Annahmen über Geschlechterdifferenzen und erläutert der Netzgemeinde, dass Informatikerinnen qua Geschlecht schlechter für den Beruf geeignet seien?

Dies alles passiert, während wir eine steigende Anzahl von Studienanfängerinnen in MINT konstatieren, mehr erfolgreiche Frauen in IT-Berufen sehen, die sich

---

[1] https://gizmodo.com/exclusive-heres-the-full-10-page-anti-diversity-screed-1797564320 (Zugriff am 17.01.2019)

in Bezug auf das Google-Manifest zu Wort melden. Meine Studierenden, aus der Elektrotechnik und anderen Ingenieurwissenschaften, setzen sich wissenschaftlich und persönlich kontrovers über Thesen und Gegenthesen zu Geschlechtern und Technik auseinander. Für ihre späteren Berufstätigkeiten ist die Befassung mit den gesellschaftlich komplexen Fragen hinter der eigentlichen Technikentwicklung notwendig. Immerhin gehen derzeit viele Prognosen davon aus, dass insbesondere akademische, soziale und kommunikative Kompetenzen weiterhin den menschlichen Arbeitnehmer:innen bleiben, wenn die Entwicklung, Programmierung und Konstruktion schon längst durch technische Kolleg:innen vorgenommen wird (vgl. Institut für Arbeitsmarkt- und Berufsforschung 2016). *Außerfachliche* Kompetenzen werden also neue fachliche Kompetenzen: Studierende müssen lernen, ihre eigene Sicht auf die Welt, die Kund:innen ihrer Produkte und Dienstleistungen, die gesellschaftlichen Anforderungen und Befürchtungen zu reflektieren, statt sie zu stereotypisieren. Sie müssen lernen, sich außerhalb homosozialer Gruppen zu artikulieren, Innovationspotenziale durch die Auseinandersetzung und Kompromissfindung diverser (im Sinne von vielfältiger) Arbeitszusammenhänge zu heben. Denn die *Industrie 4.0* hat längst Wegbegleitung erhalten: *Arbeit 4.0* fordert von künftigen Ingenieur:innen, dass sie sich nicht nur mit den beruflichen Veränderungen, sondern auch mit ihren persönlichen Lebensentwürfen früh befassen, damit sie den neuen Herausforderungen gewachsen sind.

So weit, so anspruchsvoll. Doch wie steht es mit der Transformation analoger Erfahrungen in die digitale Zeit soziotechnischer Systeme, mit der Gewinnung von Frauen in die Industrie 4.0 (in Ingenieurstudiengänge und -berufe), mit der Entwicklung gendersensibler Organisationen (durch Weiterbildung für MINT-Lehrende), durch technische Lehrinhalte und Lehrmethoden?

2 Zur Wirksamkeit von Motivationsprojekten für mehr Frauen in MINT-Studiengängen und -berufen

Da wir wissen, dass Berufswahlprozesse „multifaktoriell" sind (vgl. Nissen, Keddi & Pfeil 2003; Faulstich-Wieland 2014), ist davon auszugehen, dass diese immer wiederkehrenden Debatten über „Frauen und Technik" MINT-interessierte Mädchen in ihren Studien- und Berufswahlen verunsichern. Von diesen Verunsicherungsfaktoren gibt es eine Menge: den demografischen Wandel, eine Pluralisierung von Lebensentwürfen und ein Aufweichen von Geschlechterrollen. Dem stehen Tendenzen einer Retraditionalisierung und ein Auseinanderdriften gesellschaftlicher Milieus gegenüber (vgl. Lück 2009; Athenstaedt & Alfermann 2011; Peuckert 2012). *Arbeit 4.0* diskutiert die Veränderungen in der Arbeitswelt mit flexiblen, wechselnden Arbeitsverhältnissen, -zeiten und -formen. Die Frage, wie ihr Leben einmal aussehen wird, beschäftigt junge Menschen und nimmt Einfluss auf ihr Berufswahlverhalten (vgl. Frey, Heilmann et al. 2010; Brutzki 2015; acatech 2015; Bundesagentur für Arbeit 2016).

MINT-Berufe spielen in der Gestaltung wirtschaftlicher und gesellschaftlicher Entwicklungen (*Industrie 4.0, Arbeit 4.0*) eine immer wichtigere Rolle (vgl. Anger, Koppel et al. 2016). Junge Frauen und Männer verfügen jedoch häufig über geringe Kenntnis konkreter MINT-Tätigkeitsbereiche und können die Bedeutung und den gesellschaftlichen Nutzen dieser Berufe nur selten richtig einschätzen (vgl. Esch 2011). Nach wie vor haben die meisten MINT-Berufe ein menschenfernes Image und sind männlich konnotiert (vgl. Ihsen 2013). Dies wird verstärkt durch ihre mediale Darstellung und durch Berufsbezeichnungen, die vor allem die technische Seite der Tätigkeit betonen (vgl. Esch 2011; Buhr 2008; acatech 2015).

Geschlechterstereotype Sozialisationserfahrungen beeinflussen das Berufswahlverhalten junger Frauen und Männer direkt. Im Vergleich zu Jungen machen Mädchen von früher Kindheit an weniger direkte Erfahrungen mit Mathematik, Naturwissenschaften und Technik. Sie entwickeln ein geringeres technikbezogenes Fähigkeitsselbstkonzept und schätzen häufiger als Jungen ihre fachliche Leistungsstärke niedrig ein (vgl. Ihsen 2010; Ertl, Luttenberger & Paechter 2014).

„Gatekeeper", wie pädagogische Fachkräfte, Berufs- und Studienberater:innen, haben eine hohe Bedeutung für die technische Sozialisation von Mädchen und jungen Frauen (vgl. Lins, Mellies & Schwarze 2008). Die Schlüsselrolle besetzen Eltern. Sie prägen durch ihre Bewertung der Fähigkeiten der Töchter, durch familiäre Arbeitsteilung, Technik- und Wissenschaftsaffinität und durch die Übertragung eigener beruflicher und geschlechterbezogener Lebensvorstellungen von früher Kindheit an das Selbstkonzept junger Frauen (vgl. Puhlmann 2008; Wentzel 2008; Ihsen 2010; Jungkunz 2012; Funk 2015; acatech 2015; Makarova, Aeschlimann & Herzog 2016).

Gleichgeschlechtliche berufliche Vorbilder (role models) steigern die Attraktivitätswahrnehmung von MINT-Berufen (vgl. Wentzel & Funk 2015), wenn sie als positiv, lebensnah, erreichbar und motiviert erlebt werden (vgl. Solga & Pfahl 2009; Ihsen 2010; Battistini 2015). Ähnliches gilt für mediale Vorbilder: Wenn Berufe in Medien von Frauen repräsentiert werden, nehmen Mädchen diese auch dann als attraktiv wahr, wenn es sich um *typische Männerberufe* handelt (vgl. Esch 2011).

Diverse nationale Initiativen und Kampagnen, wie z. B. „Komm, mach MINT", „TYPISCH ICH!", „MINT Zukunft schaffen", „think ING." und der „Girls'Day – Mädchen-Zukunftstag", setzen deshalb auf Vernetzung, Kooperationen, zielgruppenspezifische Informationen und die Bündelung von Maßnahmen, um zum einen gesellschaftliche Akteur:innen zu erreichen und zum anderen ein öffentliches Bewusstsein für die Notwendigkeit von gendersensiblen Ansätzen in Bildung und Ausbildung zu schaffen.

Und diese Programme sind erfolgreich: Auch wenn die Bewerberinnenzahlen für MINT-Studienfächer noch nicht widerspiegeln, dass junge Frauen häufig über eine bessere schulische Qualifikation als junge Männer verfügen (vgl. Ihsen et al. 2014), steigt die Zahl qualifizierter und interessierter junger Frauen in den Ingenieurwissenschaften in den letzten zehn Jahren stetig an und liegt bei den Studienanfänger:innen im Wintersemester 2016/17 bei knapp 32 % (vgl. Destatis 2016). Bisher untypische Studienfächer werden für Frauen attraktiver (vgl. Solga & Pfahl 2009;

Ertl et al. 2014). Dabei werden inzwischen Frauen ohne vorherige MINT-Studienabsicht ebenso gewonnen wie Frauen, die bereits über eine spezifische Studienmotivation und ein höheres MINT-Fähigkeitsselbstkonzept verfügen (vgl. Ihsen 2010; Ertl et al. 2014). Diese Entwicklung zeigt, dass die Zurückhaltung junger Frauen gegenüber MINT vornehmlich auf strukturelle und kulturelle Gründe und nicht auf das individuelle Interesse an MINT-Fächern zurückzuführen ist (vgl. Allmendinger, Leuze & Blanck 2008; Ihsen 2010).

Unsere Studie (Ihsen et al. 2017) zeigt aber auch, dass zwischen den verschiedenen Kampagnen nur unsystematisch strategische Abstimmungsprozesse stattfinden, um gewünschte Effekte zu verstärken und ungewollte Effekte zu beheben. Auch eine Verankerung nachweislich erfolgreicher Initiativen zur frühen Berufsorientierung für Schülerinnen, wie dem Girls'Day, in Schulcurricula steht aus. Bei der Entwicklung neuer Berufsfelder im Zuge der Digitalisierung fehlt es an tätigkeitsbezogenen Berufsbeschreibungen, an der Hervorhebung ihrer Bedeutung für künftige gesellschaftliche Entwicklungen. Viele Medien reproduzieren immer wieder altgediente Geschlechterstereotype. Jungen Frauen bleibt bis heute ein Wechselbad der Gefühle in der Berufsfindung nicht erspart.

Auch Hochschulen führen ein breites Spektrum an Maßnahmen durch, um junge Frauen zur Einschreibung in MINT-Studiengänge zu motivieren und in den Studiengängen zu halten. Nur wenige Maßnahmen allerdings beziehen sich auf die Veränderung der Fachkultur oder die Durchführung von Reformen im Studienaufbau, von Studieninhalten oder didaktischen Elementen (vgl. Gemeinsame Wissenschaftskonferenz 2011). Denn die meisten dieser erfolgreichen Motivationsprojekte finden sich außerhalb des normalen Hochschul- und Studiengangalltags. Oft werden sie von hoch motivierten und gut qualifizierten Hochschulmitarbeiter:innen durchgeführt, die nicht originär aus den ingenieurwissenschaftlichen Fakultäten kommen. Ihre Kompetenzen werden bei Fragen zu curricularen Veränderungen in den Fächern nur unsystematisch genutzt. Hinsichtlich fachkultureller, didaktischer Veränderungen für eine vielfältigere Studierendenklientel in den Ingenieurwissenschaften ist also noch viel Luft nach oben.

Auch wenn in den Ingenieurwissenschaften Studentinnen keine höheren Abbruchquoten als Studenten aufweisen, verunsichern die in den Fächern vermittelten traditionellen Berufsbilder, die Organisationsstruktur des Fachs, die Fachkultur sowie die innerfachliche Differenzierung vor allem sie (vgl. Derboven & Winker 2010a; Ihsen et al. 2014; Petschik 2014). Die Kombination aus hoher Stoffmenge und ihrer didaktischen Vermittlung (Vorlesung, Übung, Praktikum) tun ihr Übriges, um immer wieder infrage zu stellen, wirklich im richtigen Studienfach gelandet zu sein (vgl. Derboven & Winker 2010a; Derboven & Winker 2010b; Barke & Siegeris 2014).

3 Implementierung einer gendersensiblen MINT-Hochschuldidaktik im Dialog

Um MINT-Lehrenden wissenschaftliche und didaktische Unterstützung bei der Entwicklung fachlich orientierter, gendersensibler hochschuldidaktischer Konzepte anzubieten, lud 2013 das Ministerium für Wissenschaft, Forschung und Kunst Baden-Württemberg unter der Überschrift „Dialog MINT-Lehre. Mehr Frauen in MINT-Studiengänge" (MWK 2017) Hochschulen, Fakultäten, Lehrende und Verantwortliche für Gleichstellung zu einem einjährigen Beratungsprozess ein. Im Mittelpunkt des Konzepts standen hochschulübergreifende Arbeitsgruppen zu den Fächern Elektrotechnik, Maschinenbau und Lehramt Physik. Begleitet wurde diese Arbeit durch mehrere öffentliche Konferenzen und Einzelberatung an den jeweiligen Hochschulstandorten. Sechs (technische) Universitäten, zwei Pädagogische Hochschulen, zwölf Hochschulen für angewandte Wissenschaften und vier Standorte der Dualen Hochschule Baden-Württemberg nahmen mit ca. 40 Personen an den verschiedenen Angeboten teil.

Als wissenschaftliche Grundlage für die Beratung diente der systemische Zugang zu Organisationen und ihren Veränderungsfähigkeiten (vgl. Königswieser & Exner 2008). Hochschulen und Fachbereiche werden hier als teiloffene Systeme verstanden, die spezifische Identitäten und Kulturen entwickeln. So relevant diese sich selbst reproduzierende Identität für die Stabilität von Systemen ist, so gefährlich wird sie bei einer Veränderung der Umwelt und damit verbundenen veränderten Anforderungen (vgl. zu diesem Ansatz und seiner Übertragung auf die ingenieurwissenschaftliche Fachkultur: Ihsen 1999, 2017). Als thematischer Ausgangspunkt für Gender in der MINT-Lehre wurde vor allem auf das Modell der Gender-Kompetenz in Lehre und Forschung (vgl. Liebig, Rosenkranz-Fallegger & Meyerhofer 2009) und das „integrative Gendering" (Jansen-Schulz 2008, 2010) Bezug genommen.

Gendersensible Hochschuldidaktik – Ergebnisse

Nach Liebig et al. (2009) lässt sich eine **gendersensible Fachkompetenz** im Wissen über die Gestaltung von Veränderungsprozessen sowie im Wissen über historische, politische, kulturelle, rechtliche und soziale Dimensionen von Geschlechterverhältnissen ausdrücken. Bezogen auf die drei Fächer Lehramt Physik, Elektrotechnik und Maschinenbau lässt sich diese Fachkompetenz zunächst an der kritischen Reflexion des Fachhabitus festmachen (vgl. Bourdieu 1982; Ihsen 1999), der traditionell in den Studiengängen vermittelt wird. Diese implizite Vermittlung (*heimlicher Lehrplan*) wiederum hat unmittelbaren Einfluss auf Inklusions- und Exklusionsmechanismen des Fachs, ist also relevant bei der Frage, ob und wie sich das Fach gegenüber neuen Zielgruppen, und hier insbesondere Frauen, öffnet. Für die Physik haben Lembens & Bartosch (2012) zwei mögliche Formen des Selbstverständnisses gegenübergestellt: zum einen Physik als „die Welt erklärende" Disziplin und zum anderen „Nature of Science" als kritische Bilanzierung der Fachentwicklung und Einordnung in lebensweltliche Zusammenhänge. Diese beiden verschiedenen Sichtweisen lassen sich auf alle MINT-Fächer übertragen und anhand der jeweiligen historischen Fachentwicklung erläutern.

Historische und wissenschaftstheoretische Einordnungen des eigenen Fachs bieten Studierenden, mit unterschiedlichen Wissenszugängen, Interessen und beruflichen Perspektiven im Rahmen ihrer fachwissenschaftlichen Entwicklung, und gerade Studentinnen die Möglichkeit, sich selbst in diese Fachkultur einzuordnen und einen persönlichen Bezug für sich zu entwickeln: Studenten können lernen, dass die Minderheitensituation von Studentinnen historisch begründet und regional unterschiedlich ist, was die Stereotype von den *mangelnden Fähigkeiten* infrage stellt; Studentinnen lernen, dass Gesellschaft, ihre Rollenbilder und die Zuordnung von Geschlechtern auf individuelle Fähigkeiten, Interessen und Berufe Einfluss hat. Die eigene Wissenschaftsdisziplin wird so als von konkreten, empirischen Subjekten produziert verstanden (vgl. Singer 2010), die historisch, sozial, kulturell, ökonomisch in ihren jeweiligen gesellschaftlichen Kontext eingebunden sind. Dementsprechend gilt aus dieser Perspektive auch das produzierte wissenschaftliche Wissen als kontextabhängig und damit hinterfragbar.

Physikalische und mathematische Sätze, Gleichungen und Formeln, die als Grundlagen des Physik- und Mathematikverständnisses in Schule und Hochschule gelehrt werden, bieten einen guten Ansatzpunkt, die dahinterstehenden Menschen und historische Kontexte zu erläutern. Damit erfahren Studierende, dass ihr Fach von verschiedenen Menschen zu verschiedenen Zeiten entwickelt wurde, dass es Mehrheits- und Minderheitsannahmen gab und gibt, dass Fehler und Kontroversen auch in den Natur- und Ingenieurwissenschaften eine wichtige Rolle bei Erkenntnisprozessen haben.

Spätestens in der Anwendungsorientierung der technischen Fächer stellt sich die Frage, welche Vorannahmen über Nutzer:innen getroffen werden. Hier beeinflussen unterschwellig vorhandene Stereotype den Markterfolg, z. B., wenn junge, technikaffine Männer Softwareapplikationen für Senior:innen entwickeln, ohne zu reflektieren, was diese kennen, nutzen, mögen. Gender- und diversitysensible Technikgestaltung kann also nicht nur Gender- und Diversitystereotypen entschärfen, sondern ist auch marktrelevant und innovativ.

Die Methodenkompetenz, nach Liebig et al. (2009) die Fähigkeit, Fachwissen geplant und zielgerichtet bei der Lösung von beruflichen Aufgaben umzusetzen, wird hier als **gendersensible Hochschuldidaktik** interpretiert. Dabei geht es um das Übersetzen von Genderwissen in den eigenen Lehrauftrag sowie um die Berücksichtigung von gendersensiblem Daten- und Faktenwissen in der Lehre.

Die Integration von Gender in die Lehre kann sowohl explizit (z. B. durch genderorientierte Anwendungsbeispiele im Fach) als auch implizit (z. B. durch Schaffung gendersensibler fachlicher Anknüpfungspunkte, ohne dies zu benennen) erfolgen.

Zur Vermeidung eines nicht gewollten, weil tradierte Berufsbilder vermittelnden, *heimlichen Lehrplans* eignen sich Selbstreflexion, der Austausch mit Kolleg:innen im Fach und Beobachtung der eigenen Lehre durch Dritte. Dabei ist es hilfreich, die Lerninhalte und -materialien einer Prüfung zu unterziehen, inwieweit sie sich an vielfältigen Interessen orientieren, z. B. durch eine Diversifizierung von Anwendungsbeispielen.

Bereits vor Semesterbeginn ist es möglich, sich einen Überblick über die Studierenden und ihre Voraussetzungen zu verschaffen, die in den einzelnen Lehrveranstaltungen sitzen werden. Dies ist gerade für das erste Semester ein echter Gewinn. Die einschlägigen Hochschulabteilungen erheben während der Immatrikulation viele wissenswerte Daten: Wie viele der Studierenden haben eine einschlägige Ausbildung? Wie viele kommen über den zweiten Bildungsweg? Damit sind Lehrende nicht mehr auf ihre eigenen Annahmen reduziert.

Wir wissen inzwischen, dass junge Frauen mit einem breiter aufgestellten fachlichen Interesse in MINT-Studiengänge gehen als viele junge Männer. Sie suchen eher nach nicht technischen Zusammenhängen und Antworten auf die Frage, wozu bestimmte Lehrinhalte gebraucht werden. Viele Studiengang- und Lehrveranstaltungen, insbesondere in den ersten Semestern, berücksichtigen das bislang nicht genügend. Hier werden zunächst die Grundlagen vermittelt, später erfolgt dann der Anwendungsbezug. Dies führt insbesondere bei Studentinnen, die sich unsicher sind, das richtige Fach gewählt zu haben, zu Verunsicherungen. *Lernen auf Vorrat* erscheint ihnen nicht sinnvoll. Demgegenüber lässt die Planung und der Aufbau einer Lehrveranstaltung zu, diese kontextuellen Anforderungen zu berücksichtigen, indem regelmäßig Einschübe zur Einordnung des Fachthemas in Gesellschaft und Umwelt eingebaut und die Erkenntnisse reflektiert werden.

Für manche Fachthemen, vor allem im anwendungsorientierten Bereich, bietet sich auch die explizite Einbindung von Gender- (und Diversity-)Aspekten an, z. B. in der anwendungsorientierten Informatik (Robotik, Algorithmen, künstliche Intelligenz).

Bisherige Untersuchungen zeigen, dass gerade Schülerinnen und Studentinnen digitale Self-Assessment-Angebote nutzen, um sich selbst ihre Fähigkeiten zu bestätigen. Ähnliche Test-Elemente und Erinnerungsabfragen lassen sich auch für Lehrveranstaltungen nutzen (Lüth, Tscheulin & Salden 2014; Stehling, Schuster et al. 2013). Mittlerweile finden sich viele interaktive, technikbasierte Methoden, die unkompliziert in den Lehrbetrieb eingebaut werden können (vgl. MWK 2017, S. 29; Hille & Unteutsch 2013).

In der Art und Weise, wie Lehrende mit Stereotypisierungen und offenen oder unterschwelligen Diskriminierungen umgehen, zeigt sich ihre **Sozialkompetenz**. Im Sinne einer Genderorientierung verstehen Liebig et al. (2009) darunter die Fähigkeit zum Umgang mit sozialen Rollen in heterogenen Gruppen sowie die Fähigkeit, Diskriminierungen anzusprechen und zu transformieren.

Um ein offenes Lernklima zu erzeugen, ist es relevant, die Studierenden in der Lehrveranstaltung und im Studiengang als Personen mit vielfältigen Erfahrungen, Interessen und Perspektiven anzusprechen und dafür zu sorgen, dass sich die Studierenden auch untereinander so wahrnehmen. Zwar ist der Prozentanteil von Studentinnen in MINT-Fächern, die sich offen diskriminiert fühlt (z. B. durch Hörsaalpfeifen, sexistische Sprüche und Übergriffe), in den letzten Jahren auf erfreulich knappe 5 % gesunken (Ihsen, Höhle & Baldin 2013), dennoch finden sich noch immer meist unterschwellige Stereotypisierungen und Diskriminierungen, denen Lehrende explizit und unmissverständlich begegnen müssen. Insbesondere Dozenten haben hier eine Role-model-Funktion Studenten gegenüber, aus der heraus sie Einfluss ausüben und Stellung beziehen können.

Als **Selbstkompetenz** im Sinne einer Genderorientierung verstehen Liebig et al. (2009) schließlich die Fähigkeit zur Überprüfung eigener Identitätskonzepte, Denkstrukturen und Handlungsmuster sowie die Offenheit und Distanz zur eigenen Lebensgeschichte. Hier spielen die verschiedenen Geschlechter bei Lehrenden vor dem Hintergrund ihrer eigenen Biografie eine große Rolle. Dozentinnen mit einem MINT-Hintergrund erinnern sich an ein breites Spektrum zwischen „guter Integration" und „Dramatisierung qua Geschlecht" und übertragen die eigenen Erfahrungen auf die Situation von Studentinnen; Dozenten mit einem MINT-Hintergrund haben sich häufig diese Frage vorher nicht gestellt. Dozentinnen erleben insbesondere Studenten, die auf sie irritiert reagieren. Dozenten nehmen sich weniger als role models für ihre Studenten wahr, als Dozentinnen dies für Studentinnen thematisieren. Beide thematisieren sie ihre Unsicherheit, Gender/Geschlecht in Lehrveranstaltungen explizit aufzugreifen, um nichts *falsch* zu machen, weil sie nicht sicher sind, dass das zu ihrer Rolle gehört oder sie *Dramatisierungen* vermeiden wollen. Dozentinnen erleben sich in ihrer fachlichen Umwelt oft als einzige Frau unter Männern und suchen fachübergreifend den Kontakt zu Kolleginnen. Dozenten wiederum tun sich schwer mit der Vorstellung, ihre Kolleginnen offensiv zu unterstützen.

4   Fazit/Ausblick

In der analogen Welt geht die gendersensible Entwicklung soziotechnischer Systeme, langsam aber sicher, voran. Im Mensch-Organisation-Technik-Konzept zeigt sich allerdings ein starkes Ungleichgewicht: Es ist noch immer der Faktor Mensch im Mittelpunkt, nicht jedoch in gleicher Weise gendersensible Organisations- und Technikentwicklung. Viele Maßnahmen und Aktivitäten sind eher an Personen als an Strukturen gebunden, sodass noch nicht von einer stabilen Entwicklung gesprochen werden kann. Im Gegenteil geht es derzeit eher darum, dass Chancenungleichheiten aus der analogen in die digitale Welt übernommen werden (vgl. Schwarze 2017). Meine Teilnahme an einer Fachveranstaltung „Bildung 4.0" war hier ernüchternd. Viele digitale Lehrangebote folgen nach wie vor einer mehr oder weniger reflektierten „Ich-Methodik" (Rommes 2013), im Produkt enthaltene Genderstereotypisierungen wurden nicht problematisiert. Auch in den, als Zukunft der akademischen Lehre ausgerufenen Massive Open Online Courses (MOOCs) zeigen sich bei einer eigenen Auswertung von Daten der TU Delft (vgl. Ihsen, Jeanrenaud et al. 2015) hohe Drop-Out-Raten gerade bei den Gruppen, die man vor allem erreichen wollte und für die digitales Lernen ein barrierefreier akademischer Zugang werden sollte. Wissenschaftliche Erkenntnisse aus der Genderforschung (vgl. z. B. Wiesner 2017; Marsden & Kempf 2014) finden bislang noch keinen systematischen Eingang in die digitale Technikgestaltung und Produktentwicklung. Und auch die Rolle von Ingenieurinnen in der Industrie 4.0 verbleibt, ohne bisher analoge Kommunikation und Reflexion in Unternehmen und Fakultäten, in den üblichen Geschlechterklischees und vermeintlichen Genderdifferenzen.

Dabei bietet diese *vierte industrielle Revolution* erstmalig die Chance, Technikgestaltung und Gendersensibilität gemeinsam zu denken. Immerhin legen seit rund 20 Jahren MINT-Genderforscher:innen ihre Forschungsergebnisse vor und entwickeln Handlungsempfehlungen für MINT-Studiengänge und -berufe. Die *Industrie 4.0* verändert Lern- und Arbeitswelt hin zu Digitalisierung, Delinearisierung, Individualisierung und Dehierarchisierung (vgl. Gronau 2016). Das bedeutet interdisziplinäre Kommunikationsanforderungen, Agilität und internationale Kooperation für Lehrende, Studierende, Ingenieur:innen und MINT-Genderforscher:innen in wechselseitigen Lernprozessen, um Innovationen zu entwickeln – und um moderne und zukunftsfähige Genderbilder in der Technikgestaltung zu verankern, hin zu einem *sozio-cyber-technischen Systems*.

Literatur

acatech – Deutsche Akademie der Technikwissenschaften & Körber-Stiftung (2015). *MINT Nachwuchsbarometer. Fokusthema: Berufliche Ausbildung*. München, Hamburg. Verfügbar unter http://www.acatech.de/Publikation/mint-nachwuchsbarometer-2015 (Zugriff am: 03.08.2016).

Allmendinger, J., Leuze, K. & Blanck, J. M. (2008). 50 Jahre Geschlechtergerechtigkeit und Arbeitsmarkt. *Aus Politik und Zeitgeschichte (APuZ)*, 58(24/25), 18–25. Verfügbar unter: http://www.bpb.de/apuz/31161/50-jahre-geschlechtergerechtigkeit-und-ar beitsmarkt?p=all (Zugriff am: 31.08.2016).

Anger, C., Koppel, O. & Plünnecke, A. (2016). *MINT-Frühjahrsreport 2016 Herausforderungen der Digitalisierung. Gutachten für BDA, BDI, MINT Zukunft schaffen und Gesamtmetall*. Institut der deutschen Wirtschaft. Köln. Verfügbar unter: http://www.arbeit geber.de/www/arbeitgeber.nsf/res/MINT-Fruehjahrsreport2016.pdf/$file/MINT-Fruehjahrsreport2016.pdf (Zugriff am: 07.11.2016).

Athenstaedt, U. & Alfermann, D. (2011). *Geschlechterrollen und ihre Folgen. Eine sozialpsychologische Betrachtung*. Stuttgart: Verlag W. Kohlhammer.

Barke, H. & Siegeris, J. (2014). Attraktiv durch Praxis: Der Frauenstudiengang Informatik und Wirtschaft an der HTW Berlin. In B. Langfeldt & A. Mischau (Hg.), *Strukturen, Kulturen und Spielregeln. Faktoren erfolgreicher Berufsverläufe von Frauen und Männern in MINT* (S. 202–216). Baden-Baden: Nomos (Schriften zur interdisziplinären Frauen- und Geschlechterforschung, 10).

Battistini, M. (2015). Ganz normale Exotinnen. Erfolgsfaktoren und Fallstricke in der Arbeit mit Role Models. In S. Augustin-Dittmann & H. Gotzmann (Hg.), *MINT gewinnt Schülerinnen. Erfolgsfaktoren von Schülerinnen-Projekten in MINT* (S. 93–110). Wiesbaden: Springer VS.

Bourdieu, P. (1982). *Die feinen Unterschiede – Kritik der gesellschaftlichen Urteilskraft*. Frankfurt a. M.: Suhrkamp.

Brutzki, U. (2015). Arbeit 4.0 ist weiblich! Digitalisierung gendergerecht gestalten. In DGB (Hg.), *DGB-Infobrief. Frau geht vor* (S. 26–27) (3. Auflage, 3 Bände). Berlin. Verfügbar unter: https://www.dgb-bestellservice.de/besys_dgb/pdf/DGB40575.pdf (Zugriff am: 21.09.2016).

Buhr, R. (2008). Genderkompetenz in technischer Bildung, für „Gatekeepers" und im öffentlichen Raum. In R. Buhr & E. A. Hartmann (Hg.), *Technische Bildung für Alle. Ein vernachlässigtes Schlüsselelement der Innovationspolitik* (S. 253–256). Berlin, Hannover: VDI/VDE Innovation + Technik GmbH Inst. für Innovation und Technik.

Bundesagentur für Arbeit (BA) (2016). *Der Arbeitsmarkt in Deutschland – Fachkräfteengpassanalyse. Statistik/Arbeitsmarktberichterstattung Juni 2016*. Nürnberg. Verfügbar unter: https://statistik.arbeitsagentur.de/Statischer-Content/Arbeitsmarktberichte/Fachkraeftebedarf-Stellen/Fachkraefte/BA-FK-Engpassanalyse-2016-06.pdf (Zugriff am: 19.12.2016).

Derboven, W. & Winker, G. (2010a). *Ingenieurwissenschaftliche Studiengänge attraktiver gestalten. Vorschläge für Hochschulen*. Berlin, Heidelberg: Springer.

Derboven, W. & Winker, G. (2010b). „Tausend Formeln und dahinter keine Welt". Eine geschlechtersensitive Studie zum Studienabbruch in den Ingenieurwissenschaften. *Beiträge zur Hochschulforschung, 32*, 56–78. Verfügbar unter: http://www.bzh.bayern.de/uploads/media/1-2010-derbhoven-winkler.pdf (Zugriff am: 10.08.2016).

Destatis (2016). *GENESIS-Online. Studierende, Fächergruppen, Geschlecht*. Wiesbaden: Statistisches Bundesamt. Verfügbar unter: https://www-genesis.destatis.de/genesis/online/logon?sequenz=tabelleErgebnis&selectionname=21311-0003 (Zugriff am: 13.01.2017).

Ertl, B., Luttenberger, S. & Paechter, M. (2014). Stereotype als Einflussfaktoren auf die Motivation und die Einschätzung der eigenen Fähigkeiten bei Studentinnen in MINT-Fächern. *Gruppendynamik & Organisationsberatung, 45*(4), 419–440. doi: 10.1007/s11612-014-0261-3.

Esch, M. (2011). MINT und Chancengleichheit in fiktionalen Fernsehformaten – Einführung und ausgewählte Ergebnisse einer Programmanalyse. In Bundesministerium für Bildung und Forschung (BMBF) (Hg.), *MINT und Chancengleichheit in fiktionalen Fernsehformaten* (S. 6–8). Bonn, Berlin: BMBF.

Faulstich-Wieland, H. (2014). Schulische Berufsorientierung und Geschlecht. Stand der Forschung. *Freiburger Zeitschrift für GeschlechterStudien, 20*(1), 33–46.

Frey, M., Heilmann, A., Lohr, K., Manske, A. & Völker, S. (2010). *Perspektiven auf Arbeit und Geschlecht. Transformationen, Reflexionen, Interventionen* (1. Auflage) (Arbeit und Leben im Umbruch, 20). München, Mering: Hampp.

Funk, L. (2015). Allein unter Männern – kein Problem! Erfahrungen weiblicher Auszubildender in männlich dominierten Ausbildungsberufen. *Schulmanagement. Die Fachzeitschrift für Schul- und Unterrichtsentwicklung, 4,* 38–39. Verfügbar unter: https://www.oldenbourg-klick.de/zeitschriften/schulmanagement/2015-4/allein-unter-maennern-kein-problem (Zugriff am: 29.11.2016).

Gemeinsame Wissenschaftskonferenz (GWK) (2011). *Frauen in MINT-Fächern – Bilanzierung der Aktivitäten im hochschulischen Bereich* (Materialien der GWK, Heft 21). Bonn. Verfügbar unter: https://www.gwk-bonn.de/fileadmin/Redaktion/Dokumente/Papers/GWK-Heft-21-Frauen-in-MINT-Faechern.pdf (Zugriff am: 14.02.2019).

Gronau, N. (2016). *Vom dummen zum schlauen Werkstück. Wie die Digitalisierung die Arbeitsorganisation verändert.* Vortrag im Rahmen der „Komm, mach MINT"-Netzwerktagung, 06. und 07.10.2016, Potsdam.

Hille, N. & Unteutsch, B. (Hg.). (2013). *Gender in der Lehre. Best-practice Beispiele für die Hochschule.* Opladen, Berlin, Toronto: Budrich.

Ihsen, S. (1999). *Zur Entwicklung einer neuen Qualitätskultur in ingenieurwissenschaftlichen Studiengängen: Ein prozeßbegleitendes Interventionskonzept.* Düsseldorf: VDI.

Ihsen, S. (2010). Technikkultur im Wandel. Ergebnisse der Geschlechterforschung in Technischen Universitäten. *Beiträge zur Hochschulforschung, 1*(32), 80–96. Verfügbar unter: http://www.bzh.bayern.de/index.php?id=85&tx_ttnews[tt_news]=220 (Zugriff am: 04.08.2016).

Ihsen, S. (2013). Der Ingenieurberuf. Von der traditionellen Monokultur zu aktuellen gender- und diversityrelevanten Perspektiven und Anforderungen. *Arbeit: Zeitschrift für Arbeitsforschung, Arbeitsgestaltung und Arbeitspolitik. Schwerpunktheft: Arbeit und Geschlecht: Kontinuität im Wandel, 22*(3), 236–246.

Ihsen, S. (2017). Wandel und Widerstand. Zur Entwicklung einer genderorientierten Technikkultur. In U. Kempf & B. Wrede (Hg.), *Gender-Effekte. Wie Frauen die Technik von morgen gestalten* (S. 5–20). IZG-Forschungsreihe Band 19, Interdisziplinäres Zentrum für Geschlechterforschung (IZG), Universität Bielefeld.

Ihsen, S., Höhle, E. A. & Baldin, D. (2013). *Spurensuche! Entscheidungskriterien für Natur- bzw. Ingenieurwissenschaften und mögliche Ursachen für frühe Studienabbrüche von Frauen und Männern an TU9-Universitäten* (TUM Gender- und Diversity-Studies Bd. 1). Münster: LIT.

Ihsen, S., Jeanrenaud, Y., de Vries, P. & Hennis, T. (2015). Gender and Diversity in Engineering MOOCs, a first Appraisal. In K. Hawwash & C. Leger (Hg.), *SEFI 2015–43rd Annual Conference of the European Society for Engineering Education,* Orleans, 29. Juni – 2. Juli 2015 (S. 134).

Ihsen, S., Mellies, S., Jeanrenaud, Y., Wentzel, W., Kubes, T., Reutter, M. & Diegmann, L. (2017). *Weiblichen Nachwuchs für MINT-Berufsfelder gewinnen. Bestandsaufnahme und Optimierungspotenziale* (TUM Gender- und Diversity Studies, Band 3). Münster: LIT.

Ihsen, S., Schiffbänker, H., Holzinger, F., Jeanrenaud, Y., Sanwald, U., Scheibl, K. & Schneider, W. (2014). *Frauen im Innovationsprozess.* (Studien zum deutschen Innovationssystem, 12-2014). Berlin: EFI. Verfügbar unter: http://www.e-fi.de/146.html?&L=-1%27 (Zugriff am: 27.07.2016).

Institut für Arbeitsmarkt- und Berufsforschung (2016). *Wirtschaft 4.0 und die Folgen für Arbeitsmarkt und Ökonomie. Szenario-Rechnungen im Rahmen der BIBB-IAB-Qualifikations- und Berufsfeldprojektionen* (iab-Forschungsbericht 13/2016). Nürnberg.

Jansen-Schulz, B. (2008). Integratives Gendering in der Lehre am Beispiel der Universität Lüneburg im Projekt Gender-Kompetenz in naturwissenschaftlich-technischen Studiengängen, Lehre, Forschung und in der Hochschulorganisation. In M. Esch & J. Hermann (Hg.), *Qualität durch Chancengleichheit. Gleichstellung als strategischer Faktor im Qualitätsmanagement technischer Universitäten* (S. 205–216). Bielefeld: W. Bertelsmann Verlag.

Jansen-Schulz, B. (2010). Gender-Diversity-Integration in die Hochschulentwicklung: Am Beispiel der Leuphana Universität Lüneburg. In C. Bauschke-Urban, M. Kamphans & F. Sagebiel (Hg.), *Subversion und Intervention. Wissenschaft und Geschlechter(un)ordnung* (S. 351–362). Opladen: Barbara Budrich.

Jungkunz, B. (2012). *Zum Ingenieur geboren? Einflüsse auf die Berufswahl von Ingenieurinnen und Naturwissenschaftlerinnen* (Dissertation Universität Würzburg). Berlin: Logos.

Knieps, S. & Boldt, K. (2017). Siri, Alexa und Bixby – Wer ist dumm, wer ist arrogant? Sprachassistentinnen im Test. *Die WELT,* 05.05.2017. Verfügbar unter: https://www.welt.de/wirtschaft/bilanz/article164204120/Siri-Alexa-und-Bixby-Wer-ist-dumm-wer-ist-arrogant.html (Zugriff am: 14.09.2017).

Knight, W. (2017). Das Problem der diskriminierenden Algorithmen. *Technology Review,* 25.07.2017. Verfügbar unter: https://www.heise.de/tr/artikel/Das-Problem-der-diskriminierenden-Algorithmen-3780753.html (Zugriff am: 14.09.2017).

Königswieser, R. & Exner, A. (2008). *Systemische Intervention. Architekturen und Designs für Berater und Veränderungsmanager.* Stuttgart: Schäffer-Poeschel.

Lembens, A. & Bartosch, I. (2012). Genderforschung in der Chemie- und Physikdidaktik. In M. Kampshoff & C. Wiepcke (Hg.), *Handbuch Geschlechterforschung und Fachdidaktik* (S. 83–97). Wiesbaden: Springer VS.

Liebig, B., Rosenkranz-Fallegger, E. & Meyerhofer, U. (Hg.). (2009). *Handbuch Gender-Kompetenz. Ein Praxisleitfaden für (Fach-) Hochschulen.* Zürich: Vdf Hochschulverlag.

Lins, C., Mellies, S. & Schwarze, B. (2008). Frauen in der technischen Bildung – Die Top-Ressource für die Zukunft. In R. Buhr & E. A. Hartmann (Hg.), *Technische Bildung für Alle. Ein vernachlässigtes Schlüsselelement der Innovationspolitik* (S. 257–327). Berlin, Hannover: VDI/VDE Innovation + Technik GmbH..

Lück, D. (2009). *Der zögernde Abschied vom Patriarchat. Der Wandel von Geschlechterrollen im internationalen Vergleich* (Dissertation Universität Mainz). Berlin: Ed. Sigma.

Lüth, T., Tscheulin, A. & Salden, P. (Hg.). (2014). *Die Masse in Bewegung bringen. Aktives Lernen in Großveranstaltungen* (Schriften für Didaktik in den Ingenieurwissenschaften, Nr. 1), (2. überarb. Auflage). Hamburg: TUHH.

Makarova, E., Aeschlimann, B. & Herzog, W. (2016). „Ich tat es ihm gleich". Vorbilder junger Frauen mit naturwissenschaftlich-technischer Berufswahl. In H. Faulstich-Wieland, S. Rahn & B. Scholand (Hg.), *bwp@ Spezial 12 Berufsorientierung im Lebenslauf – theoretische Standortbestimmung und empirische Analysen* (S. 1–19). Verfügbar unter: http://www.bwpat.de/spezial12/makarova_etal_bwpat_spezial12.pdf (Zugriff am: 07.10.2016).

Marsden, N. & Kempf, U. (2014). *Gender-UseIT. HCI, Usability und UX unter Gendergesichtspunkten*. Berlin, München, Boston: De Gruyter/Oldenbourg.

Ministerium für Wissenschaft, Forschung und Kunst (MWK) Baden-Württemberg (Hg.). (2017). *Dialog MINT-Lehre. Mehr Frauen in MINT-Studiengänge. Abschlussbericht und Handlungsempfehlungen*. Verfügbar unter: https://mint-dialog.kompetenzz.net/Unsere-Projekte/A-Z/Dialog-MINT-Lehre (Zugriff am: 13.09.2017).

Nissen, U., Keddi, B. & Pfeil, P. (2003). *Berufsfindungsprozesse von Mädchen und jungen Frauen. Erklärungsansätze und empirische Befunde*. Wiesbaden: Springer VS.

Petschik, G. (2014). Einflussfaktoren auf die Karrieren von jungen Wissenschaftlerinnen und Wissenschaftlern. Ethnographische Untersuchungen von in den Naturwissenschaften Promovierenden. In B. Langfeldt & A. Mischau (Hg.), *Strukturen, Kulturen und Spielregeln. Faktoren erfolgreicher Berufsverläufe von Frauen und Männern in MINT* (Schriften zur interdisziplinären Frauen- und Geschlechterforschung, 10) (S. 36–56). Baden-Baden: Nomos.

Peuckert, R. (2012). *Familienformen im sozialen Wandel* (8. Auflage). Wiesbaden: Springer VS.

Puhlmann, A. (2008). Berufsorientierung junger Frauen zwischen Geschlechterrollenklischees und Professionalisierung. *bwp@berufs- und Wirtschaftspädagogik Spezial 4*. Verfügbar unter: http://www.bwpat.de/ht2008/ft06/puhlmann_ft06-ht2008_spezial4.shtml (Zugriff am: 07.10.2016).

Rommes, E. (2013). Feminist Interventions in the Design Process. In W. Ernst & I. Horwarth (Hg.), *Gender in Science and Technology* (S. 41–55). Bielefeld: transcript.

Schwarze, B. (2017). Digitalisierung der Arbeitswelt: Neue Anforderungen an Studium, Lehre und Forschung. In U. Kempf & B. Wrede (Hg.), *Gender-Effekte. Wie Frauen die Technik von morgen gestalten* (IZG-Forschungsreihe Band 19) (S. 87–108). Universität Bielefeld: Interdisziplinäres Zentrum für Geschlechterforschung (IZG).

Singer, M. (2010). Feministische Wissenschaftskritik und Epistemologie: Voraussetzungen, Positionen, Perspektiven. In R. Becker & B. Kortendiek (Hg.), *Handbuch Frauen- und Geschlechterforschung. Theorie, Methoden, Empirie* (3. erweiterte und durchgesehene Auflage) (S. 292–301). Wiesbaden: Spinger VS.

Solga, H. & Pfahl, L. (2009). Doing Gender im technisch-naturwissenschaftlichen Bereich. In J. Milberg (Hg.), *Förderung des Nachwuchses in Technik und Naturwissenschaft* (S. 155–218). Berlin, Heidelberg: Springer,. Verfügbar unter: http://bibliothek.wzb.eu/pdf/2009/i09-502.pdf (Zugriff am: 04.08.2016).

Stehling, V., Schuster, K., Bach, U., Richert, A. & Isenhardt, I. (RWTH Aachen University) (Hg.). (2013). *VorlesBAR. Methodenhandbuch für Vorlesungen mit Großen Hörerzahlen* (TeachING-LearnING. EU). Verfügbar unter: www.teaching-learning.eu (Zugriff am: 14.09.2017).

Ulich, E. (2005). *Arbeitspsychologie*. Stuttgart: Schäffer-Poeschel.

Wentzel, W. (2008). *„Ich will das und das ist mein Weg!" – Junge Frauen auf dem Weg zum Technikberuf. Qualitative Interviews mit ehemaligen Girls'Day-Teilnehmerinnen in Ausbildung und Studium.* (Schriftenreihe / Kompetenzzentrum Technik – Diversity – Chancengleichheit, H. 7). Bielefeld.

Wentzel, W. & Funk, L. (2015). „Als ich selbst an der Maschine war, war ich erstaunt wie leicht es ging" – Kriterien zur Gestaltung von Berufsorientierungsveranstaltungen für Mädchen. In C. Micus-Loos & M. Plößer (Hg.), *Des eigenen Glückes Schmied_in!?* (S. 135–153) Wiesbaden: Springer Fachmedien.

Wiesner, H. (2017). Mehr Diversity und mehr Gender wagen: Herausforderungen im E-Learning und MOOCs-Kontext. In U. Kempf & B. Wrede (Hg.), *Gender-Effekte. Wie Frauen die Technik von morgen gestalten* (IZG-Forschungsreihe Band 19) (S. 21–38). Universität Bielefeld: Interdisziplinäres Zentrum für Geschlechterforschung (IZG).

Frauen in der digitalen Arbeitswelt: Geschlechtsspezifische Effekte und emanzipatorische Chancen des digitalen Wandels

Christina Krins

Es geht nicht um Frauen versus Männer, sondern um Frauen und Männer.

Abstract

Das Thema *Digitalisierung* wird im Hinblick auf Genderthemen bisher nur wenig behandelt (vgl. Kutzner & Schnier 2017; Carstensen 2015a). Dies gilt sowohl für praxisorientierte Gestaltungsansätze und Good-Practice-Beispiele als auch für den wissenschaftlichen Digitalisierungsdiskurs. Dabei – das wird im Rahmen dieses Beitrags aufgezeigt – sind Frauen in anderer Weise vom digitalen Wandel betroffen als Männer: So lassen sich unterschiedliche Beschäftigungseffekte der Digitalisierung für frauen- und männerdominierte Berufs- und Tätigkeitsfelder prognostizieren. In der Debatte um Arbeit 4.0 ist zudem oftmals die Rede von der besonderen Chance für Frauen, berufliche und private Verpflichtungen besser miteinander vereinbaren zu können. Ebenso lassen sich geschlechtsspezifische Zuschreibungen hinsichtlich relevanter Kompetenzen der digitalen Arbeitswelt rekonstruieren. Im Rahmen des Beitrags wird die Auffassung vertreten, dass der digitale Umbruch die Möglichkeit eröffnet, sowohl die geschlechtsspezifische Arbeitsteilung als auch diskriminierende geschlechtsspezifische Zuschreibungen weiter zu verflüssigen und somit das Geschlechterverhältnis positiv zu prägen. Im Sinne einer emanzipatorischen Gestaltung des digitalen Wandels werden entsprechende Hebel für eine erfolgreiche Positionierung von Frauen im Digitalisierungsprozess benannt.

Schlüsselwörter: Gender, geschlechtsspezifische Arbeitsteilung, Work-Life-Balance, Digitalisierung

1 Einleitung

„Die Digitalisierung ist für Frauen so etwas, wie es die Pille in den 60er Jahren war: Sie eröffnet alle möglichen Freiheiten." So wird Sylvia Coutinho, Chefin der Großbank UBS, in einem Blogbeitrag zitiert (vgl. Gloede 2017). Das sicher sehr plakative Zitat verdeutlicht, dass die Digitalisierungsdebatte durchaus frauenspezifische Perspektiven beinhaltet. Hierbei wird überwiegend eine optimistische Grundhaltung eingenommen und zum einen argumentiert, dass die Digitalisierung flexiblere Arbeitsformen möglich mache, wovon vor allem Frauen profitieren, zum anderen wird ein neuer (weiblicher) Führungsstil als Garant dafür gesehen, mit den besonderen Herausforderungen der Digitalisierung umzugehen. Dies eröffnet neue Chancen für Frauen in Führungspositionen (vgl. Bultemeier & Marrs 2016, S. 8).

Gleichzeitig lässt sich konstatieren, dass Veränderungen, die mit der Digitalisierung verbunden sind, in ihrer Gänze noch nicht absehbar sind. In der Debatte finden sich teilweise gegenläufige Argumentationslinien (vgl. Kutzner & Schnier 2017, S. 139). Dies lässt sich zum einen dadurch erklären, dass das Phänomen der Digitalisierung extrem facettenreich ist. Der Begriff der Digitalisierung hat den Status eines *Buzzword* und bezeichnet eine Vielzahl an Phänomenen: Industrie 4.0, New Work, neue Geschäftsmodelle, Nutzung neuer Medien, Big Data, Vernetzung, Kollaboration ... Je nachdem, welcher dieser vielfältigen Aspekte der Digitalisierung in den Blick rückt, wird daher etwas Anderes sichtbar und es existieren abweichende Deutungen (z. B. wird die Digitalisierung einerseits als Jobkiller angesehen und andererseits als Treiber der Wettbewerbsfähigkeit deutscher Unternehmen und somit als Motor für mehr Beschäftigung). Gleiches gilt für die Diskussion um Arbeit 4.0. Oftmals wird hier nicht nach Qualifikation, Branche oder Tätigkeitsbereich differenziert, sondern eher pauschal von mehr Flexibilität, Kooperation oder Kreativitätserfordernissen gesprochen. Zudem ist die Digitalisierung längst noch nicht flächendeckend umgesetzt. Wir bewegen uns derzeit noch im Bereich der ersten Umsetzungsschritte, Pilotprojekte und Best-Practice-Berichte, im Bereich von Prognosen und Szenarien. Eine spannende Phase – auch mit Blick auf die Chancengleichheit. Im Folgenden wird der Frage nachgegangen, welche geschlechtsspezifischen Besonderheiten mit der Digitalisierung verbunden sind, um ausgehend davon emanzipatorische Gestaltungsfelder zu benennen.

2 Geschlechtsspezifische Perspektiven auf Arbeit 4.0

Im Rahmen dieses Beitrags werden drei geschlechtsspezifische Perspektiven auf Arbeit 4.0 eingenommen:
- Welche geschlechtsspezifischen **Beschäftigungseffekte** sind mit der Digitalisierung verbunden?
- Welche Effekte haben digitale Arbeitsformen auf die geschlechtsspezifische **Arbeitsteilung**?
- Welche **Kompetenzen** werden in einer digitalen Arbeitswelt als relevant erachtet?

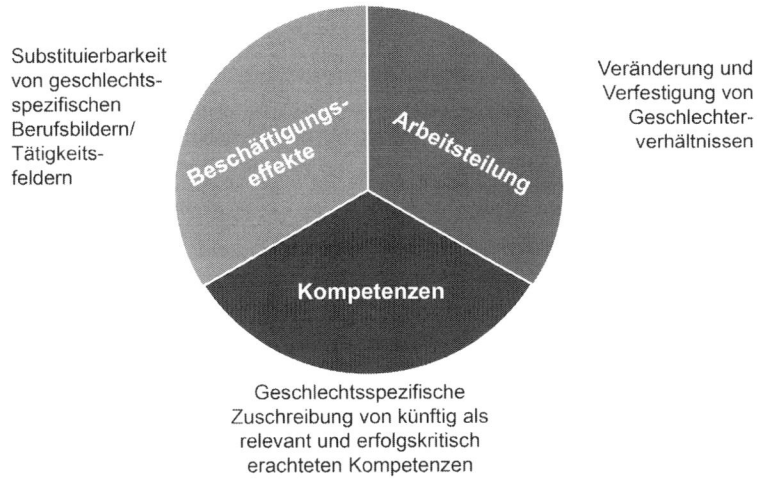

Abbildung 1: Geschlechtsspezifische Perspektiven der Digitalisierung

2.1 Geschlechtsspezifische Beschäftigungseffekte

Allgemein besteht Einigkeit darüber, dass die Digitalisierung der Wirtschaft große Auswirkungen auf den Arbeitsmarkt haben wird (vgl. Dengler & Matthes 2015). So existieren zahlreiche Studien im Rahmen derer Beschäftigungseffekte abgeschätzt und prognostiziert werden (vgl. Bonin, Gregory & Zierahn. 2013; Frey & Osborn 2013; Sorgner, Bode & Krieger-Boden. 2017). Die Ergebnisse zweier Studien, die hierbei explizit zwischen frauen- und männerdominierten Berufsfeldern differenzieren und somit geschlechtsspezifische Beschäftigungseffekte aufzeigen, sollen im Folgenden zusammengefasst werden.

In der internationalen Studie von Sorgner et al. (2017) wird neben dem Geschlecht auch nach dem erforderlichen Qualifikationsniveau von Berufen differenziert. Es wird deutlich, dass insbesondere für den deutschen Arbeitsmarkt (aber auch den französischen, italienischen, russischen und koreanischen Arbeitsmarkt) gilt, dass mit sinkenden Qualifikationsanforderungen eines Berufs die Wahrscheinlichkeit der digitalen Substituierbarkeit gerade für *Männerberufe* steigt. Frauen sind in dem Bereich der geringqualifizierten Berufe weniger stark von der Digitalisierung betroffen (vgl. Sorgner et al. 2017, S. 269). Erklärt wird dieser Befund damit, dass es sich bei typischen geringqualifizierten Männerberufen überwiegend um Routinejobs in der Produktion handelt, bei denen eine Substitution als wahrscheinlicher gilt als bei entsprechenden Frauenberufen (vgl. Frey & Osborne 2013; Bonin et al. 2013). Frauenberufe im geringqualifizierten Bereich betreffen eher die soziale Interaktionsarbeit, d. h., ihr Tätigkeitsfeld umfasst zu großen Teilen das menschliche Miteinander bzw. die Kooperation mit anderen Personen (z. B. Kundschaft oder erkrankten Personen). Solche Berufe können nicht ohne weiteres als durch digitale Techniken ersetzt werden und weisen somit ein eher niedriges Substitutionspotenzial auf (vgl. Bonin et al. 2013).

Zu einem vergleichbaren Ergebnis kommt eine deutsche Studie auf der Basis der Datenbank BERUFENET der Bundesagentur für Arbeit. In der Studie von Dengler & Matthes (2015) erfolgt ebenfalls eine geschlechtsspezifische Analyse, differenziert nach dem Qualifikationsniveau der betrachteten Berufe. In der Tradition der Studie von Frey & Osborn (2013) werden Berufsbilder differenziert nach Tätigkeitsstrukturen betrachtet. So wird deutlich dass vor allem Fertigungsberufe bzw. fertigungstechnische Berufe mit geringen Qualifikationsanforderungen das höchste Substituierbarkeitspotenzial aufweisen (vgl. Dengler & Matthes 2015, S. 14). Eben in diesem Feld sind Männer stärker vertreten als Frauen. Im Beschäftigungsfeld der Unternehmensführung und -organisation kehrt sich der Effekt laut Dengler & Matthes (2015) allerdings um. Frauen sind hier häufig als kaufmännische Fachkräfte tätig, d. h., in Tätigkeitsfeldern die zuarbeitende administrative und dienstleistungsbezogene Hilfsarbeiten bzw. kognitive Routinetätigkeiten beinhalten und somit ein hohes Substituierbarkeitspotenzial im Rahmen der Digitalisierung aufweisen (vgl. Bonin et al. 2013; Weusthoff 2015, S. 40). In der Unternehmensführung und -organisation sind Männer als Manager, Geschäftsführer, Betriebs-, Projekt- oder Gruppenleiter vertreten. Das Substituierbarkeitspotenzial dieser Berufsgruppen ist geringer (vgl. Dengler & Matthes 2015, S. 18).

Zusammenfassend lässt sich festhalten, dass als *bedrohte* Berufsfelder vor allem solche angesehen werden, die kognitive oder manuelle Routinetätigkeiten beinhalten (vgl. Bonin et al. 2013). Dabei sind Männer eher von manuellen Routinetätigkeiten (z. B. in der Produktion), Frauen eher von kognitiven bzw. administrativen Routinetätigkeiten (z. B. im Bereich der Verwaltungs- und Büroberufe) betroffen. Klassischerweise frauendominierte Berufe in der Kinderbetreuung, der Gesundheitsbranche oder in der Kranken- und Altenpflege scheinen aufgrund des hohen Anteils an interaktiven Tätigkeiten von der Digitalisierung weniger gefährdet zu sein.

Bisher war die Rede vom Substituierbarkeitspotenzial oder von gefährdeten Berufen im Bereich der geringqualifizierten (Routine-)Jobs. In den Studien zu Beschäftigungseffekten der Digitalisierung werden aber auch Berufsfelder betrachtet, die von neuen digitalen Techniken profitieren oder – z. B. durch moderne digitale Geschäftsmodelle – überhaupt erst entstehen. Positive Effekte der Digitalisierung werden dabei insbesondere für MINT-Berufe, für die Forschung und Entwicklung sowie für Unternehmensgründungen erwartet. Hier zeigt sich die Kehrseite der Medaille: In diesen profitierenden Feldern sind Frauen eher unterrepräsentiert (vgl. Voss 2015, S. 29).

Welche Schlussfolgerungen lassen sich aus den Befunden ableiten? Zum einen deuten die Studien darauf hin, dass Berufsbilder nicht gänzlich verschwinden werden, sondern innerhalb der Berufsbilder neue Tätigkeitsfelder entstehen (vgl. Bonin et al. 2013). Für Frauen und Männer bedeutet dies gleichermaßen, dass digitale Kompetenzen erworben werden müssen und eine gewisse Veränderungsbereitschaft erforderlich ist (vgl. Hays 2017, S. 17).

Noch nicht abzuschätzen ist, wie genau sich diese Veränderungen auf die Arbeitsbedingungen und die Möglichkeiten des selbstbestimmten Arbeitens auswirken werden. In der Forschung besteht hier keine Einhelligkeit. Betont wird hingegen immer wieder, dass die digitale Arbeitswelt von morgen gestaltbar ist und somit Möglichkeitsräume eröffnet (vgl. Botthoff & Hartmann 2015, S. 5), nicht zuletzt mit Blick auf emanzipatorische Fragestellungen. Dabei sollte – das legen die Studien zu den Beschäftigungseffekten nahe – durchaus zwischen verschiedenen Feldern differenziert werden. Es erscheint wahrscheinlich, dass sich die Art, wie künftig gearbeitet wird, durchaus unterscheidet. Vermutlich ergeben sich andere Möglichkeiten und Herausforderungen für manuelle Routinetätigkeiten als für kognitive Routinetätigkeiten. Ebenso ist zu erwarten, dass das künftige Arbeitssetting für hochqualifizierte Wissens- und Innovationsarbeitende anders aussieht als für Einfacharbeitende. Weitere Forschung, die eine solche differenzierte Betrachtung von Arbeit-4.0-Szenarien ermöglicht, ist erforderlich und es erscheint sinnvoll, hierbei geschlechtsspezifische Unterschiede zu berücksichtigen (vgl. Kutzner & Schnier 2017, S. 144).

2.2 Effekte digitaler Arbeitsformen auf die geschlechtsspezifische Arbeitsteilung

Wenn über neue Arbeitsformen diskutiert und dabei eine geschlechtsspezifische Perspektive eingenommen wird, beziehen sich viele Überlegungen auf die Vereinbarkeit von beruflichen und familiären Verpflichtungen (vgl. Bultemeier & Marrs 2016, S. 8; Kutzner & Schnier 2017, S. 141; Carstensen 2015a). Die Digitalisierung – so die gängige Argumentation – wird dazu führen, dass Arbeitszeit und -ort künftig stärker variieren. Mehr Mobilität und Flexibilität in der Arbeit wird möglich (vgl. Kirschenbauer & Wischermann 2015, S. 9; Carstensen 2015a; Carstensen 2015b). Der durch die Digitalisierung verstärkte Trend zum zeit- und ortsflexiblen Arbeiten bietet somit Chancen auf ein selbstbestimmteres Arbeiten, auf neue Vereinbarkeitslösungen und einen Abschied von der Präsenzkultur sowie eine bessere Work-Life-Balance (vgl. Lott 2016). In der Diskussion wird hierin insbesondere eine Chance für Frauen gesehen, die im Sinne der vorherrschenden geschlechtsspezifischen Arbeitsteilung nach wie vor den Hauptanteil an *Care-Arbeit* oder *Reproduktionsarbeit* leisten. Die neuen Arbeitsorganisationsformen bieten ein Umfeld, das es Frauen stärker ermöglicht, Beruf und Familie zu vereinen, als dies in klassischen Arbeitsorganisationsformen möglich ist.

Es erscheint allerdings fraglich, inwieweit bei einem Festhalten an dieser Rollenteilung die Chancengleichheit tatsächlich gefördert werden kann (vgl. Sorgner et al. 2017; Carstensen 2015a). Hier sind aus emanzipatorischer Sicht vor allem zwei Risiken zu bedenken. Erstens besteht die Gefahr, dass die permanente Verfügbarkeit, die mit der raum-zeitlichen Flexibilität verbunden ist, gerade für Frauen negative Effekte beinhaltet. Anstelle einer besseren Vereinbarkeit bringen flexible Arbeitsformen im Sinne einer *Entgrenzung* (vgl. Voss 2015) dann erhöhte Belastungen für Personen mit Familienpflichten mit sich (vgl. Kirschenbauer & Wischermann 2015, S. 10; Carstensen 2015b, S. 189). So kann die Nutzung von Flexibilitätsoptionen durch Digitalisierung auch dazu führen, dass nicht nur anders und besser gearbeitet wird, sondern auch mehr bzw. verdichtet.

Ein zweites Risiko besteht darin, dass Frauen flexible Arbeitsformen von zu Hause aus stärker nutzen werden als Männer. Nachteile können dann dadurch entstehen, dass Frauen eben nicht vor Ort sind, wenn es darum geht, strategische Entscheidungen zu treffen. Ebenso sind sie weniger sichtbar, wenn es um Karriereentscheidungen geht (vgl. Klenner & Lott 2017). Es besteht die Gefahr, dass *über ihre Köpfe hinweg* strategische und personalpolitische Entscheidungen zugunsten der Männer getroffen werden, die häufiger vor Ort präsent sind (vgl. Lott & Chung 2016). Laut Lott (2016, S. 7) hat die „Normalisierung flexiblen Arbeitens (allerdings) das Potenzial, die Präsenzkultur in den Betrieben aufzubrechen, was die Vereinbarkeit von Beruf und anderen Lebensbereichen erleichtert." Flexible Arbeitsformen werden aber sicherlich nur dann zu mehr Chancengleichheit führen, wenn sich ein neues Modell der *Life-Career* nicht nur für Frauen, sondern auch für Männer herausbildet (vgl. Kirschenbauer & Wischermann 2015, S. 11). Wenn für Frauen und Männer gleichermaßen gilt, dass Karrieren nicht mehr linear und eindimensional verlaufen, sondern Arbeit und Leben im Sinne einer Grenzverschiebung zwischen Erwerbsarbeit und Privatleben (vgl. Kirschenbauer 2015, S. 26) agil miteinander verbunden werden können. Dies setzt voraus, dass die Präsenz am Arbeitsplatz für Frauen und Männer an Bedeutung verliert und eigenverantwortliche dezentral ausgeubte Tätigkeiten sowohl von Frauen als auch von Männern ausgeübt werden (vgl. Bultemeier & Marrs 2016, S. 8).

2.3 Geschlechtsspezifische Kompetenzzuschreibungen im digitalen Wandel

Aus einer geschlechtsspezifischen Perspektive auf die Digitalisierung heraus soll nun ein drittes Themenfeld betrachtet werden: die Diskussion um veränderte Kompetenzanforderungen. Es erscheint interessant zu rekonstruieren, welche Kompetenzen im digitalen Wandel als relevant angesehen werden und welche geschlechtsspezifischen Zuschreibungen hiermit verbunden sind (vgl. Klenner & Lott 2017, S. 11). So lässt sich zunächst festhalten, dass nach wie vor Technikkompetenz als männliche Kompetenz attribuiert wird (vgl. Kutzner & Schnier 2017, S 142). Auch wenn diese Zuschreibung in der öffentlichen Debatte nicht so sehr zur Sprache kommt, erscheint diese Auffassung nach wie vor wie selbstverständlich im Denken verankert zu sein (vgl. Wajcmann 2010, S. 166). Untermauert wird diese Zuschreibung durch die horizontale Spaltung der Arbeitsmärkte, d. h. dadurch, dass Frauen in technikaffinen Tätigkeitsfeldern oder den MINT-Berufen unterrepräsentiert sind (vgl. Weusthoff 2015, S. 41). Daraus abgeleitet entsteht die Auffassung, dass Männer Technik besser beherrschen als Frauen und somit auch schneller in der Lage sind, sich an neue Techniken im Rahmen der Digitalisierung anzupassen und diese aktiv zu nutzen.

Dieser defizitären Attribution hinsichtlich der weiblichen digitalen Kompetenz entgegen steht eine Argumentations- oder Zuschreibungslinie, die in der öffentlichen Diskussion durchaus öfter zu vernehmen ist. Stellvertretend seien hier Bultemeier & Marrs (2016) zitiert, die eine eher optimistische Position bezüglich typischer Frauenkompetenzen im digitalen Wandel vertreten. Die Soziologinnen gehen davon aus, dass in „den durch die Digitalisierung entstehenden Strukturen [...] kommunikative, soziale und integrative Kompetenzen entscheidend an Bedeutung (gewinnen) und [...] neue, für Frauen attraktive Rollen entstehen lassen." (Bultemeier & Marrs 2016, S. 7) Sie sehen im Trend zum vernetzten und kollaborativen Arbeiten eine Chance, neue Arbeitskulturen zu schaffen, in denen soziale Intelligenz und die Fähigkeit zur Kooperation und zum kommunikativen Wissensaustauch gefragt ist. Diese in der digitalen Arbeitswelt relevanten Kompetenzen schreiben sie insbesondere Frauen zu und sehen diese somit als „authentische Promotorinnen einer neuen Arbeitswelt" (Bultemeier & Marrs 2016, S. 8). Hieraus ergeben sich den Autorinnen zufolge auch neue Möglichkeiten für Frauen, Führungsaufgaben und verantwortungsvolle Managementfunktionen zu übernehmen (vgl. Bultemeier & Marrs 2016, S. 8).

Auch bei dieser Argumentationslinie handelt es sich, genau wie bei der Gleichsetzung von „Technik und Männlichkeit" (Wajcman 2010, S. 166 ff.), um Zuschreibungen. Unabhängig davon, in welchem Ausmaß sich in der Digitalisierung neue, partizipativere Führungsformen durchsetzen werden, können solche Zuschreibungen mit Problemen verbunden sein (vgl. Kutzner & Schnier 2017, S. 143). Oftmals wird zwar propagiert, dass entsprechende als *weiblich* attribuierte Kompetenzen relevant sind, fraglich ist jedoch, inwiefern sie bei der Entscheidung über die Besetzung einer Führungsfunktion tatsächlich zur Anwendung kommen und nicht doch wieder der *durchsetzungsstarke Macher* den Zuschlag bekommt. Aus der Perspektive der Geschlechterforschung wird eine nach Geschlecht differenzierende Zuschreibung von Kompetenzen somit kritisch gesehen, da gleichzeitig bestehende oftmals benachteiligende Stereotypen (z. B. eine vermeintlich fehlende Durchsetzungsfähigkeit von Frauen als Führungskraft) aufrechterhalten werden (vgl. Hanappi-Egger & Eberherr 2014, S. 234). Zu bedenken ist in diesem Zusammenhang auch, dass das Argument „Frauen sind die besseren Führungskräfte" alt ist und mit einem fest verankerten männlich konnotierten Führungsverständnis konkurriert (vgl. Braun, Stegmann et al. 2017). Auch in der Vergangenheit hat die Forderung nach kommunikativer Kompetenz in der Führung nicht bewirkt, dass Frauen im selben Umfang wie Männer in Führungs- oder Vorstandspositionen gelangen (vgl. Bultemeier 2015, S. 256). Nichtsdestotrotz können entsprechende positive Kompetenzzuschreibungen bewirken, dass Frauen sich ermutigt fühlen, Führungspositionen auszufüllen. Ob weiblich oder männlich konnotiert, für die Arbeitswelt der Zukunft ist es sicher förderlich, wenn bei der Auswahl von Führungskräften stärker auf sozial-kommunikative Fähigkeiten geachtet wird. Bleibt nur zu hoffen, dass dies tatsächlich den Nebeneffekt impliziert, dass Frauen häufiger als in der Vergangenheit bei entsprechenden Karriereentscheidungen berücksichtigt werden.

3 Implikationen für die Chancengleichheit

Eine emanzipatorische Chance wird in der Literatur darin gesehen, dass der digitale Wandel zu einer positiven Veränderung des Geschlechterverhältnisses beiträgt (vgl. Carstensen 2015a; Wischermann & Kirschenbauer 2015). Allerdings ist nicht davon auszugehen, dass sich solche wünschenswerten Effekte der Digitalisierung von allein einstellen. Vielmehr bedarf es einer bewussten Gestaltung. In Anlehnung an den oben betrachteten geschlechtsspezifischen Perspektiven sollen im Folgenden Ansatzpunkte zur Förderung der Chancengleichheit im digitalen Wandel benannt werden. Tabelle 1 gibt einen Überblick über mögliche emanzipatorische Gestaltungsoptionen.

Tabelle 1: Ansatzpunkte einer geschlechtsorientierten Gestaltung des digitalen Wandels

Geschlechtsspezifische Beschäftigungseffekte	Geschlechtsspezifische Arbeitsteilung	Geschlechtsspezifische Kompetenzzuschreibungen
• Proaktive geschlechter-orientierte Gestaltung des digitalen Wandels • Etablierung geschlechtergerechter Tätigkeitsfelder • Erhöhung der Frauenrepräsentanz in profitierenden Feldern der Digitalisierung	• Förderung der geschlechterneutralen Nutzung flexibler Arbeitsformen • Flexibilität und soziale Verantwortung als karriererelevante Auswahlkriterien	• Ermutigung von Frauen durch positive weibliche Kompetenzzuschreibungen • Veränderungskompetenzen von Frauen fördern und gestalterisch nutzen • Digitale Kompetenzen von Frauen sichtbar machen und fördern

3.1 Geschlechtsspezifische Beschäftigungseffekte

Der soziotechnische Ansatz (vgl. Kagermann, Wahlster & Helbing 2013) besagt, dass Technik nie losgelöst von den arbeitenden Menschen und der Organisation funktioniert, in der sie zur Anwendung kommt. Kagermann et al. (2013) legen daher nahe, Arbeitsorganisation, Weiterbildungsaktivitäten sowie Technik- und Software-Architekturen in enger wechselseitiger Abstimmung untereinander zu gestalten. Der digitale Wandel ist aus der Perspektive des soziotechnischen Ansatzes also nicht deterministisch vorgegeben, sondern eine soziale Gestaltungsaufgabe. Ziel ist die Förderung einer intelligenten, kooperativen und selbstorganisierten Interaktion zwischen Beschäftigten und den technischen Systemen. Dementsprechend sind Chancen, die für Frauen im digitalen Wandel entstehen, einzublenden und zum Bestandteil des Veränderungsprozesses zu machen (Bultemeier, Marrs & Witte 2016, S. 27).

Vor dem Hintergrund der Chancengleichheit gilt es somit zu analysieren, wie neu entstehende Tätigkeitsfelder zwischen den Geschlechtern verteilt werden. Für neue bzw. sich stark verändernde Beschäftigungsfelder und Berufe, in denen Frauen besonders stark repräsentiert sind – z. B. im Bereich der Verwaltung oder im Dienstleistungssektor – sind die arbeitsorganisatorischen Rahmenbedingungen so zu gestalten, dass ganzheitliche und verantwortungsvolle Aufgabenfelder entstehen. Im Sinne von Voss (2015) können administrative Tätigkeitsfelder z. B. mit situativ koordinierenden, organisatorischen, analytischen, interaktiven und kreativen Aufgaben angereichert werden. Die Selbstorganisation der Beschäftigten sollte durch größere Handlungsspielräume gefördert, die hierfür erforderlichen Kompetenzen durch gezielte Weiterbildung vermittelt und eine angemessene Vergütung sichergestellt werden. Gleichzeitig gilt es, ein förderliches Setting zu schaffen, welches Frauen den Zugang zu Berufen und Tätigkeitsbereichen erleichtert, in denen die Digitalisierung positive Effekte mit sich bringt (z. B. im Bereich von Forschung und Entwicklung oder im Bereich von Unternehmensgründungen). So ist dafür Sorge zu tragen, dass in Feldern, in denen eine kreative und menschengerechte neue digitale Arbeitswelt entsteht, Frauen ausreichend repräsentiert sind. Ganz in diesem Sinne formulieren Bultemeier, Marrs & Witte (2016, S. 27) die Hoffnung, dass die Bereiche „Forschung und Entwicklung", die bisher eine Männerdomäne darstellten, in Bewegung geraten. Gefragt sind Bultemeier, Marrs & Witte zufolge neue Kompetenzen wie Koordinations- und Kommunikationsfähigkeit sowie Interdisziplinarität, welche die Autorinnen insbesondere Frauen aber auch Männern der Generation Y zuschreiben (vgl. Bultemeier, Marrs & Witte 2016, S. 27). Hilfreich für die Förderung der Repräsentanz von Frauen in den profitierenden Feldern der Digitalisierung erscheint die Fortführung und Ausweitung der MINT-Förderung von Mädchen und Frauen sowie ein Personalmarketing, das auf die Zielgruppe der Frauen ausgerichtet ist.

3.2 Geschlechtsspezifische Arbeitsteilung

Wie oben dargestellt, wird der digitale Wandel als Chance gesehen, neue Arbeitszusammenhänge zu schaffen, in denen eine bessere Vereinbarkeit von beruflichen und familiären Verpflichtungen ermöglicht wird (vgl. Bultemeier & Marrs 2016, S. 8; Kutzner & Schnier 2017, S. 141; Carstensen 2015a). Aus emanzipatorischer Sicht bietet das zeit- und ortsflexible Arbeiten, welches durch digitale Techniken ermöglicht und gefördert wird, sowohl Chancen als aus Risiken. Vor dem Hintergrund des Ziels der Förderung von Chancengleichheit erscheint es daher sinnvoll, die Nutzung flexibler Arbeitszeitmodelle und Arbeitszusammenhänge nicht nur für Frauen sondern auch für Männer attraktiv zu machen. Nach wie vor besitzt der *Machtfaktor Zeit* im Karriereprozess eine hohe Bedeutsamkeit, d. h. die Standardkarriere ist immer noch auf Vollzeit, Präsenz und erwerbsbiografische Kontinuität ausgerichtet (vgl. Bultemeier & Marrs 2016, S. 8; Bultemeier 2015, S. 274; Wilz 2002, S. 258). Dies bringt Nachteile für Frauen mit sich, die häufiger als Männer Auszeiten für die Pflege und die Betreuung von Kindern und Angehörigen nehmen und daher oftmals Unterbrechungen im Lebenslauf aufweisen (vgl. Kirschenbauer 2015, S. 94). Ebenso groß – wenn nicht sogar noch größer – erscheinen jedoch die Nachteile einer diskontinuierlichen Erwerbsbiografie für Männer zu sein. Männer weichen durch entsprechende Unterbrechungen ihrer Erwerbsbiografie vom klassischen, zumeist unausgesprochenen Rollen-, Leistungs- und Aufgabenverständnis ab. Weil sie damit gegen kollektiv verinnerlichte Angemessenheitskriterien und normative Erwartungen verstoßen, besteht gerade für sie die Gefahr, dass ihnen die Verantwortungsübernahme für familiäre Verpflichtungen als mangelnde Leistungsbereitschaft und fehlende Karriereorientierung ausgelegt wird. Daher verwundert es nicht, wenn nur wenige Männer z. B.

über längere Zeiträume Elternzeit in Anspruch nehmen (vgl. Hinz 2008, S. 229). Eine Abkehr von der „Zweiklassengesellschaft für Rückkehrer", wie Klein-Magar & Regitz (2016, S. 11) das Phänomen benennen, erscheint vor allem dadurch möglich zu sein, dass geschlechterunabhängig ein neues „Life Career"-Modell gelebt wird. In der Geschlechterforschung wird im Zusammenhang einer solchen Neutralisierung geschlechtsspezifischer Ordnungen und Zuschreibungen von „Undoing Gender" gesprochen (vgl. Hanappi-Egger & Eberherr 2014, S. 235). Karriereunterbrechungen und diskontinuierliche Erwerbsbiografien dürfen im Sinne des „Undoing Gender" folglich sowohl weder für Frauen noch für Männer ein Karrierehindernis darstellen, sondern sollten im Gegenteil positiv im Sinne von Agilität und Perspektivenvielfalt gedeutet werden (vgl. Bultemeier & Marrs 2016, S. 7). Förderlich für eine solche „Neuaushandlung von Geschlechterarrangements" sind veränderte Ansprüche an eine ausgewogene Work-Life-Balance, die von Männern und Frauen gleichermaßen geäußert werden (vgl. Kirschenbauer 2015, S. 101). Zu fordern ist in diesem Zusammenhang, dass Flexibilität, die Übernahme sozialer Verantwortung sowie von Care-Arbeit als Auswahlkriterien für verantwortliche Positionen institutionalisiert werden (vgl. Hernandez Bark & van Dick 2015, S. 222). *Auszeiten* gilt es als Erfahrungsgewinn zu deuten und als Karrierebaustein – z. B. vergleichbar mit einem Auslandsaufenthalt oder einem Bereichswechsel – zu etablieren (vgl. Bultemeier 2015, S. 287). Da im Zusammenhang mit der Digitalisierung und mit neuen agilen Managementprinzipien oftmals ein verändertes Führungsverständnis gefordert wird, welches soziale Kompetenzen und die Fähigkeit der Integration verschiedener Perspektiven und Wissensbestände beinhaltet (vgl. Klein-Magar & Regitz 2016, S. 11), erscheint eine solche Veränderung der Karrierepraxis (vgl. Bultemeier 2015, S. 286) durchaus eine sinnvolle und berechtigte Forderung zu sein.

3.3 Geschlechtsspezifische Kompetenzzuschreibungen

Wie eingangs festgestellt, ist die Digitalisierung der Wirtschaft noch nicht in Gänze umgesetzt. Viele Unternehmen, gerade kleine und mittlere Unternehmen, beginnen erst, sich damit auseinanderzusetzen, welche Herausforderungen und Möglichkeiten die Digitalisierung für sie bereithält. In dieser Umbruch- und Experimentierphase sind gängige Vorstellungsbilder, geteilte Attributionen und Managementmethoden mangels *harter* und verlässlicher Daten oftmals prägend für unternehmerische Entscheidungen. Umso wichtiger ist es, sich mit Vorstellungsbildern bezüglich der Rolle der Frau in der Digitalisierung auseinanderzusetzen oder – proaktiv und nach vorne gedacht – diese Vorstellungsbilder positiv zu prägen. Im Sinne eines solchen proaktiven „Sensemaking" (Hanappi-Egger & Eberherr 2014, S. 238) gilt es, vorhandene digitale Kompetenzen von Frauen sichtbar zu machen und dem Klischee „Technik = Männlichkeit" entgegen zu wirken (vgl. Hernandez Bark & van Dick 2015, S. 223). Hierfür ist es sinnvoll Best-Practice-Beispiele erfolgreicher und kompetenter Frauen in die Digitalisierungdiskussion einzubringen. Zudem gilt es, positive weibliche Kompetenzzuschreibungen (z. B. bezüglich der wachsenden Bedeutung von kommunikativen und interaktiven Kompetenzen im digitalen Wandel) zu nutzen, um Frauen zu ermutigen, noch stärker als bisher gestalterische Verantwortung im digitalen Wandel zu übernehmen und die Zukunft in ihrem Sinne zu prägen. In diesem Sinne fordern Marrs und Bultemeier im Gespräch mit Witte (2016) sehr pointiert: „Wir sollten nicht warten, bis wieder überwiegend Männer die Pflöcke für die digitale Arbeitswelt eingeschlagen haben, und dann im Nachgang mühselig Korrekturen durchzusetzen." (Bultemeier, Marrs & Witte 2016, S. 27) Vielmehr sollten Frauen aktive Vorreiterinnen und Gestalterinnen eines humanen und geschlechtergerechten digitalen Wandels werden und sich einmischen (vgl. Clever & Witte 2016), Positionen beziehen und Veränderungen anstoßen. Es gilt Mut zu machen, gemeinsam Positionen zu entwickeln und ggf. auch Forderungskataloge zu erstellen. Hierbei können positive weibliche Kompetenzzuschreibungen hilfreich für die verantwortliche Positionierung von Frauen im digitalen Wandel sein.

4   Fazit und Ausblick

Im vorliegenden Beitrag wurde der digitale Wandel aus einer Genderperspektive heraus betrachtet. Einerseits konnten unterschiedliche Effekte des digitalen Wandels für Frauen und Männer aufgezeigt, andererseits Ansatzpunkte für die emanzipatorische Gestaltung von Arbeit 4.0 benannt werden. Der Beitrag soll somit zu einer proaktiven Gestaltung des digitalen Wandels im Sinne der Förderung von Chancengleichheit ermutigen. Nichtsdestotrotz erscheinen emanzipatorische Effekte der Digitalisierung nicht von heute auf morgen realisierbar oder – wie Kirschenbauer (2015, S. 102) es auf den Punkt bringt – mit einer Trägheit verbunden zu sein, „die im Gegensatz steht zur rasanten Weiterentwicklung der technischen Möglichkeiten".

Literatur

Bonin, H., Gregory, T. & Zierahn, U. (2013). *Übertragung der Studie von Frey/Osborne (2013) auf Deutschland. ZEW Kurzexpertise Nr. 57 im Auftrag des Bundesministeriums für Arbeit und Soziales.* Hg. v. ZEW – Zentrum für Europäische Wirtschaftsforschung GmbH. Mannheim.

Botthoff, A. & Hartmann, E. (2015). Zukunft der Arbeit in Industrie 4.0 – Neue Perspektiven und offene Fragen. In A. Botthoff & E. Hartmann (Hg.), *Die Zukunft der Arbeit in Industrie 4.0* (S. 161–163). Heidelberg: Springer.

Braun, S., Stegmann, S., Bark, A. et al. (2017). Think manager – think male, think follower – think female: Gender bias in implicit followership theories. *Journal of Applied Social Psychology, 47*(7), 377–388.

Bultemeier, A. (2015). Karriere und Vereinbarkeit – Geschlechterspezifische Auswirkungen einer neuen Karrierepraxis in Unternehmen. In U. Wischermann & A. Kirschenbauer (Hg.), *Geschlechterarrangements in Bewegung – Veränderte Arbeits- und Lebensweisen durch Informatisierung?* (S. 255–292). Bielefeld: transkript.

Bultemeier, A. & Marrs. K. (2016). Gestaltungsszenarien für eine gendergerechte Arbeitswelt von morgen. In BMBF (Hg.), *Handlungsbroschüre. Frauen in der digitalen Arbeitswelt von morgen* (S. 6–9). München.

Bultemeier, A., Marrs. K. & Witte, J. (2016). Radikal neu denken. In BMBF (Hg.), *Handlungsbroschüre. Frauen in der digitalen Arbeitswelt von morgen* (S. 26–28). München.

Carstensen, T. (2015a). Im WWW nichts Neues. *Zeitschrift LuXemburg. Gesellschaftsanalyse und linke Praxis*, Heft 3, ohne Seitenangabe. Verfügbar unter: https://www.zeitschrift-luxemburg.de/im-www-nichts-neues/ (Zugriff am 08.08.2018).

Carstensen T. (2015b). Neue Anforderungen und Belastungen durch digitale und mobile Technologien. *WSI-Mitteilungen, 68*(3), 187–193.

Clever, X. & Witte, J. (2016). Der perfekte Sturm. In BMBF (Hg.), *Handlungsbroschüre. Frauen in der digitalen Arbeitswelt von morgen* (S. 16–17). München.

Dengler, K. & Matthes, B. (2015). *Folgen der Digitalisierung für die Arbeitswelt: Substituierbarkeitspotenziale von Berufen in Deutschland* (IAB-Forschungsbericht, No. 11/2015). Nürnberg.

Frey, C. B. & Osborne M. A. (2013). *The Future of Employment: How Susceptible are Jobs to Computerisation?* Oxford: University of Oxford. Verfügbar unter: http://www.oxfordmartin.ox.ac.uk/downloads/academic/The_Future_of_Employment.pdf (Zugriff am: 03.11.2016).

Gloede, T. (2017). *Female Leadership: Frauen als Treiber der digitalen Transformation?* (Blogbeitrag). Verfügbar unter: https://www.wearesquared.de/blog/frauen-als-treiber-der-digitalen-transformation (Zugriff am: 22.06.2018).

Hanappi-Egger, E. & Eberherr H. (2014). Doing/Undoing Differences: Die Sicht der prozessorientierten Organisationstheorien. In M. Funder (Hg.), *Gender Cage – Revisited. Handbuch zur Organisations- und Geschlechterforschung* (S. 225–244). Baden-Baden: Nomos.

Hays (2017). *HR-Report 2017. Schwerpunkt Kompetenzen für eine digitale Welt. Eine empirische Studie des Instituts für Beschäftigung und Employability IBE im Auftrag von Hays Deutschland, Österreich und Schweiz*. Ettlingen.

Hernandez Bark, A. S. & van Dick, R. (2015). Frauen und Führung: Erkenntnisse der Sozial- und Organisationspsychologie. In U. Wischermann & A. Kirschenbauer (Hg.), *Geschlechterarrangements in Bewegung – Veränderte Arbeits- und Lebensweisen durch Informatisierung?* (S. 211–229). Bielefeld: transkript.

Hinz, S. (2008). *Erwerbsarbeit im Wandel unter besonderer Berücksichtigung der Frauenerwerbstätigkeit und der Vereinbarkeit von Beruf und Familie*. Tönning: Der andere Verlag.

Kagermann, H., Wahlster, W. & Helbing, J. (2013). *Deutschlands Zukunft als Produktionsstandort sichern – Umsetzungsempfehlungen für das Zukunftsprojekt Industrie 4.0. Abschlussbericht des Arbeitskreises Industrie 4.0.* (Hg. v. Forschungsgruppe Wirtschaft und Wissenschaft). Berlin.

Kirschenbauer, A. (2015). Neuformierung von Arbeit und Leben durch Informatisierung? Projektergebnisse – Empirische Auswertungen. In U. Wischermann & A. Kirschenbauer (Hg.), *Geschlechterarrangements in Bewegung – Veränderte Arbeits- und Lebensweisen durch Informatisierung?* (S. 25–115). Bielefeld: transkript.

Kirschenbauer, A. & Wischermann, U. (2015). Geschlechterarrangements in Bewegung. Wie neue Informationstechnologien Arbeitswelt und Lebenswelten verändern. *DGB – Frau geht vor*, Heft 03/2015, 9–11.

Klein-Magar, M. & Regitz, C. (2016). Führung und Karriere 4.0. In BMBF (Hg.), *Handlungsbroschüre. Frauen in der digitalen Arbeitswelt von morgen* (S. 10–11). München.

Klenner, C. & Lott, Y. (2017). Wie kann flexibles Arbeiten für die Verbesserung der Work-Life-Balance genutzt werden? In Ahlers, E. et al., *Genderaspekte der Digitalisierung der Arbeitswelt. Diskussionspapier für die Kommission „Arbeit der Zukunft"* (S. 9–12) Düsseldorf.

Kutzner, E. & Schnier, V. (2017). Geschlechterverhältnisse in Digitalisierungsprozessen von Arbeit. Konzeptionelle Überlegungen und empirische Fragestellungen. *Arbeit: Zeitschrift für Arbeitsforschung, Arbeitsgestaltung und Arbeitspolitik, 26*(1), 137–157.

Lott, Y. (2016). Fördert die Digitalisierung Geschlechtergleichheit? In N. Absenger, E. Ahlers, A. Herzog-Stein et al., *Digitalisierung der Arbeitswelt!?* (Mitbestimmungs-Report Nr. 24 der Hans-Böckler-Stiftung) (S. 7–8). Düsseldorf.

Lott, Y. & Chung, H. (2016). Gender discrepancies in the outcomes of schedule control on overtime hours and income in Germany. *European Sociological Review, 32*(6), 752–765.

Sorgner, A., Bode, E. & Krieger-Boden, C. (2017). *The effects of digitalization on gender equality in the G20 economies: Women 20 study.* Kiel: Kiel Institute for the World Economy (IfW).

Wajcman, J. (2010). Feminist theories of technology. *Cambridge Journal of Economics, 34*(1), 143–152.

Weusthoff, A. (2015). Wie können Ausbildung und Qualifizierung im Zuge der Digitalisierung die Geschlechtersegregation am Arbeitsmarkt aufbrechen? In E. Ahlers et al., *Genderaspekte der Digitalisierung der Arbeitswelt. Diskussionspapier für die Kommission „Arbeit der Zukunft"* (S. 40–44). Düsseldorf.

Wilz, S. M. (2002). *Organisation und Geschlecht. Strukturelle Bedingungen und kontingente Kopplungen.* Opladen: Leske+Budrich.

Wischermann, U. & Kirschenbauer, A. (Hg.). (2015). *Geschlechterarrangements in Bewegung – Veränderte Arbeits- und Lebensweisen durch Informatisierung?* Bielefeld: transkript.

Voss, D. (2015). Wie verändert sich der Arbeitsmarkt durch die Digitalisierung. In E. Ahlers et al., *Genderaspekte der Digitalisierung der Arbeitswelt. Diskussionspapier für die Kommission „Arbeit der Zukunft"* (S. 27–33). Düsseldorf.

Abbildungsverzeichnis

Abb. 1   Geschlechtsspezifische Perspektiven der Digitalisierung 75

Tabellenverzeichnis

Tab. 1   Ansatzpunkte einer geschlechtsorientierten Gestaltung des digitalen Wandels   80

Teil III: Remote Labs und Lernfabriken

Labordidaktik: Kompetenzen für die Arbeitswelt 4.0

Claudius Terkowsky, Dominik May, Silke Frye

Abstract

Digitalisierung, Smartifizierung und Cyber-Physikalisierung sind Entwicklungen, die den beruflichen Alltag zukünftiger Ingenieurinnen und Ingenieure prägen und mittelfristig in die universitäre Ausbildung drängen werden. So gibt es seit Jahren eine Diskussion, welche Kompetenzen Studierende entwickeln sollen, um diese Herausforderungen zukünftig bewältigen und zielorientiert gestalten zu können. Als eine Möglichkeit, diese Kompetenzen im Studium zu fördern, wird das Labor als cyber-physikalisches System vorgestellt. Hierzu gibt der Beitrag einen Überblick über den Lehr-Lernort Labor und stellt Verbindungen zu den Kompetenzanforderungen der Arbeitswelt 4.0 her. Zur Identifikation der erforderlichen Kompetenzen im Bereich der Industrie 4.0 sowie zur Analyse eines bestehenden Lehr-Lernlabors wird ein qualitativ orientiertes inhaltsanalytisches Vorgehen umgesetzt. Auf Basis von aktuellen Studien werden die von künftigen Ingenieurinnen und Ingenieuren im Kontext von Industrie 4.0 erwarteten Kompetenzen erhoben und in einem Kompetenzraster zusammengefasst. Ausgehend davon wird exemplarisch ein Fachlabor analysiert. Als Ergebnis lässt sich eine Vielzahl von expliziten und impliziten Lernzielen identifizieren, die die formulierten Kompetenzanforderungen unmittelbar adressieren. Es zeigt sich aber auch, dass im untersuchten Labor nur wenige Kompetenzen aus dem fachspezifischen und fachübergreifenden technischen Bereich im Kontext von Industrie 4.0 angesprochen werden, da der enge Fachbezug und die fehlende Interdisziplinarität die Förderung dieser Kompetenzen begrenzt.

Schlüsselwörter: Labordidaktik, Arbeitswelt 4.0, Industrie 4.0, cyber-physische Labore

1 Einleitung

Labordidaktik beschäftigt sich mit der Theorie und Praxis des Lehrens und Lernens in Laboren. In den letzten 150 Jahren sind Laborübungen und -praktika weltweit zum festen Bestandteil ingenieurwissenschaftlicher Studiengänge geworden. Die bestehenden Angebote sind in anwendungs- und forschungsorientierten Studiengängen von großer Bedeutung. In einem Hochindustrieland wie Deutschland ist die Laborausbildung vergleichsweise umfangreich und wird zukünftig noch an Bedeutung gewinnen, da der technologische Wandel und die digitale Transformation der Wirtschaft eine neue Arbeitswelt schaffen, auf die Studierende der Ingenieurwissenschaften nicht nur fachlich theoretisch, sondern auch praktisch vorbereitet werden müssen (acatech 2016, S. 9).

Zu Planung und Durchführung des Lehrens und Lernens in Laboren liegen eine Reihe von kompetenzfördernden Leitlinien an der Schnittstelle zwischen Wissenschaftlichkeit und Beruflichkeit vor (für eine Übersicht: vgl. Tekkaya, Wilkesmann et al. 2016, S. 17). Offen bleibt, welche neuen Herausforderungen für die kompetenzförderliche Gestaltung von Lehr-Lernprozessen in Laboren sich durch fortschreitende Prozesse der Digitalisierung, Smartifizierung und Cyber-Physikalisierung im Hinblick auf eine Arbeitswelt 4.0 ergeben.

Als vierte industrielle Revolution wird die Integration des *Internet of Everything* (IoE) in den Produktionsprozess bezeichnet. Das Schlagwort *Industrie 4.0* beschreibt einen tiefgreifenden Wandel im produzierenden Sektor. Grundprinzip der Industrie 4.0 ist eine automatisierte und digital vernetzte industrielle Produktions- und Logistikkette mit dem Zweck, Produktionsziele flexibel, agil und hocheffizient zu erreichen. Der Begriff *Arbeiten 4.0* knüpft an diese Diskussion an, rückt aber die Arbeitsformen und -verhältnisse ins Zentrum. Wie die zukünftige Arbeitswelt im Detail aussehen wird, ist noch offen. Unstrittig ist, dass das Arbeiten 4.0 vernetzter, digitaler und flexibler sein wird.[1]

Entsprechend der Ergebnisse einer Studie zur „Hochschulbildung für die Arbeitswelt 4.0", werden sich durch die digitale Transformation Berufe, Produkte und Produktionsweisen verändern. Durch die zunehmende Digitalisierung und den damit einhergehenden Wegfall von Routinetätigkeiten werden

- Aufgaben komplexer und die Kompetenzanforderungen an Arbeitskräfte anspruchsvoller;
- forschungsbasierte Tätigkeiten die Arbeitswelt stärker durchdringen und entsprechende akademische Qualifikationen relevanter;
- neue, durch Digitalisierung und Mensch-Maschine-KI-Interaktion geprägte Berufsbilder entstehen (Stifterverband 2016, S. 7).

Das Arbeiten und Lernen mit digitalen Technologien muss daher zum festen Bestandteil des akademischen Kompetenzprofils werden (Stifterverband 2016, S. 3). Jedoch bedeutet die Arbeitswelt 4.0 für die Hochschulbildung keine grundsätzliche Lösung von bisherigen Bildungszielen, sondern deren Erweiterung.

> „Bei einem solchen akademischen Profil bilden die um digitale Fertigkeiten ergänzten Fachkompetenzen weiterhin die Grundlage für ein wissenschaftliches, berufsorientiertes und persönlichkeitsbildendes Studium. Für die Arbeitswelt 4.0 werden [aber] der Anwendungsbezug (aufgrund der zunehmenden Verzahnung akademischer und beruflicher Kompetenzen) sowie die Persönlichkeitsbildung (aufgrund der neuen, kooperativen Formen des Arbeitens) wichtiger als bisher." (Stifterverband 2016, S. 26 f.)

Zur Entwicklung dieser Kompetenzen bietet das Labor besondere Potenziale, da dort industrielle Tätigkeiten praktisch abgebildet werden können. Dazu bedarf es aber

---

1 Siehe das Glossar des Bundesministeriums für Arbeit und Soziales. Verfügbar unter: http://www.arbeitenviernull.de/glossar.html (Zugriff am: 22.01.2019).

neuer, auf die Industrie 4.0 bezogener Lerninhalte und -formate (Stifterverband 2016, S. 33–43). Der vorliegende Beitrag verfolgt das Ziel, den hochschulischen Lehr-Lernort Labor auf seine Passung zur Ausbildung relevanter Kompetenzen für die Industrie 4.0 hin zu überprüfen und mögliche Potenziale für die künftige Entwicklung von Kompetenzen für die Arbeitswelt 4.0 zu identifizieren. Hierzu werden folgende Fragen betrachtet:
- Welche Bedeutung hat die Laborausbildung für das ingenieur- und naturwissenschaftliche Studium?
- Wie lassen sich Labore als cyber-physische Systeme beschreiben?
- Welche Kompetenzen erfordert die Industrie 4.0?
- Wie werden diese Kompetenzen bisher in der Laborausbildung gefördert?
- Wie lässt sich der Erwerb der Kompetenzen für die Industrie 4.0 in der hochschulischen Laborausbildung künftig fördern?

Zur Identifikation der erforderlichen Kompetenzen im Bereich der Industrie 4.0 sowie zur exemplarischen Analyse eines bestehenden Lehr-Lernlabors wird ein qualitativ orientiertes inhaltsanalytisches Vorgehen umgesetzt.

2 Die *Cyber-Physikalisierung* des Labors im ingenieur- und naturwissenschaftlichen Studium

Laut Charles Riborg Mann, der 1918 die erste Studie zu Engineering Education in den USA vorgelegt hat, haben Laborpraktika ihren Ursprung – zumindest in den USA – am Massachusetts Institute of Technology (MIT). Im Jahr 1869 setzte der Physikprofessor E. C. Pickering auf Vorschlag seines Universitätspräsidenten die ersten Laborübungen (laboratories) als Erweiterung der etablierten naturwissenschaftlichen Formate Vorlesung und Übung (lectures and quizzes) erfolgreich um. In den nächsten fünf Jahrzehnten erfreute sich die Laborlehre einzigartiger Verbreitung. Es wurden Einsatzszenarien für die Laborlehre entwickelt wie z. B. als veranschaulichende Ergänzung zur Vorlesung, als Ort zum Erlernen von empirischen Forschungsmethoden, von Methoden der industriellen Fertigung oder zur Förderung des *Forscher- bzw. Ingenieurgeistes* (vgl. Mann 1918, S. 37 f.).

Aktuelle Untersuchungen zur Wirksamkeit des Lernens im Labor zeigen, dass forschendes Lernen im Labor die Entwicklung von fachbezogenen und fachübergreifenden Kompetenzen gezielt unterstützen kann (vgl. Terkowsky, May et al. 2013; Terkowsky, Jahnke et al. 2013; Terkowsky, Haertel et al. 2016). Allerdings stützen sich eine Vielzahl von Laborübungen, Experimentieranleitungen und Lernmaterialien für Studierende noch auf traditionelle induktiv-instruktive Labordidaktiken, sind wenig innovationsförderlich gestaltet und fördern das für erfolgreiches Arbeiten in der Industrie 4.0 erforderliche forschungsorientierte Lernen nur randständig (vgl. Terkowsky & Haertel 2014; Tekkaya et al. 2016).

Darüber hinaus hat die digitale Transformation weitreichende Konsequenzen für die labordidaktischen Formate. Zum einem ist der Erkenntnisfortschritt im Bereich der Industrie 4.0 zunehmend fachlicher Inhalt von Forschung und Lehre, etwa in der Produktions- und Automatisierungstechnik oder der Logistik (Stichwort: *Industrie 4.0 in der Hochschule*) und zum anderen durchdringen Tools der Industrie 4.0 zunehmend Forschung und Lehre als Medien der Vermittlung (Stichwort: *Industrie-4.0-isierung der Hochschule*). Dies bedeutet, dass zur Adressierung des übergreifenden Kompetenzziels *Umgang mit digitalen Anforderungen im Berufsfeld* sowohl inhaltliche als auch medientechnisch-strukturelle Anpassungen mit Blick auf die Industrie 4.0 unerlässlich sind.

Es gibt inzwischen eine Vielzahl cyber-physischer Laborsysteme und Laborfarmen, die über Laborportale in Lehre und Forschung zum Einsatz kommen (z. B. Go-Lab[2], Labster[3], FED4FIRE[4], LabsLand[5], VISIR[6]). Auer, Azad et al. (2018) schreiben hierzu in Bezug auf die technologischen Settings:

> „Today, almost all definitions of cyber-physical laboratories, [...] involve either monitoring, controlling, or twinning an object in the physical world by means of software algorithms which permit the dynamic interaction between said object and the real world, maintained through either cabled or wireless communications to computer-based resources. Also, digital twins and simulations are widely used in the online laboratory field. Of course, this implies that major advantages of cyber-physical laboratories are that they are scalable, often shared resources that are not constrained by spatial-temporal considerations." (Auer et al. 2018, S. v)

Die Interaktion mit cyber-physischen Experimentiereinrichtungen, also das eigentliche *Experimentieren*, kann vor Ort oder beliebig räumlich entfernt und ferngesteuert als Web-Service stattfinden (vgl. Terkowsky, Jahnke et al. 2010; Terkowsky, Pleul et al. 2011). Anstelle von physisch realen Laboren können computergenerierte interaktive Simulationen von Experimenten angesteuert werden. Gomes & Bogosyan (2009), Zutin, Auer et al. (2010) und May (2017) listen die gängigsten Arten von Experimenten auf und leiten eine Typologisierung entlang der folgenden Kategorien ab:
- didaktischer Ansatz in der Nutzung
(Demonstration, vorstrukturiertes Experimentieren, begleitetes freies Experimentieren oder eigenverantwortliches Experimentieren)
- Art der Interaktion
(Mensch-Maschine-Interaktion oder Mensch-Computer-Interaktion)
- Art des Experiments
(reale Versuchsstände oder computergenerierte Simulationen von Geräten)
- Aufenthaltsorte von Experimentierenden und Experiment
(an einem gemeinsamen Ort oder an unterschiedlichen Orten)

Darüber hinaus haben Zutin et al. (2010) die Hybridisierung von realen und virtuellen Experimenten gekennzeichnet. Aufbauend darauf ist es möglich, Labore in der

---

2 https://www.golabz.eu/ (Zugriff am: 30.01.2019)
3 http://labster.com/vr (Zugriff am: 30.01.2019)
4 https://www.fed4fire.eu/ (Zugriff am: 30.01.2019)
5 https://labsland.com/en (Zugriff am: 30.01.2019)
6 http://www2.isep.ipp.pt/visir/ (Zugriff am: 30.01.2019)

Lehre entlang des Virtualisierungsgrades in reale Labore (1), Augmented-Reality-Labore (2), Remote-Labore (3) und Simulationen von Laboren (4) zu unterscheiden (vgl. May 2017). Vor allem die Erstellung des technischen Settings und die Bereitstellung von Unterstützungstechnologien im Kontext hybrider und/oder ferngesteuerter Labore sind für die Forschung und Entwicklung von entscheidender Bedeutung. Remote-Labore werden z. B. in der Regel über RLMS (Remote Laboratory Management Systeme) gesteuert, die Funktionalitäten wie z. B. die Nutzerverwaltung, das Management der experimentell gewonnenen Daten oder Schnittstellen für die Integration in LCMS (Learning Content Management Systeme) bereitstellen (Zutin 2018, S. 7). Die Skalierbarkeit von Remote-Laboren für große Nutzerzahlen in sog. MOOLs (Massive Open Online Labs) stellt eine besondere Herausforderung dar. Ziel ist es, einerseits das Sharing von Online-Labs zu maximieren und andererseits die Wartezeit für den Zugang zu minimieren oder aufzuheben (Salzmann, Halimi et al. 2018, S. 43).

Da der vorliegende Beitrag zum Ziel hat, den Lehr-Lernort Labor in der Hochschulbildung vor dem Hintergrund der zunehmenden *Cyber-Physikalisierung* auf seine Eignung zur Förderung relevanter Kompetenzen für die Industrie 4.0 zu überprüfen, wird im Folgenden dargelegt, welche Kompetenzen im Bereich der Industrie 4.0 von Absolventinnen und Absolventen aktuell gefordert werden, inwiefern das Lehr-Lernlabor diese Kompetenzentwicklung fördern kann, was davon bereits umgesetzt wird; und schließlich, welcher Weiterentwicklungen es in der Zukunft in diesem Bereich bedarf.

3 Industrie-4.0-isierung des Lehr-Lernorts Labor: Kompetenzraster und exemplarische Fallstudie

3.1 Methodisches Vorgehen: qualitative Inhaltsanalyse

Zur Identifikation der erforderlichen Kompetenzen im Bereich der Industrie 4.0 sowie zur exemplarischen Analyse eines bestehenden Lehr-Lernlabors wird ein qualitativ orientiertes inhaltsanalytisches Vorgehen umgesetzt. Dieses eignet sich insbesondere für Untersuchungen von Debatten und Literatur. Es handelt sich um kategorienentwickelnde und kategoriengeleitete Textanalysen, bei der schriftsprachliches Material systematisch zusammengefasst und theorie- und regelbasiert *eng am Text* analysiert wird (Mayring 2015, S. 13 ff.).

Im ersten Schritt werden Studien untersucht, um zu klären, welche Kompetenzen erforderlich sind, um in einer Industrie-4.0-ialisierten Wirtschaft erfolgreich handeln zu können. Hieraus wird ein übergreifendes Kompetenzraster abgeleitet. Im zweiten Schritt wird anhand dieses Rasters die Analyse eines bestehenden Lehr-Lernlabors durchgeführt, um darzustellen, welche dieser Kompetenzen bereits adressiert werden. Diese exemplarische Analyse weist eine begrenzte Gültigkeit und Übertragbarkeit auf und erhebt keinen Anspruch auf Verallgemeinerung. Die entwickelte Methodik und deren Umsetzung sind leicht auf andere Labore zu übertragen und so kann die Datenbasis zukünftig erweitert werden.

3.2 Kompetenzprofile für die Industrie 4.0

Wie Definitionen zur Industrie 4.0 selbst, ist auch das Bild der benötigten Kompetenzen, um in dieser veränderten Arbeitswelt erfolgreich agieren zu können, divers. Es gibt eine Reihe von Quellen, die auf unterschiedlichen Abstraktionsniveaus Hinweise darauf geben, welche Kompetenzen zukünftig erwartet werden. In Teilen berufen sich diese Quellen auf eigene Studien, zumeist in Form von Befragungen von Unternehmensvertreterinnen und -vertretern. Bei anderen Quellen ist die zugrunde gelegte Methodik zur Ermittlung der dargestellten Inhalte nicht eindeutig. Auch erfolgt nicht in jedem Fall eine eindeutige Erläuterung der genannten Kompetenzen. Dennoch ergibt die Summe der betrachteten Studien einen fundierten Überblick über relevante Kompetenzen. Eingeflossen sind

- der „Hochschul-Bildungs-Report 2020" des Stifterverbandes (Stifterverband 2016),
- das Positionspapier „Kompetenzen für die Industrie 4.0 – Qualifizierungsbedarfe und Lösungsansätze" der Akademie der Technikwissenschaften (acatech 2016),
- eine Studie des Fraunhofer-Institut für Arbeitswissenschaft und Organisation (Schlund & Pokorni 2016),
- die Interviewstudie „Industrie 4.0 – Qualifizierung 2025" des Verbandes Deutscher Maschinen- und Anlagenbau e. V. (VDMA) (Pfeiffer, Lee et al. 2016) sowie
- eine Metaanalyse über 24 Studien aus den Jahren 2014 bis 2016 (Hartmann 2017).

Im Rahmen der Analyse ist festzuhalten, dass kein Konsens zu erkennen ist, welche Kompetenzen für die Industrie 4.0 relevant sind oder sein werden. Dies scheint vor allem an der kurzen Historie dieses Bereichs zu liegen, wie eine Aussage des VDMA deutlich werden lässt:

> „Eindeutige Aussagen, welche Kompetenzen genau an welcher Stelle auf welcher Fachkrafteben [sic!] zu erwarten sind, finden sich – und das ist der eigentlich spannende Befund – erstaunlich selten. Häufig bleiben die Aussagen vage und lassen sich auch bei intensivem Nachfragen nicht immer ausreichend konkretisieren. Noch sind viele Themen zu neu, zu selten faktisch umgesetzt oder im Einzelfall bei dem jeweiligen Interviewpartner noch nicht angekommen." (Pfeiffer et al. 2016, S. 93)

Dennoch werden große Schnittmengen in den Studien deutlich. Es ist daher davon auszugehen, dass auf Basis dieser ein hinreichender Überblick über die benötigten Kompetenzen dargelegt werden kann. Das folgende Kompetenzraster stellt das Ergebnis der qualitativen Analyse dar. Eine quantitative Analyse im Sinne der Berücksichtigung von Mehrfachnennungen und Gewichtungen erfolgt nicht und ist aufgrund der hohen methodischen Diversität der Studien nicht als sinnvoll zu erachten.

Die Zusammenfassung der relevanten Kompetenzen orientiert sich am Rahmenmodell des Deutschen Qualifikationsrahmens für lebenslanges Lernen (AK DQR 2011). Dieser versteht unter dem Begriff der Kompetenz „die Fähigkeit und Bereitschaft des Einzelnen, Kenntnisse und Fertigkeiten sowie persönliche, soziale und methodische Fähigkeiten zu nutzen und sich durchdacht sowie individuell und sozial verantwortlich zu verhalten" (AK DQR 2011, S. 8). Darüber hinaus werden im Raster die Bereiche der fachspezifischen und fachübergreifenden technischen Kompetenz (mit Bezug auf konkrete Technologien und Organisationsstrukturen), der Sozialkompetenz (mit Bezug auf soziale Interaktionsstrukturen) sowie der Selbstkompetenz (mit Bezug auf individuelle Persönlichkeitsstrukturen) unterschieden. Da es sich um Learning Outcomes, also beabsichtigte Lernergebnisse handelt (vgl. AK DQR 2011, S. 9), werden die Kompetenzen in diesem Sinne dargelegt.

Auf Basis der aufgeführten Studien sind folgende Kompetenzen (Tab. 1) für den Kontext von Industrie 4.0 von besonderer Relevanz.

Tabelle 1: Kompetenzraster für die Arbeitswelt 4.0

Im Kontext der **fachspezifischen und fachübergreifenden technischen Kompetenzen** sollten Lernende in Bezug auf die Anforderungen der Industrie 4.0 in der Lage sein, ...	Im Kontext der **Sozialkompetenz** sollten Lernende in Bezug auf die Anforderungen der Industrie 4.0 in der Lage sein, ...	Im Kontext der **Selbstkompetenz** sollten Lernende in Bezug auf die Anforderungen der Industrie 4.0 in der Lage sein, ...
<ul><li>... interdisziplinär zu denken, zu handeln und zusammenzuarbeiten.</li><li>... Unternehmensprozesse sich verändernden Rahmenbedingungen flexibel anzupassen (z. B. in Bezug auf den Einsatz neuer Technologien wie der additiven Fertigung oder Augmentation).</li><li>... IT-Prozesse im Kontext von Produktion zu gestalten sowie IT-Komponenten zur Mensch-Maschine-Interaktion zu nutzen.</li><li>... ganzheitliche und komplexe Produktionsprozesse und vernetzte Produktionsstrukturen zu gestalten und zu steuern sowie entsprechende Schnittstellen zu managen (inkl. der Umsetzung von Problemlösungs- und Optimierungsprozessen).</li><li>... einen Zusammenhang zwischen einem digitalen Abbild und einer physischen Realität herzustellen.</li><li>... mit großen Datenmengen umzugehen und entsprechende statistische Fähigkeiten einzusetzen (inkl. das Erkennen der Bedeutung von Algorithmen und das Management sensibler Daten).</li><li>... Systemkompetenz zu zeigen, indem sie Funktionselemente erkennen, Systemgrenzen identifizieren und Vorhersagen über Systemverhalten treffen.</li><li>... Innovationsprozesse anzustoßen und umzusetzen.</li><li>... den rechtlichen Kontext der unternehmerischen Handlung zu beherrschen.</li><li>... unternehmensbezogen strategisch zu denken bzw. zu handeln und in komplexen Entscheidungssituationen entsprechende Tools zur Bewertung zu nutzen.</li></ul>	<ul><li>... sowohl intern (in Bezug auf Prozessabläufe) als auch extern (in Bezug auf Kundinnen und Kunden sowie Zulieferinnen und Zulieferer) sicher zu kommunizieren und zu kooperieren.</li><li>... in sozialen (auch interkulturellen) Kontexten sicher und effektiv zu agieren.</li><li>... Produktionseinheiten und Teams zielorientiert zu führen.</li><li>... digital gestützte Interaktions- und Kooperationsprozesse zu gestalten.</li></ul>	<ul><li>... den Wert des eigenen subjektiven Erfahrungswissens realistisch einzuschätzen und entsprechend in die eigene Handlung mit einzubeziehen.</li><li>... selbstbestimmt und selbstorganisiert zu handeln.</li><li>... auf Basis der eigenen Offenheit und Kreativität zu handeln.</li><li>... eigenes lebenslanges Lernen zu gestalten und umzusetzen.</li></ul>

3.3 Realitätscheck mittels exemplarischer Fallanalyse

Im Folgenden wird nun analysiert, inwieweit die Förderung dieser Kompetenzen für die Arbeitswelt 4.0 im Rahmen bestehender Laborkonzepte adressiert wird. Exemplarisch wird dazu ein ingenieurwissenschaftliches Labor betrachtet, dass dem Themenfeld der Fertigungs- bzw. Produktionstechnik zuzuordnen ist. Thematisch bildet das Labor die Charakterisierung metallischer Werkstoffe im Kontext der Umformtechnik ab. Studierende planen einen einachsigen Zugversuch, führen diesen durch und bestimmen Materialkennwerte aus den aufgenommenen Messwerten. Das betrachtete Labor wird im Rahmen ingenieurwissenschaftlicher Bachelor- und Masterstudiengänge eingesetzt. Neben der Arbeit mit dem Versuchsaufbau vor Ort steht dieser auch als teleoperative Prüfzelle zur Verfügung, die als Remote-Labor realisiert wird. Es besteht die Möglichkeit, den Versuchsaufbau *ferngesteuert* über das Internet zu nutzen, dabei den Ablauf mit einem Livebild aus verschiedenen Kameraperspektiven zu verfolgen und auf die Messdaten aus dem Versuch zuzugreifen (vgl. Pleul 2016). Beide Nutzungsweisen werden im Folgenden betrachtet.

3.3.1 Durchführung der exemplarischen Fallanalyse

Der erste Schritt der Analyse ist die Festlegung des auszuwertenden Materials. Zum ausgewählten Labor gibt es durch eine Einbindung in das Projekt ELLI (Exzellentes Lehren und Lernen in den Ingenieurwissenschaften)[7] eine hinreichende Anzahl an Publikationen, die sich mit der inhaltlichen, technischen, organisatorischen und didaktisch-methodischen Gestaltung befassen. Gegenstand der Analyse sind Konferenzbeiträge, Beiträge in anderen wissenschaftlichen Organen sowie eine Dissertation. Zur Bewertung der Entstehungssituation der Texte ist anzuführen, dass kein Beitrag unmittelbar den Themenbereich Industrie 4.0 thematisierte, alle aber sowohl fachlich, als auch fach- oder hochschuldidaktisch ausgerichtet sind. Ausgewertet wurden insgesamt 15 Publikationen aus den vergangenen sechs Jahren (May, Terkowsky et al. 2012; Terkowsky & Haertel 2013; Terkowsky, May et al. 2013; Haertel, Terkowsky et al. 2013; May, Terkowsky et al. 2013; Terkowsky, Haertel et al. 2014; Ortelt, Sadiki et al. 2014; Terkowsky, Haertel et al. 2013; May, Ortelt et al. 2015; May, Sadiki et al. 2015; Sadiki, Ortelt et al. 2015; Meya, Ortelt et al. 2016; Ortelt, Pekasch et al. 2016; Pleul 2016; Selvaggio, Sadiki et al. 2016).

Als Analysetechnik wurde die strukturierende Inhaltsanalyse gewählt, um in den Texten explizit und implizit genannte Lernziele des Labors zu identifizieren. Es wurden inhaltstragende Textstellen paraphrasiert, wobei in 8 der 15 untersuchten Publikationen Lernziele oder Aussagen zu Zielsetzungen des Labors zu finden waren. Insgesamt wurden 29 relevante Textstellen generalisiert, aus denen nach einer ersten Reduzierung 23 Zielsetzungen des Labors kodiert werden konnten.

3.3.2 Ergebnisse der exemplarischen Fallanalyse

9 Kodes sind dem allgemeinen Ziel zuzuordnen, dass Studierende Experimente planen und durchführen. Dies wird 5 Mal auf das Vor-Ort-Experiment und 4 Mal auf

---

[7] https://www.elli-online.net (Zugriff am: 30.01.2019)

das teleoperative Experiment bezogen. 6 Kodes entsprechen der Zielsetzung, dass Studierende praktische Erfahrungen bzgl. der Nutzung technischer Geräte und Laboreinrichtungen sammeln.

> „[...] our aims are that students **get into contact with real technical equipment**, understand the greater context of research and **gain technical competences** for their future work." (May, Ortelt et al. 2015, S. 55)[8]

Jeweils 4 Kodes verweisen auf das fachlich korrekte Erfassen und Auswerten von Messdaten und Kennwerten sowie auf den Erwerb von *Problemlösefähigkeiten*.

> „They learn **how to calculate the bending moment out of the bending force** in a real process." (Meya et al. 2016, S. 84)

Im nächsten Schritt war zu überprüfen, inwieweit diese Zielsetzungen den geforderten Kompetenzen im Kontext von Industrie 4.0 zugeordnet werden können. Dazu wurden die in Abschnitt 3.2 formulierten Kompetenzelemente als Kategorien kodiert. Anschließend wurden die identifizierten Zielsetzungen mit diesen Kompetenzkategorien abgeglichen. Dabei war es möglich, 14 der 23 Zielsetzungen den Kategorien zuzuordnen. Auffällig ist, dass viele Ziele des Labors insbesondere den Bereichen der Sozial- und Selbstkompetenz zuzuordnen sind. So können 7 Lernziele der Kompetenzkategorie des selbstorganisierten und selbstbestimmten Handelns zugeordnet werden. Beispiele hierfür sind die Lernzielkodierung *eigene Planung/Organisation des Experiments*:

> „Hence, the students **have to develop a working plan** in their group when to do the experimentation and **arrange the experimentation** by booking a time slot." (May, Ortelt et al. 2015, S. 635)

oder die Lernzielkodierung *selbstständiges/selbstorganisiertes Lernen*:

> „So students could learn about superposition of stresses **by themselves** room [sic!] and time independent." (Meya et al. 2016, S. 85)

Der Kompetenzkategorie der sicheren internen und externen Kommunikation und Kooperation können 6 Zielsetzungen zugeschrieben werden. Beispiele hierfür sind die Lernzielkodierung *Kommunikation/Präsentation der Vorgehensweise/Ergebnisse*:

> „Studierende sollen nach Abschluss der Laborveranstaltung in der Lage sein [...] Das **Vorgehen und die Ergebnisse** inklusive der Experimente in einem Laborbericht **wissenschaftlich und adressatengerecht darzustellen** sowie die Inhalte in einem wissenschaftlichen Gespräch vertreten und argumentieren zu können." (Pleul 2016, S. 111)

---

[8] Hervorhebungen in diesem und den folgenden Zitaten stammen von den Verfassern und der Verfasserin.

oder die Lernzielkodierung *Zusammenarbeit in der Gruppe*:

> „They are asked to **work on this problem in small groups** by planning and carrying out experiments using the tele-operated equipment." (May et al. 2012, S. 4)

Insgesamt werden alle 4 Kategorien im Bereich der Selbstkompetenz und 3 von 4 Kategorien im Bereich der Sozialkompetenz adressiert.

Den fachspezifischen und fachübergreifenden Kompetenzkategorien konnten nur 4 Zielsetzungen zugeordnet werden, womit lediglich 2 der 10 Kategorien angesprochen werden. Beispiele sind der Lernziel-Code *fachliches Prozessverständnis*, der der Kompetenzkategorie *Systemkompetenz* zugeordnet wird:

> „Studierende sollen nach Abschluss der Laborveranstaltung in der Lage sein [...] **Anhand des beobachteten Umformprozesses** die Problematik bzgl. der Anforderungen zur Fertigung eines Sollradius mit den Prinzipien der Umformtechnik zu beschreiben und **basierend auf ihrem Vorwissen zu analysieren sowie Hypothesen zu entwickeln.**" (Pleul 2016, S. 111)

sowie der Lernziel-Code *Verwendung des Remote-Labors*, der der Kategorie *IT-Komponenten zur Mensch-Maschine-Interaktion nutzen* zugewiesen werden kann.

> „They are asked to work on this problem in small groups by planning and carrying out experiments **using the tele-operated equipment.**" (May et al. 2012, S. 4)

4 Diskussion

Es können für das Labor eine Vielzahl von expliziten und impliziten Lernzielen identifiziert werden, die die formulierten Kompetenzanforderungen im Kontext von Industrie 4.0 unmittelbar adressieren. Dabei werden insbesondere die Bereiche der Sozial- und Selbstkompetenz angesprochen, was auf die didaktische und methodische Gestaltung des Labors zurückzuführen ist. Die Arbeit in Gruppen und die sich daraus ergebenden Herausforderungen in der Kommunikation und Interaktion sind für angehende Ingenieurinnen und Ingenieure in ähnlicher Form in beruflichen Situationen zu erwarten und stellen eine gute Möglichkeit zur Förderung der Sozialkompetenz dar. Das Labor folgt dem Modell des erfahrungsbasierten Lernens, erlaubt Kreativität sowie das Lernen aus Fehlern und fördert die Selbstorganisation im Lern- und Arbeitsprozess. So unterstützt es bspw. die Entwicklung der im Kontext von Industrie 4.0 geforderten Selbstkompetenz der Studierenden.[9]

In der technischen Gestaltung des Labors zeigt sich der Einfluss des Remote-Labors. Dieses Konzept bringt *das Digitale* in das Labor, was im Hinblick auf die Arbeitswelt 4.0 sowohl im Bereich der fachspezifischen (Nutzung von IT-Komponenten

---

[9] Im Rahmen der Analyse kann nicht beurteilt werden, inwieweit es sich um *echte* Zielsetzungen handelt, die in dieser Form methodisch von den beteiligten Lehrenden umgesetzt und von den Lernenden aktiv angestrebt werden.

zur Mensch-Maschine-Interaktion) wie auch sozialen Kompetenzen (digital gestützte Interaktions- und Kooperationsprozesse gestalten) wesentlich ist. Außerdem ist anzunehmen, dass die Fähigkeit, den Zusammenhang zwischen einem digitalen Abbild und einer physischen Realität herzustellen gefördert wird, auch wenn dies nicht als Lernziel des Labors formuliert wurde.

Die Ergebnisse zeigen aber auch, dass im untersuchten Labor nur wenige Kompetenzen aus dem fachspezifischen und fachübergreifenden technischen Bereich im Kontext von Industrie 4.0 angesprochen werden. Die unumgängliche Vorgehenssystematik im Sinne des *einen richtigen Wegs* in der Durchführung und Auswertung des Versuchs bietet kaum Möglichkeiten für *Innovationen* durch die Studierenden. Die begrenzte fachspezifische Ausgestaltung steht der Förderung eines interdisziplinären Denkens und Handelns im Weg. Daraus folgt auch das Fehlen von vor- und nachgelagerten Prozessen, um ganzheitliche Strukturen, Schnittstellen und komplexe Entscheidungssituationen abzubilden. Hieraus lassen sich unmittelbar Empfehlungen hinsichtlich einer Kompetenzorientierung im Sinne des Kontextes der Industrie 4.0 ableiten:

- Wesentlich kann ein Lösen von einzelnen Fachdisziplinen und eine fachübergreifende Gestaltung oder Einbettung des Labors sein.
- Eine Verbindung mit anderen Laboren unter einer gemeinsamen, weiterreichenden Problemstellung initiiert ein umfassenderes, komplexeres Lehr-Lernszenario. Hier öffnet die *Digitalisierung* als Remote-Labor eine Vielzahl von Möglichkeiten.
- Wird die Problemstellung weniger nur am fachbezogenen Grundlagenwissen, sondern stärker am berufspraktischen Kontext zukünftiger Ingenieurinnen und Ingenieure ausgerichtet, kann dies die Entwicklung von Systemkompetenz und die Fähigkeit, in komplexen und vernetzten Strukturen zu agieren, fördern.

Abschließend ist zu erwähnen, dass 9 kodierte Zielsetzungen des betrachteten Labors nicht den Kompetenzen im Kontext von Industrie 4.0 zuzuordnen sind. Sie beziehen sich insbesondere auf die „klassischen akademischen Bildungsziele" (Stifterverband 2016, S. 26) der Ingenieurausbildung:

- praktische Erfahrung im Umgang mit technischen Geräten und allgemeine technische Kompetenzen
- Umgang mit und Nutzung von ermittelten Messwerten, deren Auswertung und fachliche Interpretation
- Verbindung von Theorie und Praxis

Im Rahmen des Labors stehen diese Zielsetzungen den geforderten Kompetenzen im Kontext von Industrie 4.0 nicht entgegen. Dies zeigt, dass die Ausbildung von Ingenieurinnen und Ingenieuren für eine Arbeitswelt 4.0 nicht bedeutet, dass ausschließlich *neue* Kompetenzanforderungen relevant sind. Sie rücken nicht ersetzend an die Stelle der bisherigen Bildungsziele, sondern ergänzen diese und entwickeln sie mit Blick auf zunehmend digitalisierte und vernetzte Systeme und Prozesse weiter.

5 Zusammenfassung und Ausblick

Dieser Beitrag liefert einen Überblick über das Lehren und Lernen im Labor sowie die neuen Anforderungen einer Arbeitswelt 4.0 und fasst die erwarteten Kompetenzen von künftigen Ingenieurinnen und Ingenieuren im Kontext von Industrie 4.0 zusammen.

Als eine Möglichkeit, diese Kompetenzen im Studium zu fördern, wurde das Labor vorgestellt. Inwieweit die technische, didaktische und methodische Gestaltung des Labors als Lehr-Lernsituation bereits die im Kontext von Industrie 4.0 erforderlichen Kompetenzen adressiert, wurde exemplarisch an einem Fallbeispiel analysiert. Es konnte gezeigt werden, dass dieses Setting Potenzial aufweist, die Komplexität der Arbeitswelt 4.0 didaktisch reduziert in der hochschulischen Ausbildung zu berücksichtigen. Hier öffnet die *Digitalisierung* als Remote-Labor eine Vielzahl von Möglichkeiten. Die Ergebnisse zeigen aber auch, dass im untersuchten Labor nur wenige Kompetenzen aus dem fachspezifischen und fachübergreifenden technischen Bereich im Kontext von Industrie 4.0 angesprochen werden, da die fehlende Interdisziplinarität die Förderung dieser Kompetenzen deutlich begrenzt.

Für eine generelle Einschätzung des Potenzials von Laboren zur Vorbereitung von Studierenden auf die Arbeitswelt 4.0 sind weitere Forschungen und vergleichende Analysen mit anderen Laborkonzepten erforderlich.

Literatur

acatech (Hg.). (2016). *Kompetenzen für die Industrie 4.0. Qualifizierungsbedarfe und Lösungsansätze* (acatech Position). München: Herbert Utz Verlag.

AK DQR (2011). *Deutscher Qualifikationsrahmen für lebenslanges Lernen*. Verfügbar unter: https://www.dqr.de/media/content/Der_Deutscher_Qualifikationsrahmen_fue_lebenslanges_Lernen.pdf (Zugriff am: 01.09.2018).

Auer, M. E., Azad, A. K. M., Edwards, A. & Jong, T. d. (Hg.). (2018). *Cyber-Physical Laboratories in Engineering and Science Education*. Cham, Switzerland: Springer International Publishing.

Gomes, L. & Bogosyan, S. (2009). Current Trends in Remote Laboratories. *IEEE Transactions on Industrial Electronics, 56*(12), 4744–4756. doi:10.1109/TIE.2009.2033293.

Haertel, T., Terkowsky, C., May, D. & Pleul, C. (2013). Entwicklung von Remote-Labs zum erfahrungsbasierten Lernen. *Zeitschrift für Hochschulentwicklung, 8*(1), 79–81. doi:10.3217/zfhe-8-01/09.

Hartmann, F. (2017). Zukünftige Anforderungen an Kompetenzen im Zusammenhang mit Industrie 4.0 – Eine Bestandsaufnahme. In Verbundprojekt Prokom 4.0 (Hg.), *Facharbeit und Digitalisierung* (S. 19–28). Verfügbar unter: https://www.risp-duisburg.de/files/facharbeit_und_digitalisierung.pdf (Zugriff am: 22.01.2019).

Mann, C. R. (1918). *A Study of Engineering Education*. Boston: The Merrymount Press.

May, D. (2017). *Globally Competent Engineers. Internationalisierung der Ingenieurausbildung am Beispiel der Produktionstechnik* (Dortmunder Umformtechnik, 1. Auflage). Aachen: Shaker.

May, D., Ortelt, T. R. & Tekkaya, A. E. (2015). Using Remote Laboratories for Transnational Online Learning Environments in Engineering Education. In *E-Learn: World Conference on E-Learning in Corporate, Government, Healthcare, and Higher Education 2015* (S. 632–637). Kona, Hawaii: AACE.

May, D., Sadiki, A., Pleul, C. & Tekkaya, A. E. (2015). Teaching and learning globally connected using live online classes for preparing international engineering students for transnational collaboration and for studying in Germany. In *2015 12th International Conference on Remote Engineering and Virtual Instrumentation (REV)* (S. 118–126). Piscataway, NJ: IEEE.

May, D., Terkowsky, C., Haertel, T. & Pleul, C. (2012). Using E-Portfolios to support experiential learning and open the use of tele-operated laboratories for mobile devices. In *2012 9th International Conference on Remote Engineering and Virtual Instrumentation (REV)* (S. 1–9). Piscataway, NJ: IEEE.

May, D., Terkowsky, C., Haertel, T. & Pleul, C. (2013). The laboratory in your hand. Making remote laboratories accesible through mobile devices. In *2013 IEEE Global Engineering Education Conference (EDUCON)* (S. 335–344). Piscataway, NJ: IEEE.

Mayring, P. (2015). *Qualitative Inhaltsanalyse. Grundlagen und Techniken* (12. überarb. Auflage). Weinheim: Beltz.

Meya, R., Ortelt, T. R., Selvaggio, A., Chatti, S., Becker, C. & Tekkaya, A. E. (2016). Development of a tele-operative control for the incremental tube forming process and its integration into a learning environment. In *2016 IEEE Global Engineering Education Conference (EDUCON)* (S. 80–86). Piscataway, NJ: IEEE.

Ortelt, T. R., Pekasch, S., Lensing, K., Gueno, P.-J., May, D. & Tekkaya, A. E. (2016). Concepts of the international manufacturing remote lab (MINTReLab). Combination of a MOOC and a remote lab for a manufacturing technology online course. In *2016 IEEE Global Engineering Education Conference (EDUCON)* (S. 602–607). Piscataway, NJ: IEEE.

Ortelt, T. R., Sadiki, A., Pleul, C., Becker, C., Chatti, S. & Tekkaya, A. E. (2014). Development of a tele-operative testing cell as a remote lab for material characterization. In *2014 International Conference on Interactive Collaborative Learning (ICL)* (S. 977–982). Piscataway, NJ: IEEE.

Pfeiffer, S., Lee, H., Zirnig, C. & Suphan, A. (VDMA, Hg.). (2016). *Industrie 4.0 – Qualifizierung 2025*. Verfügbar unter: https://arbeitsmarkt.vdma.org/viewer/-/v2article/render/13668437 (Zugriff am: 01.09.2018).

Pleul, C. (2016). *Das Labor als Lehr-Lern-Umgebung in der Umformtechnik. Entwicklungsstrategie und hochschuldidaktisches Modell* (Dortmunder Umformtechnik, Bd. 89, 1. Auflage). Aachen: Shaker.

Sadiki, A., Ortelt, T. R., Pleul, C., Becker, C., Chatti, S. & Tekkaya, A. E. (2015). The challenge of specimen handling in remote laboratories for Engineering Education. In *2015 12th International Conference on Remote Engineering and Virtual Instrumentation (REV)* (S. 180–185). Piscataway, NJ: IEEE.

Salzmann, C., Halimi, W., Gillet, D. & Govaerts, S. (2018). Deploying Large-Scale Online Labs with Smart Devices. In M. E. Auer, A. K. M. Azad, A. Edwards & T. d. Jong (Hg.), *Cyber-Physical Laboratories in Engineering and Science Education* (S. 43–78). Cham, Switzerland: Springer International Publishing.

Schlund, S. & Pokorni, W. (Ingenics AG, Hg.). (2016). *Industrie 4.0 – Wo steht die Revolution der Arbeitsgestaltung?* (Fraunhofer-Institut für Arbeitswissenschaft und Organisation IAO). Verfügbar unter: http://publica.fraunhofer.de/dokumente/N-432393.html (Zugriff am: 01.09.2018).

Selvaggio, A., Sadiki, A., Ortelt, T. R., Meya, R., Becker, C., Chatti, S. & Tekkaya, A. E. (2016). Development of a cupping test in remote laboratories for engineering education. In *13th International Conference on Remote Engineering and Virtual Instrumentation (REV)* (S. 122–126). Piscataway, NJ: IEEE.

Stifterverband. (2016). *Hochschulbildung für die Arbeitswelt 4.0. Jahresbericht 2016* (Hochschul-Bildungs-Report 2020). Essen: Edition Stifterverband – Verwaltungsgesellschaft für Wissenschaftspflege mbH.

Tekkaya, A. E., Wilkesmann, U., Terkowsky, C., Pleul, C., Radtke, M. & Maevus, F. (2016). *Das Labor in der ingenieurwissenschaftlichen Ausbildung. Zukunftsorientierte Ansätze aus dem Projekt IngLab* (acatech Studie). München: Herbert Utz Verlag.

Terkowsky, C. & Haertel, T. (2013). Fostering the Creative Attitude with Remote Lab Learning Environments. An Essay on the Spirit of Research in Engineering Education. *International Journal of Online Engineering (iJOE)*. 9(S5), 13. doi:10.3991/ijoe.v9iS5.2750.

Terkowsky, C. & Haertel, T. (2014). On learning objectives and learning aktivities to foster creativity in the engineering lab. In *2014 International Conference on Interactive Collaborative Learning (ICL)* (S. 745–750). Piscataway, NJ: IEEE.

Terkowsky, C., Haertel, T., Bielski, E. & May, D. (2013). Creativity@School: Mobile Learning Environments Involving Remote Labs and E-Portfolios. A Conceptual Framework to Foster the Inquiring Mind in Secondary STEM Education. In J. García-Zubía & O. Dziabenko (Hg.), *IT Innovative Practices in Secondary Schools: Remote Experiments* (S. 255–280). Bilbao, Spain: University of Deusto.

Terkowsky, C., Haertel, T., Bielski, E. & May, D. (2014). Bringing the inquiring mind back into the labs a conceptual framework to foster the creative attitude in higher engineering education. In *2014 IEEE Global Engineering Education Conference (EDUCON)* (S. 930–935). Piscataway, NJ: IEEE.

Terkowsky, C., Haertel, T., Ortelt, T. R., Radtke, M. & Tekkaya, A. E. (2016). Creating a place to bore or a place to explore? Detecting possibilities to establish students' creativity in the manufacturing engineering lab. *International Journal of Creativity & Problem Solving*, 26(2), 23–45.

Terkowsky, C., Jahnke, I., Pleul, C., Licari, R., Johannssen, P., Buffa, G., Heiner, M., Fratini, L., LoValvo, E., Nicolescu, M., Wildt, J. & Tekkaya, A. E. (2010). Developing Tele-Operated Laboratories for Manufacturing Engineering Education. Platform for E-Learning and Telemetric Experimentation (PeTEX). *International Journal of Online Engineering (iJOE)*, 6(SI1), 60–70. doi:10.3991/ijoe.v6s1.1378.

Terkowsky, C., Jahnke, I., Pleul, C., May, D., Jungmann, T. & Tekkaya, A. E. (2013). PeTEX@Work. Designing CSCL@Work for Online Engineering Education. In S. P. Goggins, I. Jahnke & V. Wulf (Hg.), *Computer-Supported Collaborative Learning at the Workplace. CSCLWork* (Computer-Supported Collaborative Learning Series, Bd. 14) (S. 269–292). New York: Springer.

Terkowsky, C., May, D., Haertel, T. & Pleul, C. (2013). Integrating Remote Labs into Personal Learning Environments – Experiential Learning with Tele-operated Experiments and E-portfolios. *International Journal of Online Engineering (iJOE)*, 9(1), 12–20. doi:10.3991/ijoe.v9i1.2364.

Terkowsky, C., Pleul, C., Jahnke, I. & Tekkaya, A. E. (2011). Tele-Operated Laboratories for Online Production Engineering Education – Platform for E-Learning and Telemetric Experimentation (PeTEX). *International Journal of Online Engineering (iJOE)*, 7(S1), 37–43. doi:10.3991/ijoe.v7iS1.1725.

Zutin, D. G. (2018). Online Laboratory Architectures and Technical Considerations. In M. E. Auer, A. K. M. Azad, A. Edwards & T. d. Jong (Hg.), *Cyber-Physical Laboratories in Engineering and Science Education* (S. 5–16). Cham, Switzerland: Springer International Publishing.

Zutin, D. G., Auer, M. E., Maier, C. & Niederstatter, M. (2010). Lab2go — A repository to locate educational online laboratories. In *2010 IEEE Global Engineering Education Conference (EDUCON)* (S. 1741–1746). Piscataway, NJ: IEEE.

Tabellenverzeichnis

Tab. 1	Kompetenzraster für die Arbeitswelt 4.0	95

Industrial Internet of Things und Remote Labs in der Lehre für Automatisierungsingenieurinnen und -ingenieure

Reinhard Langmann

Abstract

Der Beitrag beschreibt die Nutzung der neuen Paradigmen aus der Welt des Industrial Internet of Things (IIoT) und der servicebasierten Automation für die Erzeugung von generischen und wandelbaren Remote Labs in der Lehre für Automatisierungsingenieurinnen und -ingenieure. Im Ergebnis können Remote Labs einfach und schnell mittels webbasiertem Engineering erzeugt, betrieben und genutzt werden. Die Realisierung erfolgt auf Basis einer frei verfügbaren Internet-of-Things(IoT)-Plattform, unter Nutzung bereits verfügbarer industrieller Kommunikationsschnittstellen und speziell entwickelter Remote-Lab-Dienste.

Schlüsselwörter: Remote Lab, Internet of Things, Remote-Lab-Dienst, Automatisierungstechnik

1   Einführung

Remote Labs für technische Systeme sind weltweit im Bildungsbereich verbreitet und werden für die ingenieurtechnische Ausbildung auch genutzt. Aus Untersuchungen (Seiler 2013) geht jedoch auch hervor, dass Remote Labs in der Regel komplexe proprietäre Systeme sind, die einen hohen Entwicklungsaufwand benötigen, der sich über eine kommerzielle Verwertung praktisch nicht refinanzieren lässt. Gründe dafür sind u. a.
- fehlende Reproduzierbarkeit und Interoperabilität,
- eingeschränkte Nutzbarkeit durch Dritte,
- fehlende Standards für Schnittstellen und Komponenten.

Die praktisch ausschließliche Konzentration der Entwicklungsarbeit für Remote Labs an Universitäten und Hochschulen ohne nennenswerte Investitionen aus der Industrie führt bisher zu einem *Flickwerk* von sehr unterschiedlichen Remote-Lab-Strukturen, die immer nur die jeweiligen Interessen der entwickelnden Hochschule berücksichtigen. Ohne ausreichend starke Industriebeteiligung ist wohl auch kaum mit nachhaltigen Fortschritten bei der Standardisierung für Remote Labs zu rechnen.

Man versucht nun durch Einsatz neuer Methoden aus der Welt der Webtechnologien, z. B. durch die Einführung von Webservices für Laborfunktionalitäten (Lab as a Service [LaaS] bei Caminero, Robles-Gómez et al. 2014) oder auch zusätzlich durch solche Techniken wie MashUps, Gadgets, OpenSocial Widgets (Tawfik, Salzmann et al. 2014) zumindest die Wiederverwendbarkeit und Nutzbarkeit durch Dritte zu verbessern. Aber auch dabei werden praktisch keine Industriestandards berücksichtigt. Es entstehen wieder sehr spezielle und komplexe webbasierte Lösungen, die kaum durch Dritte reproduzierbar sind. Die Lösungen verbleiben in der Domäne der akademischen Entwicklerinnen und Entwickler. Eine Standardisierung für die neuen spezifischen LaaS-Schnittstellen ist aufgrund fehlender Verbreitung und fehlender Industrieunterstützung wohl auch hier nicht zu erwarten.

Betrachtet man die Problematik bezogen auf das Gebiet der Automatisierungstechnik, so ergibt sich folgende Situation: Praktische Laborübungen in der Automatisierungstechnik erfolgen zumeist an üblicher Industrietechnik, d. h. die Anlagen, die in der Industrie für die Produktionsautomatisierung eingesetzt werden, kommen direkt oder als Komponenten, teilweise auch modifiziert als Laborgeräte in der Ausbildung zum Einsatz. Dies betrifft auch die dazu erforderliche Steuerungs- und Bediensoftware, die gleichfalls industriekompatibel ist. Prinzipiell könnte man deshalb auch diese Systeme und dazu gehören insbesondere Prozessleit(SCADA)- und Bedien(HMI)-Systeme für den Aufbau von Remote Labs nutzen. Die meisten dieser Systeme gestatten heute einen Remotezugriff über das Internet und beinhalten alle Elemente (Visualisierung, Webcam, Zugriff auf Prozessdaten, Textfelder etc.) zum Aufbau eines Remote Lab. Dem Einsatz für didaktische Remote Labs stehen aktuell aber entgegen:
- Es gibt hohe Lizenzkosten und eine begrenzte Zahl an Remote-Clients.
- Zugangs- und Verwaltungsfunktionen für anonyme User (Lernende) sind nicht vorhanden.
- Die uneingeschränkte Webfähigkeit ist bisher nur bei wenigen Systemen gegeben.

Als Ergebnis wurden deshalb bisher auch in der Automatisierungstechnik mit viel Aufwand spezifische und proprietäre Remote Labs entwickelt, die wie oben angeführt nur eine begrenzte Anwendungsreichweite besitzen. Beispiele dafür finden sich u. a. bei Langmann (2011) sowie Coquard, Guillemot et al. (2008).

2 Motivation und Stand der Technik

Mit Einführung der neuen Paradigmen in der Produktionsautomatisierung seit ca. 2012 wie Industrie 4.0 (Kagermann, Wahlster & Helbig 2013), Industrial Internet (Evans & Annunziata 2012) und Cyber Physical Produktion Systems (CPPS) (VDI/VDE-GMA 2013) entstehen für die Automatisierungstechnik aber aktuell zunehmend bessere Voraussetzungen, um die neuen, nun auch webtechnologie-basierten und vernetzten Industrietechnologien direkt und ohne aufwendige Änderungen für Ausbildungszwecke in Remote Labs einzusetzen. Eine wesentliche Voraussetzung bildet dazu die zukünftige Struktur eines CPS-basierten Automatisierungssystems wie sie in Abbildung 1 dargestellt ist.

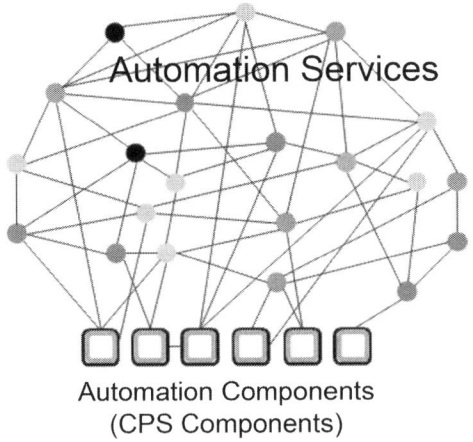

Abbildung 1: CPS-basierte Automation (nach VDI/VDE-GMA 2013)

Unter einem CPS wird entsprechend (VDI/VDE-GMA 2013) ein System verstanden, welches durch eine Verknüpfung von realen (physischen) Objekten und Prozessen mit informationsverarbeitenden (virtuellen) Objekten und Prozessen über offene, teilweise globale und jederzeit miteinander verbundene Informationsnetze gekennzeichnet ist. Automatisierungsgeräte, die mit lokaler Intelligenz versehen sind und über das IP-Netz auch global vernetzbar sind, können z. B. als CPS-Komponenten betrachtet werden. In einer weiteren Ausprägung können diese CPS-Komponenten unter Berücksichtigung der *Referenz Architektur Modell Industrie 4.0* (RAMI) (Hankel 2016) als Industrie-4.0(I40)-Komponenten strukturiert sein. Ein Beispiel für eine SPS-Steuerung als I40-Komponente findet sich bei Langmann & Rojas-Peña (2016).

Betrachtet man ein automatisierungstechnisches Remote Lab unter dem Blickwinkel von Abbildung 1 und strukturiert ein solches Remote Lab gleichfalls nach Remote-Lab-Diensten und Remote-Lab-Gerätekomponenten, die als CPS aufgebaut sind, so könnte man CPS-basierte Automatisierungssysteme nach Abbildung 1 auch für den Aufbau von Remote Labs einsetzen. Aktuell gibt es dazu jedoch noch ein Problem: Die neue Automatisierungsstruktur nach Abbildung 1 ist eine Vision für die Zukunft. Gegenwärtig sind dazu nur wenige anwendungsbereite Systeme auf dem Markt, die eine CPS-basierte und dienstorientierte Automatisierung umsetzen.

Bezogen auf die Nutzung industrieüblicher Anwendungssystem für den Aufbau von Remote Labs ergibt sich die in Abbildung 2 dargestellte Situation.

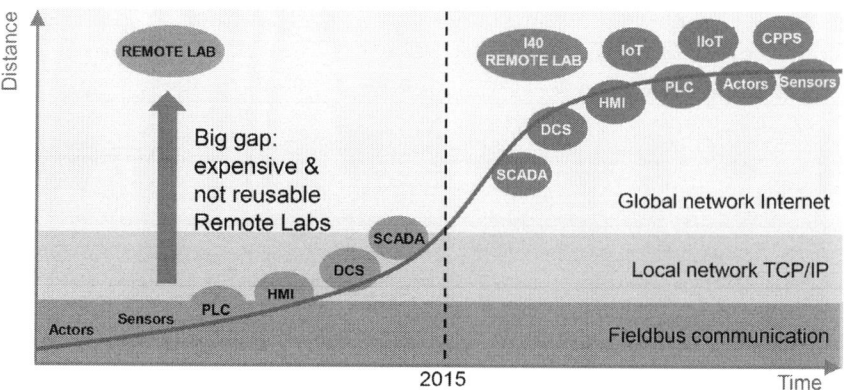

Abbildung 2: Remote Labs unter dem Blickwinkel von Industrie 4.0 (I40)

Bisher gab es eine große Lücke zwischen den Eigenschaften der Anwendungssysteme in der Automatisierungstechnik und den Anforderungen von Remote Labs bezogen auf die globale Vernetzung (Internet-Vernetzung). Mit den neuen CPS-basierten Anwendungssystemen schließt sich aber diese Lücke und die industrieüblichen Anwendungssysteme können zunehmend auch für den Aufbau didaktischer Remote Labs genutzt werden. Gegenwärtig werden erste anwendungsbereite Systeme im Markt angeboten oder sind in Vorbereitung, die eine CPS-basierte und dienstorientierte Automatisierung umsetzen. Zu diesen verfügbaren Systemen kann man die aktuell wachsenden Plattformen und Portale zählen, die sich als IoT-Plattform (IoT – Internet of Things) oder IIoT-Plattform (IIoT – Industrial Internet of Things) bezeichnen. Diese Plattformen besitzen bereits wesentliche Eigenschaften, die für den Aufbau von Remote Labs erforderlich sind:
- Die konsequente Realisierung mit Webtechnologien und nahtlose Integration in die Webwelt ist möglich.
- Die Projektierung von Funktionalsystemen erfolgt im Webbrowser ohne zusätzliche Software bzw. Plug-ins.
- Teilweise können auch Funktionen bereits als Dienste genutzt werden.

Nutzt man diese Systeme zum Aufbau von Remote Labs können diese neuen Remote Labs auch als *I40 Remote Labs* bezeichnet werden.

In der Einleitung zum vorliegenden Beitrag wurde bereits auf den allgemeinen Stand der Technik zu Remote Labs eingegangen. Vorliegend sollen insbesondere verfügbare Lösungen aus der IoT-Welt für ihre Anwendung zum Aufbau von automatisierungstechnischen Remote Labs untersucht werden.

Die in Tabelle 1 beispielhaft aufgeführten IoT-Plattformen können im wissenschaftlichen Sinne als CPS-Integrationsplattformen betrachtet werden.

Tabelle 1: Eigenschaften ausgewählter IoT-Plattformen

IoT-Plattform	Konfiguration und Bedienung	Geräteintegration	Erweiterbar durch Dritte
ThingWorx	umfangreich, Training erforderlich	vorgesehen, aber aufwendig	ja, über ThingWorx-Marktplatz
Bolt IoT	komplex, für Entwickler/Entwicklerin vorgesehen	nur über spezielle Bolt Card	ja, über HTML und JavaScript
Carriots	umfangreich, Training erforderlich	möglich, aber schwierig über REST API	ja, über spezielle APIs
Ayla	umfangreich, Training erforderlich	nur mittels eines speziellen *Designkit*	nein
Everything IoT	umfangreich, Programmierkenntnisse erforderlich	möglich via Raspberry Pi	ja, über SDKs
Groove Streams	umfangreich, Training erforderlich	möglich via Raspberry Pi	ja, über spezielle APIs
Bosch IIoT	sehr komplex, eher für Entwickler/Entwicklerin geeignet	vorgesehen, aber aufwendig	ja, über spezielle APIs
Zatar	umfangreich, Training erforderlich	möglich über spezielles Toolkit	ja, über spezielle APIs

Die Systeme nach Tabelle 1 stellen keine Anwendungssysteme dar, sondern bieten ein Framework, mit dem erst durch einen User Funktionalsysteme im Webbrowser für verschiedene Branchen projektiert und betrieben werden können. Damit realisieren diese Plattformen prinzipiell die in Abbildung 1 dargestellte Struktur (zumindest in großen Teilen) und könnten als Framework auch für die Projektierung von Remote Labs genutzt werden. Hier gibt es aber eine Reihe von Problemen insbesondere für Remote Labs zur Automatisierungstechnik:

- Die Einbindung von Geräten mit automatisierungstechnischen Schnittstellen (z. B. OPC, Modbus) sind nur aufwendig oder überhaupt nicht möglich.
- Die verfügbaren Dienste (Funktionen) sind für automatisierungstechnische Belange nicht ausreichend. Eine Erweiterung mit eigenen Diensten ist aufwendig oder nicht möglich.
- Alle Systeme sind kostenpflichtig nach dem Cloud-Computing-Modell, d. h. es sind Monatspauschalen und/oder ein verbrauchsabhängiges Dienstentgelt zu zahlen. Dies ist für öffentliche Bildungseinrichtungen nur schwer zu realisieren.
- Die Plattformen selbst werden in der Regel nur durch die Anbieter selbst betrieben. Der Betrieb einer eigenen Plattform durch einen User ist nur eingeschränkt vorgesehen.

Die untersuchten Systeme nach Tabelle 1 sind auch nicht für Ausbildungszwecke, sondern für Industrieanwendungen vorgesehen. Eine Ausnahme bildet dabei die IoT-Plattform *IoTool* (IoTool 2016). Das System, auch bezeichnet als *Smartphone as an*

IoT Gateway, wird für die akademische Ausbildung und Lehre angeboten und kann für Projektierung und Betrieb von Remote-Experimenten für verschiedene Sensor-Anwendungen eingesetzt werden. Es handelt sich aber um ein proprietäres System mit nicht offenen Geräteschnittstellen, bei dem die Nutzungskosten für das Komplettsystem mit Projektierung eigener Funktionalsysteme relativ hoch sind. IoTool kann auch nicht mit eigenen Diensten bzw. Funktionalitäten erweitert werden.

Zwischen 2011 und 2014 wurde im Rahmen des FuE-Projekts „Architektur und Schnittstellen eines Web-orientierten Automatisierungssystems" (WOAS) unter Beteiligung von zehn Industriefirmen der Prototyp einer webbasierten Plattform geschaffen, die weltweit verteilte Dienste mit gleichfalls weltweit verteilten CPS-Komponenten (Gerätekomponenten) zu einem Funktionalsystem integrieren kann (Langmann 2014a). Dabei spielt es im Prinzip keine Rolle, ob es sich bei diesem Funktionalsystem um ein System für die Automatisierung eines technischen Prozesses oder um ein Remote Lab handelt.

Auf Basis des WOAS-Projekts wird seit 2018 die IoT-Plattform *FlexIOT* (http://www.flexiot.de) mit dem FlexIOT-Portal als CPS-Framework für die Generierung neuer nutzerspezifischer Funktionalsysteme nach Abbildung 1 angeboten. Die FlexIOT-Plattform beinhaltet neben dem FlexIOT-Portal noch andere Komponenten, die für die Entwicklung und Aufbau von IoT-basierten Automatisierungssystemen genutzt werden können. Eine Übersicht dazu findet sich bei m+iTEC (2018).

Der vorliegende Beitrag beschreibt die Nutzung des FlexIOT-Portals für die Erzeugung von nutzerspezifischen Remote Labs zur automatisierungstechnischen Ausbildung und demonstriert dies an zwei Beispielen.

Das *FlexIOT-Portal* (http://portal.flexiot.de) ist für Ausbildungszwecke kostenfrei verfügbar. Bildungseinrichtungen können auf Antrag Zugänge für Admin (können neue Remote Labs projektieren) und für User (können neue Remote Labs nutzen) erhalten. Außerdem ist es möglich, dass eine Bildungseinrichtung ihr eigenes FlexIOT-Portal betreibt. Das Portal ist innerhalb eines Softwarecontainers einfach auf andere Server portierbar.

3   Konzept

Für die CPS-basierte Automation können die Automatisierungsgeräte (Steuerungen, Sensoren, Aktoren etc.) nach Hinzufügung entsprechender Schnittstellen zum IP-Netz[1] als CPS-Komponenten betrachtet werden. Nach Langmann (2018b) ergeben sich damit unterschiedliche CPS-Strukturen für die Anbindung der Automatisierungsgeräte. Als Schnittstelle der CPS-Komponente zu im Netz verteilten Diensten fungiert ein *Virtual Device* (VD), welches das reale Gerät in der virtuellen Welt abbildet. Mittels des Virtual Device werden die Prozessdaten eines Automatisierungsgerätes über ereignisbasierte Kanäle auf web- bzw. internetgeeignete Objekte in einheit-

---

1   Unter einem IP-Netz wird ein Kommunikationsnetz auf Basis des Internetprotokolls verstanden. Es spielt dabei keine Rolle, ob es sich um ein geschlossenes Intranet oder um das offene Internet handelt.

licher Art und Weise abgebildet und in einem Webbrowser verfügbar gemacht. Über integrierte Protocol bzw. Device Gateways können beliebige Industrieschnittstellen (OPC DA, OPC UA, Modbus TCP u. a.) damit im IP-Netz genutzt werden. Zur Datenübertragung zwischen einem VD und einem Automatisierungsgerät wurde ein einfaches und pragmatisches Protokoll entwickelt, welches als Datenformat JSON für die Prozessdatenübertragung über HTTP nutzt.

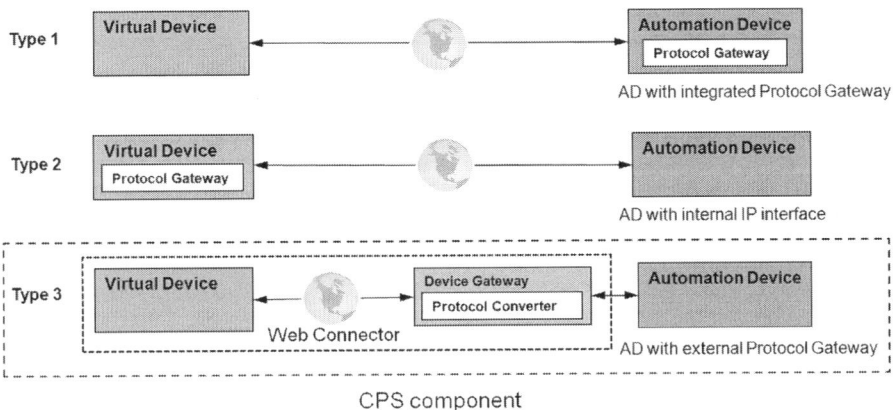

Abbildung 3: Automatisierungsgerät bzw. Laborgerät als CPS-Komponente (AD – Automation Device)

Zur Anpassung an unterschiedliche Gerätegegebenheiten sowie Industrieprotokolle werden drei Typen von Virtual Devices und damit von CPS-Komponenten unterschieden, die sich insbesondere durch die Art und Weise ihrer Integration in das FlexIOT-Portal unterscheiden:

- *VD Type 1*: Die Virtual Devices sind bereits als Plug-in im FlexIOT-Server realisiert und setzen die Kernaufrufe direkt in die erforderlichen Geräte-Protokoll-Informationen um. Dies ist dann vorteilhaft, wenn das Automatisierungsgerät bereits eine geeignete IP-Schnittstelle (z. B. OPC UA) oder ein internes Protocol Gateway besitzt.
- *VD Type 2*: Das Virtual Device beinhaltet ein separates Protocol Gateway in JavaScript, welches die Kommandos des Kommunikationsprotokolls in das erforderliche Industrieprotokoll/Geräteschnittstelle umsetzt.
- *VD Type 3*: Das Virtual Device kommuniziert mit einem externen Device Gateway, welches in der Regel über Websockets mit dem VD verbunden ist und über ein Kommunikationsprotokoll mit dem angeschlossenen Gerät Nachrichten austauscht. Für die Kommunikation mit den Geräten können beliebige Protokolle genutzt werden.

Abbildung 3 illustriert die unterschiedliche Anbindung von Automatisierungsgeräten über die verschiedenen VD-Typen bzw. CPS-Komponenten im FlexIOT-Portal. VD und Protocol Gateway bzw. Device Gateway bilden zusammen einen *Web-Connector* für das Automatisierungsgerät als CPS-Interface.

Als Automation Services (s. Abb. 1) wurden für das FlexIOT-Portal bereits verschiedene Automatisierungsfunktionen wie z. B. HMI-Elemente, Echtzeittrend, Webcam als in einer Cloud verteilte Dienste entwickelt. Diese Dienste können gleichfalls direkt für Remote Labs eingesetzt werden. Darüber hinaus sind weitere, spezifische Remote-Lab-Dienste erforderlich (z. B. Remote Desktop Service), die bei Entwicklung unter Berücksichtigung der FlexIOT-Richtlinien aber problemlos in das FlexIOT-Portal integriert werden können. Die Richtlinien zur Entwicklung neuer Virtual Devices und neuer Dienste für das FlexIOT-Portal sind ausführlich beschrieben (CCAD 2014a, 2014b).

Die Erzeugung eines neuen Remote Labs besteht damit aus den folgenden drei Schritten:

1. Installation eines geeigneten Web-Connectors auf dem Laborgerät, um dieses CPS-fähig zu machen.
2. Prüfung, ob die im FlexIOT-Portal zur Verfügung stehenden Dienste für das Remote Lab bereits ausreichen. Falls ergänzende Dienste benötigt werden, müssen diese per Webtechnologie neu entwickelt, auf einem beliebigen Server gespeichert und in das Dienstverzeichnis des Portals integriert werden.
3. Projektierung des Remote Lab im FlexIOT-Portal unter Berücksichtigung didaktischer Prinzipien. Die Projektierung erfolgt dabei vollständig im Webbrowser.

Für einfache Remote-Experimente und Remote Labs wird keine zusätzliche Softwareentwicklung benötigt. Es reicht aus, das neue Remote Lab im Browser zu projektieren.

Zur Entwicklung neuer Dienste, die z. B. für nutzerspezifische Remote Labs benötigt werden, steht ein Entwicklungskit mit Beispielen und entsprechender Dokumentation bereit. Die Integration neuer Dienste in das System erfolgt einfach durch Kopieren der neuen Dienste in das Dienstverzeichnis des FlexIOT-Portals (vergleichbar mit der Erweiterung des Moodle-Lernmanagementsystems mit neuen Modulen).

Grundlage der einfachen Erweiterbarkeit und Integration von Geräten und Diensten Dritter im FlexIOT-Portal bilden die einheitlichen und pragmatischen Schnittstellen, die sowohl für die Geräte wie auch für die Dienste frei verfügbar sind und damit durch Dritte genutzt werden können. Beide Schnittstellen (Gerät, Dienst) sind sich sehr ähnlich und basieren auf einer objektorientierten JavaScript-Aufrufschnittstelle, ereignisbasierter Datenverarbeitung und einem Channel-Konzept für die Übertragung von Prozessdaten (Langmann 2014a).

4 Implementierung

Im Folgenden wird die Realisierung von Remote Labs unter Nutzung des FlexIOT-Portals näher beschrieben. Die aktuell verfügbaren Fähigkeiten des Portals werden aufgezeigt und anhand von zwei Beispielen demonstriert.

4.1 FlexIOT-Portal

Das FlexIOT-Portal ist ein mandantenfähiges und rollenbasiertes Webportal, mit dem Dienste und Geräte miteinander und untereinander verbunden werden können. Die Implementierung der Plattform wurde mittels HTML5, Java, JavaScript, PHP und einer mySQL-Datenbank realisiert. Die Datenübertragung zwischen den Kernkomponenten erfolgt über Websockets und JSON. Dazu wird der frei verfügbare jWebsocket-Server mit zusätzlich entwickelten Plug-ins genutzt.

Ein Remote Lab wird in einem Projektierungsprozess im EDIT-Modus des Portals erzeugt. Abbildung 4 zeigt den EDIT-Modus des FlexIOT-Portals im Webbrowser. Im linken Teil der Abbildung befindet sich der Navigator für die nutzerspezifischen WORKSPACES/VIEWS, im mittleren Teil ist die Arbeitsfläche des Editors zu sehen und der rechte Teil beinhaltet das Parametrierungsmenü für die Dienste. Im unteren Teil stehen weitere Registerkarten für Dienste und Virtual Devices zur Verfügung. Ein Remote Lab repräsentiert sich in der Plattform als ein WORKSPACE mit einer variablen Anzahl an VIEWS (Webseiten).

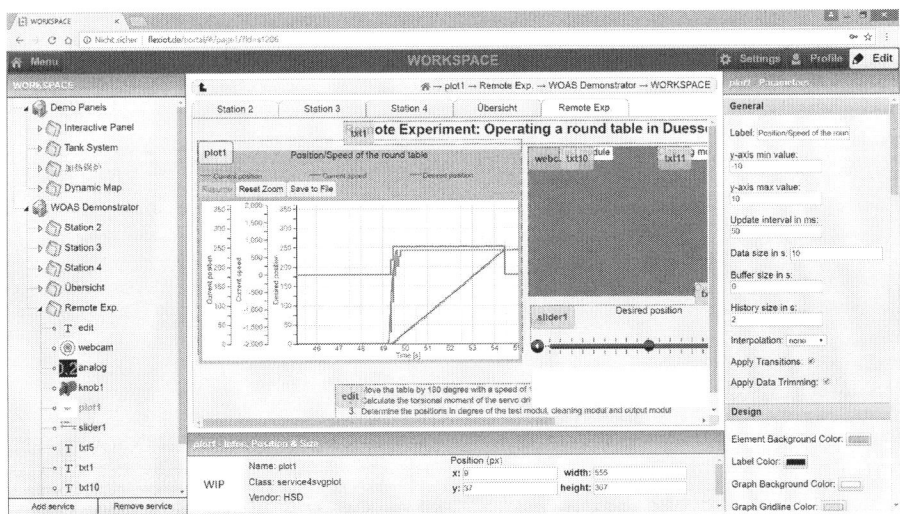

Abbildung 4: Projektierung eines Remote Labs im FlexIOT-Portal (EDIT-Modus)

Das FlexIOT-Portal steht kostenfrei für Bildungseinrichtungen zur Verfügung. Ein öffentlicher Admin-Zugang für die Testprojektierung eines z. B. neuen Remote Labs findet sich in den Nutzerhinweisen zum FlexIOT-Portal.

Die Rollen im FlexIOT-Portal können fein granular eingestellt werden. So können z. B. spezifische Dienste entsprechenden Usern exklusiv zugeordnet werden. Damit ist es möglich, dass durch Dritte entwickelte Dienste und auch Geräte nur speziellen Nutzergruppen zur Verfügung gestellt werden. Über die Homepage der IoT-Platform (http://www.flexiot.de) können durch öffentliche Bildungseinrichtungen Accounts für User kostenfrei beantragt werden. Grundsätzlich ist es auch möglich, dass Bildungseinrichtungen ein FlexIOT-Portal für Ausbildungszwecke selbst als Host betreiben.

Die konsequente Ausrichtung der Implementierung des FlexIOT-Portals auf HTML5 und Websockets sowie ein *Responsive* Design macht das Gesamtsystem unabhängig vom Client-Rechner. Auch die Webbrowser mobiler Geräte (Smartphone, Tablet) sind in der Lage als Runtime/Edit-Umgebung für ein Remote Lab im FlexIOT-Portal zu arbeiten.

4.2 Laborgeräte als CPS-Komponenten

Zur Anbindung von Laborgeräten an das Web als CPS-Komponenten stehen aktuell fünf verschiedene Web-Connectors zur Verfügung (Tab. 2). Über diese Web-Connectors können Dritte ihre Automatisierungsgeräte unproblematisch in das FlexIOT-Portal einbinden. Hinweise zur Installation der Web-Connectors finden sich in den jeweiligen Installationspaketen.

Tabelle 2: Verfügbare Web-Connectors zum Anschluss von Laborgeräten an das FlexIOT-Portal

Protokoll	Technologie	Kommunikation	Type (s. Abb. 3)	Latenzzeit (Richtwert für die Übertragung eines Prozessdatums)
TCP (Vathauer Frequenzumrichterr)	JS/Java	WS	1	150 ms
IEC 61131	JS/FBD	WS	2	20 ms
OPC DA	JS/Java	WS	3	40 ms
Modbus TCP	JS/PHP	WS	3	100 ms
TCP (Rasperry Pi)	JS/C++	WS	3	30 ms

Anmerkung. WS – WebSocket, JS – JavaScript, FBD – Function Block Diagram

Die meisten Automatisierungsgeräte, die als Laborgeräte eingesetzt werden, besitzen bereits eine OPC und/oder eine Modbus-TCP-Schnittstelle. Eine Einbindung in das FlexIOT-Portal und die Nutzung dieser Geräte für ein Remote Lab ist damit besonders einfach. Vor Ort sind dazu nur zwei Schritte erforderlich:
1. Installation der Web-Connector-Software auf einem lokalen PC, auf dem z. B. der betreffende OPC-Server installiert ist. Für Modbus TCP ist auch eine Installation in einem embedded Device z. B. mit Linux möglich.
2. Festlegung einer öffentlichen IP-Adresse, über welche der Web-Connector erreichbar sein muss.

Alle weiteren Arbeiten zur Erstellung des Remote Labs erfolgen durch Projektierung im FlexIOT-Portal.

Zur Integration neuer Industrieschnittstellen oder auch von proprietären Kommunikationsprotokollen Dritter wurde über zwei weitere VD-Klassen ein Zugang für das FlexIOT-Portal geschaffen. Damit können im Prinzip Geräte mit beliebigen Protokollen für den Aufbau von Remote Labs genutzt werden. Tabelle 3 zeigt dazu die Haupteigenschaften dieser beiden VD-Klassen.

Tabelle 3: Verfügbare Virtual-Device-Klassen zur Integration beliebiger Geräteprotokolle in das FlexIOT-Portal

VD Class	Webprotokoll	Kommunikation	Type (s. Abb. 3)	Description
VD for Node-RED	WOAS Device Protocol	WS	3	nutzt Node-RED als universelles Protocol Gateway
VD for MQTT	MQTT	WS	3	ermöglicht den Zugang aus dem FlexIOT-Portal zu beliebigen MQTT-Brokern

Mit dem *VD for Node-RED* können alle Nodes von Node-RED (Node-RED 2016) über einen entsprechenden Flow in das FLexIOT-Portal eingebunden und genutzt werden. Damit lassen sich auch sehr schnell neue Geräteprotokolle über grafisch projektierbare Node-RED-Flows als Protokoll-Gateway realisieren. Bisher wurden dazu bereits Modbus-TCP-Flows, OPC UA-Flows und Flows für die Geräteanbindung von I/O-Geräten (mit digitalen und analogen Eingängen) mit proprietären Geräteprotokollen getestet.

Das *VD for MQTT* ermöglicht die Nutzung beliebiger Daten aus einem MQTT-Broker für FlexIOT-Anwendungen. Entsprechende Geräte (Laborgeräte) müssen dazu allerdings ihre Prozessdaten in einem MQTT-Broker veröffentlichen. Dies ist aktuell noch nicht Standard, aber mit der zunehmenden Verbreitung des Internet of Things werden auch bereits geeignete Gateways angeboten, um Gerätedaten in einem MQTT-Broker veröffentlichen zu können. Erste I/O-Module (z. B. WISE-5231) besitzen auch schon einen originären MQTT-Zugang.

Für den Einsatz von Smartphone-Sensoren in Remote Experiments kann von der Homepage des FlexIOT-Portals (Bereich: Ressources) eine App heruntergeladen werden, die die Messwerte ausgewählter Sensoren in Echtzeit auf einem beliebigen MQTT-Broker veröffentlichen kann. Damit lassen sich Remote Experiments mit Smartphone-Sensoren für die technisch-physikalische Ausbildung einfach und schnell umsetzen (Langmann & Ferfers 2017).

4.3 Remote-Lab-Dienste

Das FlexIOT-Portal nutzt das Dienstparadigma für die Realisierung der erforderlichen Funktionalität. Die erforderliche Dienstschnittstelle ist über ein Datenmodell und eine Aufrufschnittstelle wohlstrukturiert und offengelegt (CCAD 2014b), damit ein Drittanbieter weitere Dienste bereitstellen kann.

Aus Sicht eines Projektierers besteht ein Dienst immer aus zwei Beschreibungsteilen:
- *General*: Dieser Teil wird durch den Dienstanbieter (Publisher) festgelegt. Dazu gehören z. B. Dienstname, Version, IP-Adresse, Beschreibung.
- *Specific*: Diesen Teil legt ein Anwender während des Projektierungsprozesses eines Remote Labs fest. Dazu gehören z. B. Darstellungsparameter und Prozessdatenzuordnungen.

Aktuell stellt das FlexIOT-Portal ca. 50 Dienste für die Projektierung eines Remote Labs zur Verfügung. Tabelle 4 veranschaulicht dazu einige einfache Beispiele.

Tabelle 4: Beispiele von einfachen Diensten aus dem FlexIOT-Portal, die für den Aufbau eines Remote Labs genutzt werden können

Servicename	Beschreibung
16-segment Display	Anzeigeelement für die Darstellung von Zahlenwerten als 7-Segment-Anzeige
Piechart	Anzeige von maximal fünf Prozessdaten als Tortengrafik
LED	Anzeige boolscher Werte mittels parametrierbarer Images
Angular Gauge	Messinstrument zur Anzeige eines analogen Prozessdatums.
Analog Display	Textanzeige von Analogwerten mit Grenzwertüberwachung
Bar Graph	Bargraph-Anzeige von analogen Werten
Table Display	Textanzeige von Prozessdaten in Form einer Tabelle (mit interaktiver Schreibmöglichkeit)
Switch	Parametrierbarer Schalter/Taster
Slider	Schieberegler zur Eingabe von Analogwerten
Knob	Knopf zur Eingabe von Analogwerten
Rotary Switch	Stellungsschalter für maximal acht digitale und/oder analoge Prozessdaten
HTML Editor	HTML-Editor zur Integration von HTML-Elementen (Texte, Bilder, Tabellen etc.)

Die vollständige Übersicht und Beschreibung der aktuellen Dienste findet sich in 18 m+iTEC (2018). Der Dienstkatalog wird ständig aktualisiert und erweitert.

Als Dienst im Sinne des FlexIOT-Konzepts kann jede beliebige Funktionalität realisiert werden, die mittels client- und/oder serverseitiger Webprogrammierung erstellt werden kann und die die FlexIOT-Dienstschnittstelle realisiert. Im Folgenden sollen einige für Remote Labs wichtige komplexere Dienste näher beschrieben werden.

Webcam

Der Webcam-Dienst realisiert die Übertragung eines Videostreams von einem Videoserver. Es wird das HTML5-Videostreaming genutzt. Ein spezieller Videoplayer wird auf der Client-Seite nicht benötigt. Als Videoserver kann ein beliebiger HTML5-Videostreaming-Server genutzt werden z. B. implementiert in einem Raspberry Pi (JSMPG 2016). Durch die Nutzung des HTML5-Streaming kann das Videobild in einer FlexIOT-VIEW durch andere dynamische Dienste (z. B. verschiedene Anzeigen) problemlos überlagert werden, sodass sich sehr einfach *Augmented-Reality*-Anwendungen mit dem FlexIOT-Portal projektieren lassen. Ein Beispiel dazu zeigt Abbildung 5.

Abbildung 5: Überlagerung eines Webcam-Videobildes mit dynamischen Prozessinformationen zu den Anlagenkomponenten

Remote Desktop

Vielfach wird in einem Remote Lab der vollständige Fernzugriff auf Programmsysteme eines PCs am Standort des Laboraufbaus benötigt. Dazu kann der Remote-Desktop-Dienst genutzt werden. Dabei handelt es sich um einen VNC-Dienst, der ähnlich der Webcam gleichfalls das HTML-Streaming über Websockets nutzt und damit client-seitig auch keinen speziellen Player benötigt. Dieser Dienst nutzt *noVNC* (Xmodulo List: noVNC 2016). noVNC ist ein HTML5-basierter Remote-Desktop-Webclient, der mit einem VNC-Remote-Server via Websockets kommuniziert.

Echtzeit-Plotter

Der Plotter-Dienst (Abb. 6) ermöglicht die Anzeige von bis zu drei Prozessdaten gleichzeitig in Echtzeit. Der Dienst ist vielseitig parametrierbar und kann damit an die jeweiligen Messsignale optimal angepasst werden. Die Echzeitsignal-Darstellung kann gestoppt werden, um bestimmte Signalbereiche genauer zu untersuchen und auszudrucken.

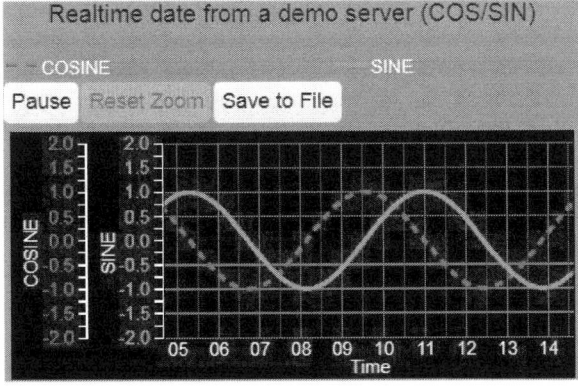

Abbildung 6: Echtzeit-Plotter zur Darstellung eines SIN/COS-Signals von einem Demo-OPC-DA-Server.

SVG-Animation
Mit dem SVG-Animation-Dienst können beliebige SVG-Grafiken mit dynamischen Prozessdaten animiert werden. Aktuell stehen dazu acht Kanäle zur Verfügung, über die Prozessdaten Elemente (Knoten) der SVG-Grafik in ihrer Sichtbarkeit, Translation, Skalierung und Farbänderung verändern können. Zusätzlich können die Knoten der SVG-Grafik auch als interaktive Eingabeelemente z. B. als Buttons definiert werden.

5 Anwendungsbeispiele

In Zusammenhang mit dem Einsatz des FlexIOT-Portals für Aufbau und Betrieb von Remote Labs und Remote Experiments kann man die beiden Typen *Open Remote Lab* und *Fixed Remote Lab* unterscheiden:

Open Remote Lab: Das FlexIOT Portal wird den Lernenden als offene Werkzeugumgebung für die Projektierung von Funktionsystemen zur Verfügung gestellt. Als Lernumgebung ist dies vergleichbar mit einem frei zugänglichen klassischen Laborarbeitsplatz. Lernende haben alle Möglichkeiten zur Erzeugung eines geforderten Funktionssystems. Die Lernaufgabe ist in entsprechenden didaktischen Lerndokumenten beschrieben. Eine Tutorin oder ein Tutor begleitet die Lernenden während der Remote-Arbeit im System, entweder durch ein Remote-Collaboration-Werkzeug oder auch durch face-to-face-Konsultationen.

Für eine Lernaufgabe mit einem Open Remote Lab benötigen die Lernenden einen Zugang mit der Rolle *Admin* zum FlexIOT-Portal sowie geeignete reale Anlagen, die als CPS-Komponenten über ein Gateway an die Webwelt angeschlossen sind. Typische Lernaufgaben für die Automatisierungstechnik sind z. B. Entwicklung und Test von Bedienschnittstellen (Human Machine Interface).

Fixed Remote Lab: Den Lernenden präsentiert sich das Remote Lab im FlexIOT-Portal als eine vordefinierte didaktische Lernumgebung, in der Lernende vorgegebene Aufgaben an einer realen Anlage remote lösen müssen. Die Lernenden besitzen dazu nur die Rolle *User* im Portal.

Üblicherweise ist für die Erstellung der Lernumgebung für ein Fixed Remote Lab ein hoher Entwicklungsaufwand und entsprechendes Know-how erforderlich, d. h. Lehrende werden ein solches Remote Lab nicht selbst erstellen und auch nicht verändern. Bei Nutzung des FlexIOT-Portals als Framework für den Aufbau von Remote Labs können aber auch Lehrende in relativ kurzer Zeit Remote Labs selbst projektieren und diese auch kurzfristig anpassen und verändern. Er erhält dazu im System die Rolle *Admin*. Wie bei einem Open Remote Lab auch werden die benötigten realen technischen Anlagen und Geräte über Gateways als CPS-Komponenten an das Internet angeschlossen.

Die zwei folgenden Anwendungsbeispiele aus der Hochschulpraxis sollen die Nutzung der FlexIOT-Plattform für Aufbau und Betrieb von Open und Fixed Remote Labs veranschaulichen.

5.1 Beispiel 1: Fixed-Remote-Experiment mit einem Rundtisch

Das Beispiel setzt eine Bearbeitungs- und Prüfstation mit einem Rundtisch ein (Abb. 7).

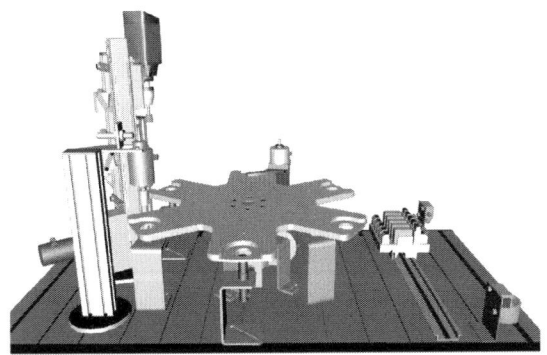

Abbildung 7: Bearbeitungs- und Prüfstation mit lagegeregeltem Rundtisch

Im Experiment sollen Lernende den lagegeregelten Rundtisch betreiben und dabei die Winkelgeschwindigkeit und -beschleunigung aufzeichnen und auswerten. Der Prozessdatenzugang zur Anlage nach Abbildung 7 erfolgt über einen Web-Connector für Modbus TCP als CPS-Interface. Abbildung 8 zeigt das Remote-Experiment im Webbrowser.

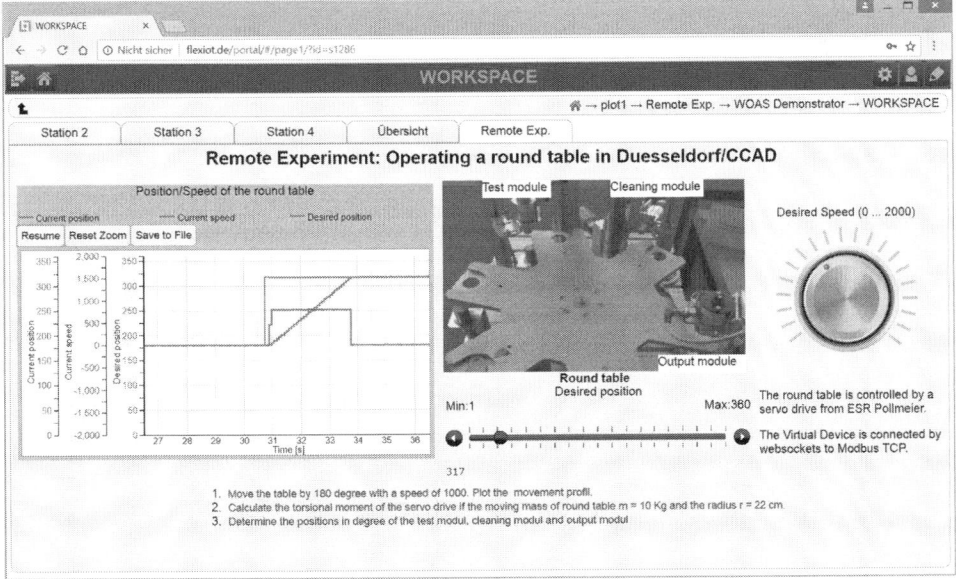

Abbildung 8: Fixed-Remote-Experiment für einen lagegeregelten Rundtisch

Folgende Dienste stehen Lernenden auf der Webseite zur Verfügung:
- Videobild des Rundtisches,
- 3-Kanal-Echtzeitplotter (ermöglicht die Abspeicherung angezeigter Werte auf dem Client-PC),
- Drehknopf zur Vorgabe der Winkelgeschwindigkeit,
- Schieberegler zur Vorgabe des Lagesollwertes.

Das Beispiel kann im öffentlichen Gastzugang des FlexIOT-Portals getestet werden und z. B. in einem Kurs „Antriebstechnik" genutzt werden.

5.2 Beispiel 2: Open Remote Lab für eine Montageanlage

Zielstellung für dieses Beispiel ist die Nutzung des FlexIOT-Portals als Open Remote Lab in der Lehrveranstaltung „Mensch-Maschine-Kommunikation" (Bachelor, 5. Semester, zwei SWS, Fachrichtung Automatisierungstechnik). Im Rahmen einer Projektaufgabe müssen die Studierenden ein Operator Panel für die Stationen einer Montageanlage für Modellautos projektieren und testen. Abbildung 9 zeigt die Montageanlage. Jede Lerngruppe realisiert für die Stationen 2–5 ein Operator Panel für den Test- und Programmbetrieb.

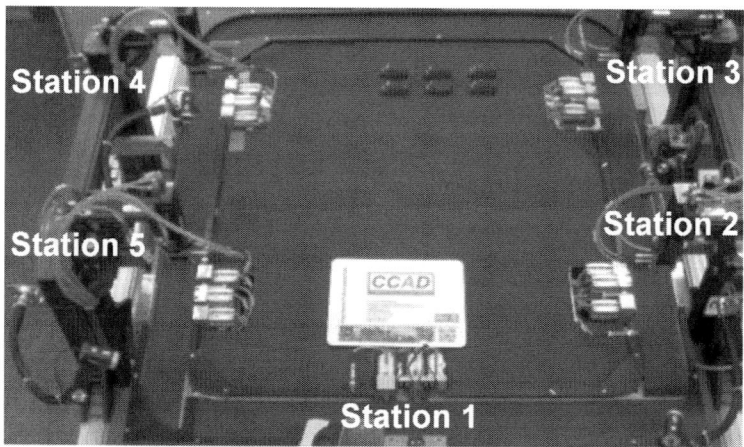

Abbildung 9: Montageanlage für Modellautos mit fünf Stationen (Station 1: Prüfstation für die Montageteile, Station 2: Montage der Achsbaugruppen, Station 3: Montage der Karosse, Station 4: Demontage der Karosse, Station 5: Demontage der Achsbaugruppen)

Die Arbeit an der realen Anlage erfolgt ausschließlich remote über entsprechende Zugänge zum FlexIOT-Portal. Jede Projektgruppe besteht aus vier Studierenden, die gemeinsam einen Zugang mit der Rolle *Admin* besitzen. Im FlexIOT-Portal selbst ist für diesen Zugang festgelegt, dass maximal vier Administratorinnen bzw. Administratoren in diesem Zugang gleichzeitig (aber an unterschiedlichen Stationen) arbeiten dürfen.

Der Betrieb des vollständigen Montageprozesses kann nur durch eine enge Kooperation aller Studierenden in der Projektgruppe während der Remote-Arbeit gelöst werden. Dazu wird ein Chat-Dienst genutzt, mit dem sich die Studierenden während der Arbeit austauschen können.

Die Lernaufgabe wird in jedem Wintersemester durch ca. 70 Studierende mit Erfolg durchgeführt. Abbildung 10 zeigt als Beispiel das Ergebnis einer Projektgruppe aus dem Wintersemester 2015/16.

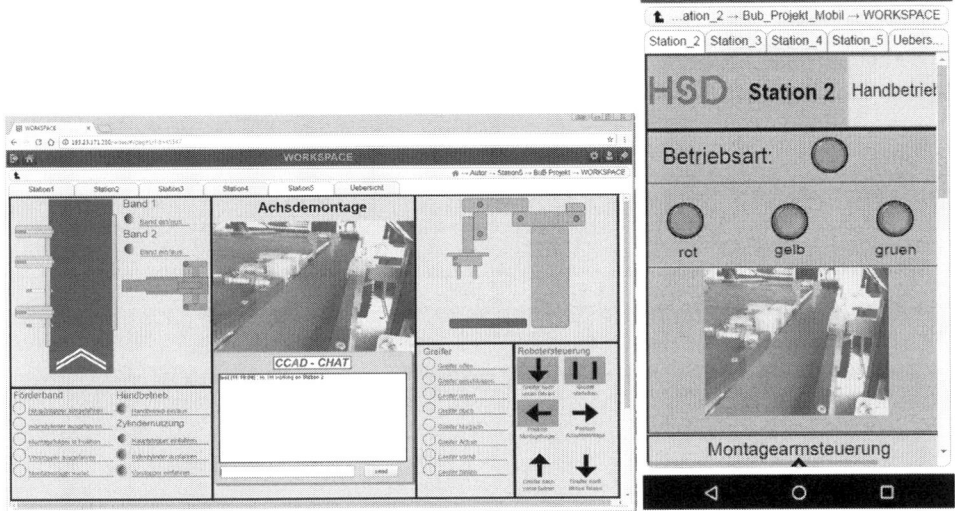

Abbildung 10: Operator Panel für die Station 2 in der Betriebsart „Produktion" (links: für PC-Displays; rechts: für Smartphones)

6 Vorteile und Probleme

Die Nutzung der IoT-Plattform FlexIOT für die Generierung von Remote Labs besitzt eine Reihe von Vorteilen insbesondere für den schnellen Aufbau nutzerspezifischer Remote Labs sowie für die weltweite Mehrfachnutzung von Remote-Lab-Anlagen. Dazu gehören z. B.:

- Sind die Remote-Lab-Anlagen bereits mit FlexIOT-kompatiblen Web-Connectors in das IP-Netz eingebunden, können in kürzester Zeit ohne spezielle Kenntnisse und nur unter Nutzung des Webbrowsers lernspezifische Remote Labs projektiert und betrieben werden.
- Für Anlagen, die durch Bildungsinstitutionen als Remote-Lab-Anlagen einmal im Web bereitgestellt werden, können weltweit beliebige User eigene Remote Labs projektieren und diese ihren eigenen Lernenden zur Verfügung stellen.
- Die FlexIOT-Plattform ist bereits für ein Bezahlsystem (Clearing-System) vorbereitet, mit dem die genutzten Dienste über ein Mikro-Payment zukünftig abge-

rechnet werden können. Dieses Clearing-System kann auch für eine detaillierte Nutzungsanalyse eingesetzt werden. Nähere Informationen dazu in m+iTEC (2018).
- Erforderliche neue Remote-Lab-Funktionen lassen sich als FlexIOT-Services erstellen und problemlos in das FlexIOT-Portal integrieren und damit auch anderen Usern schnell anbieten. Dies trifft gleichfalls auf neue Web-Connectors für bisher nicht verfügbare Geräteschnittstellen zu.
- Das FlexIOT-Portal ist in HTML5 und CSS3 im Responsive Design erstellt und auf allen Browsern, Betriebssystemen und Displaygrößen lauffähig.

Das bisher öffentlich verfügbare FlexIOT-Portal ist ein Prototyp und damit in seiner Funktionalität noch begrenzt. Es gibt noch verschiedene Bugs, die aber stufenweise beseitigt werden.

Seit 2018 gibt es auch ein spezielles webbasiertes System, damit sich Lernende angeschlossene Geräte zur Nutzung mit Schreibberechtigung für eine bestimmte Zeit reservieren können (Booking System). Ein Lernender kann in seinem Portalzugang zwar immer arbeiten, hat aber nur dann die Schreibberechtigung auf die Geräte, wenn er diese vorher für sich reserviert hat.

Eine FlexIOT-Anwendung ist eine Rich-Client-Anwendung und benötigt, abhängig von der Anzahl der dynamischen Prozessdaten und der Komplexität der Dienste, die genutzt werden sollen, eine entsprechende Rechenleistung im Client-Rechner. Neuere PCs und Tablets als Client haben damit kaum Probleme, ältere PCs können aber u. U. wegen der zu langsamen Ausführung der JavaScript-Programme nicht genutzt werden.

Für den RUN der WORKSPACE „Demo Panel" im Gastzugang des FlexIOT-Portals, in dem 18 veränderliche Prozessdaten mit einer Aktualisierungsrate zwischen (20 ... 200) ms grafisch-dynamisch visualisiert werden, benötigt ein DELL-Notebook (i7–4600U, 2,7 GHz, 8 GB RAM, 64-Bit-Windows 8.1 Pro) ca. 25 % seiner CPU-Leistung (Browser = 64-Bit-Google Chrom). Zur Reduzierung dieser Rechenleistung müsste die Aktualisierungsrate für die Prozessdaten und/oder die Anzahl der zu visualisierenden Prozessdaten verringert werden.

7 Zusammenfassung und weitere Arbeiten

Die IoT-Plattform FlexIOT ermöglicht als CPS-Integrationsplattform eine vollständig browser-basierte Projektierung und den Betrieb von Funktionalsystemen, bestehend aus technischen Geräten und Anlagen als CPS-Komponenten und zugehörigen Diensten. Ursprünglich entwickelt für den Einsatz in der Automatisierungstechnik lassen sich mit dieser Plattform auch Anwendungen als Remote Experiments und Remote Labs projektieren und betreiben, die auf technische Geräte und Anlagen über das Internet zugreifen. Die Art des technischen Geräts spielt im Prinzip keine

Rolle. Das Gerät muss nur als CPS-Komponente an das Internet angeschlossen und zugänglich sein.

Als multiuser-fähige und rollenbasierte Plattform ermöglicht das FlexIOT-Portal einer praktisch unbegrenzten Anzahl von verschiedenen Usern Aufbau und Betrieb unterschiedlicher Remote Labs. Ein einmal im Internet verfügbarer Gerätepool kann durch unterschiedliche Remote Labs und verschiedene Lernende genutzt werden.

Mit dem FlexIOT-Portal können sowohl Fixed Remote Labs mit vorgegebener didaktischer Struktur als auch Open Remote Labs als Pendant zu flexibel nutzbaren klassischen Laborarbeitsplätzen aufgebaut werden.

Abhängig vom Interesse möglicher User und Partnerschaften ist geplant, eine Instanz des FlexIOT-Portals ausschließlich für Lernzwecke öffentlich bereitzustellen. Die in diesem Portal zur Verfügung stehenden Dienste und VD-Klassen sollen im Rahmen eines Open-Source-Projekts im Internet veröffentlicht werden. Dritte können dann diese Module/Komponenten modifizieren und auch neue Dienste und Gerätezugänge für das FlexIOT-Lernportal entwickeln. Zusätzlich soll eine Liste aufgestellt werden, welche technischen Anlagen/Geräte durch Bildungseinrichtungen im Netz bereitgestellt werden, die über eine FlexIOT-Anwendung genutzt werden können (Schaffung eines FlexIOT-Gerätepools).

Literatur

18 m+iTEC (2018). *FlexIOT-Nutzerhandbuch*. Verfügbar unter: http://flexiot.de/platform/content/documents/User-Manual-FlexIOT-V1-de.pdf (Zugriff am: 28.08.2018).

Caminero, A. C., Robles-Gómez, A., Ros, S., Tobarra, Ll., Hernandez, R., Pastor, R. & Castro, M. (2014). On the Creation of Customizable Laboratory Experiments: Deconstruction of Remote Laboratories to Create Laboratories as a Service (LaaS). *International Journal of Online Engineering, 10*(6), 35–42.

CCAD (2014a). *Virtual Devices – Beschreibung. Entwicklungsdokument*. Verfügbar unter: http://195.37.240.24/woas/content/documents/VD_interface_V3_de.pdf (Zugriff am: 28.08.2018).

CCAD (2014b). *WOAD – Interfacebeschreibung. Entwicklungsdokument*. Verfügbar unter: http://195.37.240.24/woas/content/documents/WOAD_interface_24_02_14_de.pdf (Zugriff am: 28.08.2018).

Coquard, P., Guillemot, M., Lelevé, A., Noterman, D. & Benmohamed, H. (2008). Remote Laboratories in Automation: AIP-Primeca RAO ARI Platform. *International Journal of Online Engineering, 4*(1), 12–18.

Evans, P. C. & Annunziata, M. (2012). Industrial Internet: Pushing the Boundaries of Mind and Machines. *Whitepaper GE, November 26, 2012*. Verfügbar unter: http://www.ge.com/docs/chapters/Industrial_Internet.pdf (Zugriff am: 28.08.2018).

Hankel, M. (2016). Reference Architecture Model Industry 4.0 (RAMI 4.0). *OPC Day Europe, Bosch Rexroth AG, 23.06.2016*.

IoTool (2016). Verfügbar unter: https://iotool.io (Zugriff am: 28.08.2018).

JSMPG (2016). Verfügbar unter: https://github.com/phoboslab/jsmpeg (Zugriff am: 28.08.2018).

Kagermann, H., Wahlster, W. & Helbig, J. (2013). Umsetzungsempfehlungen für das Zukunftsprojekt Industrie 4.0. *Final report of task force Industrie 4.0, Forschungsunion: Business – Science.*

Langmann, R. (2011). E-Learning & Doing in Training for Automation Engineers. In J. G. Zubia & R. G. Alves (Hg.), *Using Remote Labs in Education* (S. 271–289). Bilbao: University of Deusto.

Langmann, R. (2014a). Automatisierungssysteme mit Webtechnologien – Architektur und Schnittstellen. *atp edition, 10,* 888–897.

Langmann, R. (2014b). Ein Interface für CPS-basierte Automatisierungsgeräte. In Ostbayerische Technische Hochschule Regensburg (Hg.), *Tagungsband AALE 2014: Konferenz für Angewandte Automatisierungstechnik in Lehre und Entwicklung* (S. 133–142). München: DIV Deutscher Industrieverlag.

Langmann, R. & Ferfers, T. (2017). Smartphone-Sensoren im Internet of Things (IoT). In Technische Hochschule Wildau (Hg.), *Tagungsband AALE 2017: Konferenz für Angewandte Automatisierungstechnik in Lehre und Entwicklung* (S. 115–124). München: DIV Deutscher Industrieverlag.

Langmann, R. & Rojas-Peña, L. (2016). A PLC as an Industry 4.0 component. *Int. conference REV 2016, Proceedings,* 10–15.

m+iTEC (2018). *Einführung – FlexIOT-Plattform.* Verfügbar unter: http://flexiot.de/platform/content/documents/Introduction-FlexIOT-de.pdf (Zugriff am: 28.08.2018).

Node-RED (2016). Verfügbar unter: http://nodered.org (Zugriff am: 28.08.2018).

Xmodulo List: noVNC (2016). Verfügbar unter: http://list.xmodulo.com/novnc.html (Zugriff am: 14.02.2019).

Seiler, S. (2013). Current Trends in Remote and Virtual Lab Engineering – Where are we in 2013? *International Journal of Online Engineering, 9*(6), 12–14.

Tawfik, M., Salzmann, C., Gillet, D., Lowe, D., Saliah-Hassane, H., Sancristobal, E. & Castro, M. (2014). Laboratory as a Service (LaaS): A Novel Paradigm for Developing and Implementing Modular Remote Laboratories. *International Journal of Online Engineering, 10*(4), 13–21.

VDI/VDE-GMA. (2013). Cyber-Physical Systems: Chancen und Nutzen aus Sicht der Automation. *Thesen und Handlungsfelder.*

Abbildungsverzeichnis

Abb. 1	CPS-basierte Automation	107
Abb. 2	Remote Labs unter dem Blickwinkel von Industrie 4.0 (I40)	108
Abb. 3	Automatisierungsgerät bzw. Laborgerät als CPS-Komponente (AD – Automation Device)	111

Abb. 4	Projektierung eines Remote Labs im FlexIOT-Portal (EDIT-Modus) 113
Abb. 5	Überlagerung eines Webcam-Videobildes mit dynamischen Prozessinformationen zu den Anlagenkomponenten 117
Abb. 6	Echtzeit-Plotter zur Darstellung eines SIN/COS-Signals von einem Demo-OPC-DA-Server. 117
Abb. 7	Bearbeitungs- und Prüfstation mit lagegeregeltem Rundtisch 119
Abb. 8	Fixed-Remote-Experiment für einen lagegeregelten Rundtisch 119
Abb. 9	Montageanlage für Modellautos mit fünf Stationen (Station 1: Prüfstation für die Montageteile, Station 2: Montage der Achsbaugruppen, Station 3: Montage der Karosse, Station 4: Demontage der Karosse, Station 5: Demontage der Achsbaugruppen) 120
Abb. 10	Operator Panel für die Station 2 in der Betriebsart „Produktion" 121

Tabellenverzeichnis

Tab. 1	Eigenschaften ausgewählter IoT-Plattformen 109
Tab. 2	Verfügbare Web-Connectors zum Anschluss von Laborgeräten an das FlexIOT-Portal 114
Tab. 3	Verfügbare Virtual-Device-Klassen zur Integration beliebiger Geräteprotokolle in das FlexIOT-Portal 115
Tab. 4	Beispiele von einfachen Diensten aus dem FlexIOT-Portal, die für den Aufbau eines Remote Labs genutzt werden können 116

Eine Lehre für die Zukunft?

Wie Technologie von heute das Lernen von morgen verändert

Joshua Grodotzki, A. Erman Tekkaya

Abstract

Die vierte industrielle Revolution verändert kaum ein Gebiet so nachhaltig wie die Produktionstechnik. Diese ist weiterhin einer der Grundpfeiler der deutschen Wirtschaft und muss daher auch in Zukunft ihren Wettbewerbsvorteil aufrechterhalten. Hierzu sind entsprechend ausgebildete Ingenieurinnen und Ingenieure gefordert, welche die neuen Technologien des digitalen Zeitalters gewinnbringend implementieren können. Im gleichen Maße wandeln sich die Anforderungen an die hochschultechnische Lehre, welche neben den technologischen Fähigkeiten auch die digitalen Grundfähigkeiten der Arbeitswelt 4.0 vermitteln muss. Ein Überblick über die aktuelle Entwicklung sowie ein Blick in eine gelungene Zukunft der Ingenieurausbildung 4.0 bilden diesen Beitrag.

Schlüsselwörter: Ingenieurausbildung 4.0, Industrie 4.0, Produktionstechnik, Umformtechnik, cyber-physische Systeme

1 Einleitung

Die physische Welt in unserer direkten Umgebung erlangt durch Produktionsmethoden Gestalt. Dies umfasst sowohl natürliche, als auch durch den Menschen gesteuerte Prozesse. Chemische, biologische sowie mechanische Prozesse können dabei im weitesten Sinne als Herstellungsverfahren für Produkte betrachtet werden. Alle von Menschen geschaffenen Erzeugnisse erfordern über ihren Entstehungsweg hinweg verschiedenste Prozessvarianten der unterschiedlichsten Produktionsgebiete. Für die Verarbeitung von Metallen, welche insbesondere im Transport- und Bauwesen sowie in vielen Alltagsprodukten mit Elektronikanteil verwendet werden, dominieren sechs fertigungstechnische Hauptgruppen, welche nach DIN 8580 (2003) unterteilt sind in: Urformen (Zusammenhalt schaffen), Umformen (Zusammenhalt beibehalten), Trennen (Zusammenhalt vermindern), Fügen und Beschichten (Zusammenhalt vermehren) sowie Stoffeigenschaften ändern. Jedes dieser Gebiete hat sich seit der Industrialisierung zu einer ausgereiften Fachdisziplin profiliert. Die modernen, hochentwickelten Produktionsmethoden erfordern speziell ausgebildete Ingenieurinnen und Ingenieure, welche die Prozesse und ihre fundamentalen Zusammenhänge durchdrungen haben, um die nächste Generation von Produktionsmaschinen verbessern zu können. Diese Entwicklung ist auch weiterhin zentraler Bestandteil vieler technologischer Fortschritte in den Bereichen physische Sicherheit (z. B. im Transportwesen), ökologische Einsparungen (hier ist Leichtbau ein wichtiger Faktor) sowie Design und Ergonomie. Die Anforderungen an zukünftige Produkte werden nicht nur diese, sondern auch viele weitere Aspekte umfassen. Kontinuierliche Forschung und Weiterentwicklung der notwendigen Produktionsprozesse ist daher elementarer Treiber, solche Anforderungen überhaupt erfüllen zu können.

2 Produktionstechnik und deren Lehre im Wandel von Industrie 4.0

Mit Einzug der vierten industriellen Revolution und der damit einhergehenden Technologien, wie z. B. Big Data, cyber-physische Systeme, Internet of Things (IoT) und Cloud Computing (Kagermann, Wahlster & Helbig 2013), ergeben sich für die klassischen Produktionsfelder bisher unerreichte Möglichkeiten. Insbesondere die Umformtechnik, welche in Zukunft nicht nur den Massenmarkt, sondern auch Losgröße 1 bedienen muss (Kagermann et al. 2013), und dabei möglichst wenig spanende oder beschichtende Nachbearbeitung erfordern soll, kann von diesen Trends profitieren. Dabei gilt es, die klassischen Aspekte des Verfahrensverständnisses, z. B. durch physikalische Analyse eines Prozesses und entsprechender Modellbildung, nicht außer Acht zu lassen und den Fokus und somit die Zukunft alleinig auf die Pfeiler der Industrie 4.0 zu stellen. In der aktuellen Übergangsphase erzeugt dieser Spagat besondere Herausforderungen an die (Hochschul-)Lehre. Dabei kann ein Wettbewerbsvorteil im produzierenden Gewerbe, welches ca. 35 % der Beschäftigten bei 44 % der Bruttowertschöpfung in Deutschland umfasst (Statistisches Bundesamt 2018), nur aufrechterhalten werden, wenn klassisches Prozessverständnis erfolgreich im Zusammenschluss mit Aspekten der Industrie 4.0 vermittelt wird (acatech 2016a; Stifterverband 2018). Darüber hinaus ändern sich die Randbedingungen insbesondere der tertiären Lehre. Die Studierenden fordern mehr Freiheiten, mehr Mobilität und mehr freien Zugang zu Materialien (Bertelsmann Stiftung 2017). Die fortschreitende Globalisierung der Universitäten wird zudem die Anzahl internationaler und generell nicht physisch anwesender Studierender erhöhen (Stifterverband 2016). Zugleich erzeugt die sich beschleunigende Innovationsrate moderner Technologien zusätzlich fortwährenden Weiterbildungsdruck für bereits Beschäftigte. Lebenslanges Lernen und Weiterbilden wird das zukünftige Arbeitsleben tiefgreifend verändern (acatech 2016b).

Die Herausforderungen an die Lehre bestehen daher nicht nur darin, auf die geänderten Anforderungen an technologische Fähigkeiten zu reagieren, sondern auch digitale Grundfähigkeiten, wie z. B. digitale Interaktion und digital literacy (Stifterverband 2018), zu vermitteln. In diesem Spannungsfeld bieten virtuelle Lernwelten, tele-operative Experimentierfelder aber auch eine intensivere Laborarbeit (Tekkaya, Wilkesmann et al. 2016), bei welcher die Implementierung der technologischen Aspekte im Vordergrund steht, entscheidende Vorteile gegenüber klassischen Lehransätzen. Diese neuen Methoden ermöglichen eine direkte Vermittlung Industrie-4.0-relevanter Technologien bei gleichzeitiger Schulung der digitalen Grundfähigkeiten. Wenn entsprechende Lehren aus den aktuellen Entwicklungen gezogen werden, kann eine erfolgreiche Umstellung der Ausbildung in Vorbereitung auf die Arbeitswelt 4.0 gelingen. Inspiration hierzu sei durch folgende Vision gegeben, in der ein Ausblick gezeichnet wird, wie die Ausbildung von morgen das Arbeiten der Menschen im Bereich der umformtechnischen Produktionstechnik beeinflusst. Diese Vision soll, auch über die Produktionstechnik und die Ingenieurwissenschaften hinaus, Anregung schaffen, entsprechende Schlüsse für die Lehre im Hier und Jetzt abzuleiten.

3 Ein Blick in die Zukunft der umformtechnischen Lehre

Mit einem gezielten Griff an ihre Schläfe schaltete sie die eingeblendeten Simulationsdaten aus. Sie wollte sehen, wie das matte Titanrohr in die angestrebte Form gebracht wurde. Annas Brille zeigte nun ausnahmsweise nichts als die Realität. Es war ungewohnt für Anna. Keine augmentierten Datenströme der Rohrbiegemaschine, keine vorberechneten Spannungsverteilungen in der Umformzone, keine Auskünfte über die aktuelle Abweichung vom gewünschten Soll-Wert. Auch die prozessüberwachende künstliche Intelligenz (KI) verstummte.

Nach den vielen Monaten der Entwicklung wollte die junge Unternehmerin die Fertigung ihres ersten Kundenauftrags auf eine ganz besondere Art miterleben. Nämlich mit ihren eigenen Augen, ihren eigenen Händen. Sie ließ ihre Hand über das Metall gleiten. Sie nahm die Risiken (billigend) in Kauf, als sie jede Bewegung mit aufnahm, die die vollautomatisierte Biegemaschine dem Rohr aufprägte, um es in einen Rahmen zu verwandeln.

Mit ihrem jungen Start-up war Anna angetreten, maßgeschneiderte Fahrräder zu fertigen, die in puncto Qualität, Leichtbau und Individualität ihres Gleichen suchten. Ihr Wissen und Verständnis über die komplexen Vorgänge hochfester Werkstoffe während des Herstellungsvorganges gaben ihr das nötige Selbstvertrauen, ihre Produkte entsprechend zu bewerben. Nach ihrem abgeschlossenen Studium hatte Anna zwei Jahre bei einem Automobilisten die Fertigung von Karosserieteilen überwacht und die Weiterentwicklung der Produktionslinie geleitet. Es war ein guter Job. Sie war zufrieden. Was ihr jedoch schon früh fehlte, war das eigene Entwickeln. Das Problemlösen. Das Scheitern. Erfolg haben. All das war Teil ihres Studiums gewesen.

Anna hatte Maschinenbau studiert. Ihre Leidenschaft für das Erzeugen und Fertigen physischer Gegenstände hatte sie Produktionstechnik vertiefen lassen. Sie wollte verstehen lernen, wie additive, subtraktive und umformende Fertigungsverfahren funktionieren. Was mit dem Werkstoff passiert. Wie die Maschine angesteuert wird. Wo die Grenzen des Prozesses und der Maschine liegen.

Ihr Bachelorstudium war anfangs geprägt von Theorie, Gleichungen, fundamentalem Wissen. Begeistern konnte sie sich damals, in dem Moment, nicht dafür. Erst als sie begann

Zusammenhänge zu entdecken, verstand sie, wofür man all das braucht. Auch in diesem Moment, wo sie den fertigen Rahmen auf zwei Fingern balancierte, realisierte sie, dass sie all dieses Wissen mal intuitiv, mal gezielt genutzt hatte, um es hierher zu schaffen.

Die meisten ihrer rund 600 Mitstudierenden im Bachelor sowie ihre Lehrenden hatte Anna persönlich nie kennengelernt. Der Großteil der Vorlesungen fand in virtuellen Hörsälen statt. Sofern es keine Videos zum Erlernen der Theorie gab, waren es virtuelle Räume, in denen man sich traf, um in Kleingruppen, meist wöchentlich, an Aufgaben zu arbeiten. Das Gleiche traf auf ihre Laborveranstaltungen zu. Anna hatte ein Faible für Labore gehabt. Dort konnte sie abseits der Videos versuchen, eigenständig Zusammenhänge herzustellen oder Hypothesen zu überprüfen, auch über das durch die Vorlesung wöchentlich geforderte Maß hinaus. Sie störte sich nicht daran, dass sie sich dabei in virtuellen Experimentierhallen bewegte. Insbesondere für das bessere Verstehen fundamentaler Zusammenhänge waren diese Umgebungen in ihren Augen ausreichend. Das Empfinden war durch die neueste Generation virtueller Brillen, haptischer Interfaces und omnidirektionaler Laufbänder so realitätsnah geworden, dass sie beim erstmaligen Betreten des realen Lab Spaces der Universität sofort ein sehr vertrautes Gefühl einstellte, da die virtuellen Labore diesem nachempfunden waren. Der Lab Space war eine zentrale Einrichtung der Fakultät, in welchem Maschinen verschiedener Fachgebiete unter einem Dach für die Studierenden zur Verfügung standen. Hier konnten sie ihre Hypothesen, welche sie zunächst in den virtuellen Laboren überprüft hatten, mit der Realität abgleichen. Schließlich ging es in der Produktionstechnik immer noch darum, reale Bauteile zu fertigen. Und manchmal hatte die Realität Ungeahntes, nicht Vorherberechenbares zu bieten. Daher war das Erlernen realen Experimentierens auch bei diesem Stand der virtuellen Laborentwicklung weiterhin unerlässlich.

Für den Fall, dass die Studierenden nicht physisch anwesend sein konnten, waren alle Maschinen auch per Remotezugriff über das Internet ansteuerbar. Es wurden zudem sämtliche Aktivitäten der Studierenden in dem Lab Space aufgezeichnet und durch eine KI ausgewertet. Hierdurch sollten maschinengefährdende Aktionen, z. B. durch die Studierenden gewählte Parametersätze, die die Maschinen beschädigen könnten, rechtzeitig unterbunden werden. Entsprechende Restriktionen waren zugleich auch in die virtuellen Labore gespiegelt worden, sodass sich die Studierenden dort gar nicht erst an unphysikalische und unplausible Parameterkombinationen gewöhnen sollten. Je nach Lernfortschritt wurde dem Benutzer bei der Wahl solcher Kombinationen entweder die Zerstörung der Maschine visuell dargestellt oder lediglich mit einer Warnung darauf verwiesen, dass das virtuelle Experiment mit den gewünschten Parametern aufgrund gewisser Grenzen nicht durchführbar ist. In diesem Sinne waren die virtuellen Labore keine Spielwiese, in der alles möglich war, sondern auch dort folgten alle Maschinen und Bauteile den Regeln der Physik, die zum Zeitpunkt der Entwicklung des Labors den Stand des Wissens darstellten und mithilfe von Computersimulationen abbildbar waren. Im späteren Verlauf des Studiums erkannten die Studierenden schnell die Grenzen der Simulationen. In einem Zeitalter, wo es mit der omnipräsenten Rechenleistung durch die Cloud möglich schien, jeden realen Prozess korrekt abbilden und simulieren zu können, war die Erkenntnis über die Komplexität der Realität für viele ein bleibendes Erlebnis. Dies wurde durch gezielte, reale Experimente gestärkt, die Ergebnisse lieferten, die mithilfe von Computern nicht akkurat berechnet werden konnten.

Anna war froh, an diese Orte zurückkehren zu können. Ihre Universität gewährte ihr Zugriff auf die virtuellen sowie insbesondere auch die realen Maschinen im Rahmen des Incubator-Programms. Dieses Programm förderte Start-ups ehemaliger Absolvierender in Form von Beratung und wenn möglich auch Räumlichkeiten. Im Masterstudium hatte Anna einen zweisemestrigen Kurs belegt, der eine Start-up-Gründung mit produktionstechnischem Schwerpunkt simuliert hatte. Da dort entweder reale Problemstellungen industrieller Partnerunternehmen oder eigene Ideen verfolgt werden konnten, hatten sich in den Vorjahren schon einige Ausgründungen bzw. Patente inklusive Vermarktungsstrategien aus diesem Kurs heraus ergeben. Es war der ganzheitliche Ansatz dieser Veranstaltung, der den Studierenden das nötige Selbstvertrauen für einen solchen Schritt in eine ungewisse Zukunft gab. Sie hatten gelernt, mithilfe ihrer starken, theoretischen Ausbildung die Fragestellung korrekt zu analysieren und mit innovativen Lösungsvorschlägen den Problemen begegnen zu können. Zudem wurde genau geschaut, welche Kosten für Maschinen, Material, Räume und Personal entstünden, wenn sie die Firma tatsächlich gründeten oder das Produkt extern produzieren ließen. Im letzten Schritt durften die Studierenden ihre Ideen und Lösungsvorschläge prototypisch im Lab Space verwirklichen und somit real testen. Dies war auch in Annas Fall jener Moment gewesen, in dem sie das Potenzial ihres neuartigen Biegeprozesses erkannt hatte. Auf all diese Erfahrungen konnte sie zurückgreifen, als ihr das erste Mal der Gedanke kam, sich selbstständig zu machen.

Zehn Jahre zuvor hätte Anna nicht studieren wollen. Über dieses Thema hatte sie oft während ihres Studiums im Lab Space mit älteren Mitstudierenden und Promovierenden gesprochen. Diese standen im Lab Space oftmals als Ansprechpersonen zur Verfügung, sollte die Lab KI einmal eine Antwort nicht parat haben oder jemand die Antwort nicht verstanden hatte. Damals sei eine Zeit des Umbruchs gewesen, oftmals ohne konkrete Ziele. Man wusste die neuen Technologien nicht bestmöglich einzusetzen. Martin, einer der älteren Post-Docs aus dem Bereich Hybrid Manufacturing Technologies, erzählte ihr gerne bei einem Kaffee aus diesen Zeiten, in denen er studiert hatte.

Industrie 4.0 war damals in aller Munde. Es galt als das Buzzword der Dekade. Die Vernetzungswelle. Alles war auf einmal online. Daten waren das neue Gold. Martin berichtete ernüchtert aus seinen Kindheitstagen, wo diese Welle gerade begann, sich voll zu entwickeln. Wie bei jedem Hype habe es ein langwieriges Durchschreiten des Tals der Enttäuschung gegeben. Gleiches galt für die Digitalisierung der Lehre auf allen Ebenen. Am Anfang – Martin verwies auf seine ersten Jahre am Gymnasium – habe keiner so recht gewusst, wie man diese ganzen neuen Technologien gewinnbringend in der Lehre einsetzen sollte. Es gab zu seinen Schulzeiten immer mal wieder eine neue App hier, ein neues Onlineangebot dort. Zum besseren Verständnis des zu lernenden Stoffes hatten diese digitalen Hilfsmittel der ersten Stunde seinem Empfinden nach wenig beigetragen, da diese aufgrund mangelnder didaktischer Aufbereitung oftmals eher ablenkend wirkten. Dabei war gerade das bessere Verständnis als eine der neuen Kernkompetenzen in einer sich immer schneller wandelnden (Arbeits-)Welt propagiert worden. Dies wurde durch das online, zu jeder Zeit verfügbare Wissen unterstrichen. Die jungen Schulkinder sollten lernen, dieses Wissen zu kombinieren, um damit komplexere Aufgabenstellungen zu lösen. Einfaches Auswendiglernen war im Schul- und Studienalltag in den Hintergrund gerückt.

Anna versuchte, sich in diese Zeit zurückzudenken. Es fiel ihr meist sichtlich schwer. Zu ihrer Zeit in der Oberstufe machte Lernen an vielen Stellen, insbesondere dank des gelungenen Einsatzes digitaler Lerninhalte, sogar Spaß. Ihre damaligen Probleme mit Chemie und chemischer Biologie hatten dazu geführt, dass sie als eine der ersten Schulkinder eine neue Reihe virtueller Labore nutzen durfte, um gezielt an ihren Verständnisproblemen zu arbeiten. Dabei waren diese Labore nicht nur sehr detailgetreu, viele Gamification-Elemente und der generelle Scenario-based-Learning-Ansatz sorgten für eine anhaltend hohe Motivation, sich selbst mit den weniger favorisierten Fachgebieten auseinanderzusetzen. Die eingesetzte Software war im Auftrag des Landes zentral für alle Schulen von Sachkundigen im Bereich Laborentwicklung konzipiert und entwickelt worden. Beratend standen dabei Fachleute aus den Bereichen Didaktik und Chemie zur Seite, welche maßgeschneiderte Szenarien für die unterschiedlichen Lernfortschritte und Verständnisprobleme entwickelten. Durch eine solche Kooperation wurde sichergestellt, dass mit geringem Zeitaufwand ein didaktisch fundiertes und, nach aktuellem Wissen, auch physikalisch korrekt funktionierendes Labor programmiert wurde. Eine im Hintergrund des virtuellen Labors arbeitende KI gab dem/der Lehrenden auf Anfrage Feedback über den aktuellen Lernfortschritt bzw. die Verbesserung verglichen mit der Ausgangssituation. Von ihren jüngeren Geschwistern wusste Anna, dass vergleichbare, virtuelle Labore inzwischen in nahezu allen Fachbereichen eingesetzt wurden und für durchweg hohe Begeisterung bei den Lernenden sorgten.

Während des Studiums hatte Martin die Zeit der Konsolidierung miterlebt. Zu Beginn hatte jeder Fachbereich unter hohem finanziellen und personellen Einsatz versucht, mit eigenen Entwicklungen die Lehre fit für das digitale Zeitalter zu machen. Es fehlten aber entsprechende Kompetenzen sowohl in der konkreten Entwicklung als auch der didaktischen Ausgestaltung solcher Angebote, sodass die Erzeugnisse der ersten Generation oft weder motivierend noch didaktisch fundiert aufbereitet waren. Es waren oftmals Schnellschüsse, welche einen gewissen Prototypenstatus nie verlassen hatten. Erst durch die fachgebietsübergreifende Bündelung von Ressourcen erhielten die entwickelten Inhalte, insbesondere die der virtuellen Labore, einen nachhaltigen Einzug in den Alltag der Lehre.

Ähnliche Entwicklungen hatten auch den Remote-Laboren zu neuem Aufschwung verholfen. Inzwischen hatten sich einige Firmen darauf spezialisiert, ihr Laborequipment Universitäten und Schulen zur Verfügung zu stellen. Dabei wurde je nach Umfang der Dienstleistung eine Art Abonnement angeboten oder pro Versuch abgerechnet. Es konnten somit auf der einen Seite Entwicklungskosten reduziert und Haftungsfragen aus den öffentlichen Einrichtungen ausgelagert werden, auf der anderen Seite standen den Nutzenden oft moderne Maschinen mit einem ansprechenden Interface und neuesten Funktionalitäten zur Verfügung. Die passende Einbindung in die Lehre fand durch die jeweiligen (Hoch-)Schulen statt.

An den Hochschulen selbst hatten ebenfalls vergleichbare Konsolidierungen stattgefunden. Hierzu waren an den Fakultäten entsprechende Lab Spaces eingerichtet worden, in denen die Aktivitäten der einzelnen Fachgebiete gebündelt wurden, um den Studierenden einen besser betreuten und kontinuierlicheren Zugang zu dem Laborequipment zu ermög-

lichen. Hierdurch konnten die vorhandenen Labore zudem besser über Standortgrenzen hinweg angeboten werden. Insbesondere der internationale Austausch bzw. Zugriff förderte weiterhin die globale Vernetzung der Bildungseinrichtungen und gleichzeitig die Auslastung der Maschinen. Für den Fall, dass die Kosten nicht von der Betreiberuniversität gedeckt werden konnten, wurden die Labore gegen Ausgleich der Materialkosten zur Nutzung angeboten. Dies war insbesondere der Fall, sofern es sich um einen unilateralen Zugriff auf Laborequipment handelte. In den meisten Fällen waren solche Kooperationen aber darauf ausgelegt, dass die Studierenden beider Institutionen von dem Zugriff auf ein breiteres Portfolio an Maschinen, durch Nutzung der Remote-Labore an den jeweils anderen Standorten, profitieren. Diese Entwicklungen hatten dazu geführt, dass sich an den jeweiligen Fakultäten unterschiedlicher Hochschulen die Lab Spaces entsprechend der Forschungsschwerpunkte der jeweiligen Fakultät spezialisiert hatten. Im Zuge dieser Aktivitäten waren ebenfalls gezielte Fortbildungsmaßnahmen für Lehrende etabliert worden, die die gelungene Einbindung virtueller sowie teleoperativer Labore in die Lehre förderten.

Wiederholt bemerkte Anna ein Gefühl der inneren Gelassenheit, da sie sich durch das etablierte und gut funktionierende Lehrsystem, welches sie durchlaufen hatte, gut auf ihre berufliche Zukunft vorbereitet fühlte. Dies bezog sich, dank stets aktuell gehaltener Lehrinhalte, sowohl auf die Anforderungen seitens der Industrie, wo sie ihre Karriere begonnen hatte, als auch auf ihre aktuelle, selbstständige Tätigkeit. Und für den Fall, dass Martin sie fragen sollte, ob sie seiner Forschungsgruppe an der Universität beitreten wolle, wäre sie ebenfalls nicht gänzlich abgeneigt. Und dennoch flimmerten manchmal Gedanken des Zweifels in ihr auf. Was würde die Zukunft bereithalten? Anna stellte sich die Frage, ob sie für die fünfte Revolution gewappnet sei.

4 Ein Blick auf aktuelle Entwicklungen in der ingenieurwissenschaftlichen Lehre

Um der oben beschriebenen Vision eine Chance zu bieten, müssen im Hier und Jetzt die richtigen Weichen schnellstmöglich gestellt werden. Der Bedarf an Ingenieurinnen und Ingenieuren wie Anna und Martin wird in den kommenden Jahren weiter wachsen (Stifterverband 2018). Es sind eben jene kombinierten Fähigkeiten – *klassische* Ingenieurfähigkeiten wie Prozessanalyse, Maschinenentwicklung und Forschung für die Produktion gepaart mit *modernen* Skills wie IoT-Entwicklung, Datenanalyse und Roboterprogrammierung (Stifterverband 2018) –, die für einen Großteil des produzierenden Gewerbes von entscheidender Bedeutung für die zukünftige Wettbewerbsfähigkeit sein werden. Daher treiben Projekte wie ELLI – Exzellentes Lehren und Lernen in den Ingenieurwissenschaften (Frerich, Meisen et al. 2017) – die Digitalisierung der (Hoch-)Schulbildung entscheidend voran. Hierbei werden, neben den Grundlagen für die virtuellen und remote Welten (Ortelt & Ruider 2017; Ortelt, Sadiki et al. 2014), auch die Grundfähigkeiten der digitalen Interaktion und Kollaboration erforscht (Hohlbaum, Stehling et al. 2018; Schiffeler, Abdelrazeq et al. 2018). Im gleichen Zuge werden mithilfe moderner Technologien wie Augmented und Virtual Reality (Grodotzki, Ortelt & Tekkaya 2017) die klassischen Themengebiete wie Physik, Werkstoffwissenschaften und Produktionstechnik vermittelt. Das digitale Lernen in Verknüpfung mit realen Vorgängen entwickelt sich daher zum zentralen Bestandteil der Ausbildung (Ortelt, Pekasch et al. 2016). Dabei wird jedoch das tiefgreifende Verständnis fundamentaler Zusammenhänge weiterhin maßgeblicher Ausgangspunkt für die Forschung und Entwicklung zukünftiger Produktionsverfahren sein. Die neuen Technologien können, wenn sie von entsprechend fachlich kompetent ausgebildeten Ingenieurinnen und Ingenieuren zielführend angewendet werden, einen entscheidenden Beitrag leisten, diese Entwicklung signifikant zu beschleunigen und sogar neue Felder und Möglichkeiten der Produktion zu erschließen. Hierzu müssen jedoch alle Beteiligten, insbesondere an Hochschulen, gewillt sein, nicht nur die Art und Weise der Wissensvermittlung an die geänderten Anforderungen von Industrie 4.0 und Lernen 4.0 anzupassen. Es geht vielmehr um eine Adaption der Lehrinhalte selbst, welche sich entlang der bereits heute für die nahe Zukunft geforderten Kompetenzen (Stifterverband 2018) entwickeln müssen.

In diesem Sinne sollten die Zukunft und die Zukunft der Lehre nicht ausschließlich digital sein, sondern eine Symbiose aus klassischer und digitaler Welt darstellen, sofern wir unsere Umgebung weiterhin mit physischen Objekten ausgestalten wollen.

Literatur

acatech – Deutsche Akademie der Technikwissenschaften (Hg.). (2016a). *Kompetenzentwicklungsstudie Industrie 4.0. Erste Ergebnisse und Schlussfolgerungen*. München: Herbert Utz Verlag.

acatech – Deutsche Akademie der Technikwissenschaften (Hg.). (2016b). *Kompetenzen für Industrie 4.0. Qualizierungsbedarfe und Lösungsansätze* (acatech POSITION). München: Herbert Utz Verlag.

Bertelsmann Stiftung (Hg.). (2017). *Monitor Digitale Bildung #2. Die Hochschulen im digitalen Zeitalter*. Gütersloh.

DIN 8580:2003–09. Fertigungsverfahren – Begriffe, Einteilung.

Frerich, S., Meisen, T., Richert, A., Petermann, M., Jeschke, S., Wilkesmann, U. & Tekkaya, A. E. (Hg.). (2017). *Engineering Education 4.0 – Excellent Teaching and Learning in Engineering Sciences*. Cham: Springer International Publishing.

Grodotzki, J., Ortelt, T. R. & Tekkaya, A. E. (2017). Development of a FEM-lab for the virtual experimentation in forming processes. In *4th Experiment@International Conference (exp.at'17)* (S. 123–124). doi.org/10.1109/EXPAT.2017.7984417.

Hohlbaum, K., Stehling, V., Haberstroh, M. & Isenhardt, I. (2018). Voice Training for Lecturers of Large Classes in Mixed Reality. In *ICEL 2018–13th International Conference On E-learning* (S. 71).

Kagermann, H., Wahlster, W. & Helbig, J. (2013). *Umsetzungsempfehlungen für das Zukunftsprojekt Industrie 4.0 – Abschlussbericht des Arbeitskreises Industrie 4.0*. Berlin: Bundesministerium für Bildung und Forschung (BMBF).

Ortelt, T. R., Pekasch, S., Lensing, K., Guéno, P.-J., May, D., Tekkaya, A. E. (2016). Concepts of the International Manufacturing Remote Lab (MINTReLab). In *IEEE Global Engineering Education Conference (EDUCON)*.

Ortelt, T. R. & Ruider, E. (2017). Virtual Lab for Material Testing using the Oculus Rift. In *4th Experiment@ International Conference (exp.at'17)* (S. 145–146). doi.org/101109/EXPAT.2017.7984381.

Ortelt, T. R., Sadiki, A., Pleul, C., Becker, C., Chatti, S. & Tekkaya, A. E. (2014). Development of a Tele-Operative Testing Cell as a Remote Lab for Material Characterization. In *Proceedings of 2014 International Conference on Interactive Collaborative Learning* (S. 977–982).

Schiffeler, N. M., Abdelrazeq, A. A., Stehling, V., Richert, A. & Isenhardt, I. (2018). How ARe your Seminars?!: Collaborative Learning with Augmented Reality in Engineering Education. In *INTED 2018: 12th International Technology, Education and Development Conference*, Valencia (Spain).

Statistisches Bundesamt (Destatis) (Hg.). (2018). *Statistisches Jahrbuch 2018: Produzierendes Gewerbe und Dienstleistungen im Überblick*. Wiesbaden.

Stifterverband für die Deutsche Wissenschaft e. V. (Hg.). (2016). *Hochschul-Bildungs-Report 2020 Hochschulbildung für die Arbeitswelt 4.0*. Essen.

Stifterverband für die Deutsche Wissenschaft e. V. (Hg.). (2018). *Future Skills: Welche Kompetenzen Deutschland fehlen*. Essen.

Tekkaya, A. E., Wilkesmann, U., Terkowsky, C., Pleul, C., Radtke, M. & Maevus, F. (Hg.). (2016). *Das Labor in der ingenieurwissenschaftlichen Ausbildung – Zukunftsorientierte Ansätze aus dem Projekt IngLab* (acatech Studie, Reihenherausgeber: acatech – Deutsche Akademie der Technikwissenschaften). München: Herbert Utz Verlag.

Agiles Arbeiten in der Industrie 4.0: Herausforderungen für die Hochschullehre der Zukunft am Beispiel einer Lehr-Lernfabrik

Simone Kauffeld, Nine Reining

Abstract

Das Deutsche Bundesministerium für Arbeit und Soziales prognostiziert in seinem aktuellen Weißbuch Agilität als Leitvorstellung für das zukünftige Arbeiten in der Industrie 4.0. Um diese Arbeitsform umsetzen zu können, benötigen Mitarbeitende neben aktuellem Fachwissen zusätzliche Kompetenzen, die frühzeitig erworben werden müssen. Dabei werden berufsorientierte Kompetenzen vor allem durch praktische und handlungsorientierte Anwendung in sozialen Kontexten entwickelt. Für Hochschulen stellt sich somit die Aufgabe, innovative didaktische Lehr- und Lernkonzepte zu konzipieren, durch die Studierende aktiv berufsorientierte Kompetenzen sowie eine agile Einstellung zur Arbeit entwickeln können. Der vorliegende Beitrag zeigt, wie Lernfabriken für die Ingenieurausbildung als praxisorientierte Lehr-Lernumgebungen genutzt werden können.

Schlüsselwörter: Agiles Arbeiten, Industrie 4.0, Lernfabrik, Kompetenzen, Hochschullehre

1 Die Arbeitswelt der Industrie 4.0

1.1 Herausforderungen durch die Industrie 4.0

Die digitale Transformation ist allgegenwärtig. So hat die computergestützte Automatisierung zur Entwicklung der Industrie 4.0 geführt, die durch eine intelligente Vernetzung von Maschinen und Produktionsprozessen mithilfe von Kommunikationstechnologien gekennzeichnet ist. Durch die konstante Weiterentwicklung der Technologien entsteht eine große Veränderungsdynamik. Dies hat auf der einen Seite zur Folge, dass Kundinnen und Kunden neue Ansprüche entwickeln, wie z. B. die Einbindung in den Produktentstehungsprozess und kundenspezifische Anpassungsmöglichkeiten. Auf der anderen Seite steigt für Unternehmen der Innovationsdruck, da Trends schneller kommen und gehen, was eine schnellere Produktentwicklung nötig macht. Diese Situation wird häufig als VUKA-Welt beschrieben, welche durch Volatilität, Unsicherheit, Komplexität und Ambiguität gekennzeichnet ist (vgl. Graf, Gramß & Edelkraut 2017, S. 27 f.; Kauffeld & Paulsen 2018, S. 24 f.;

Schiller 2018, S. 148; Schröder 2017, S. 345; von Ameln & Wimmer 2016, S. 12). Dabei bezeichnet *Volatilität* das Ausmaß von Schwankungen innerhalb einer kurzen Zeitspanne. Dies kann z. B. Meinungen der Kundinnen und Kunden betreffen, die sich von einem Tag auf den anderen ändern, sodass nicht nur der Produktionsprozess beeinflusst wird, sondern auch eine Diversifizierung von Produkten für Unternehmen notwendig ist. *Unsicherheit* bezeichnet einen Zustand mangelnder Kenntnis darüber, was als Nächstes auf dem Markt passiert und was der neuste Trend sein wird. Dadurch werden einerseits verstärkt Nutzungsdaten und Datenanalysen benötigt, die Hinweise liefern. Andererseits müssen Fabriken wandelbar und modular aufgebaut sein, um schnell auf Veränderungen reagieren zu können. *Komplexität* beschreibt die Vielzahl an vernetzten Komponenten, die auf verschiedenste Weise in der Produktion miteinander interagieren. So sind an der Herstellung eines Produkts immer mehr Unternehmen beteiligt, die miteinander im Austausch stehen müssen. *Ambiguität* bezieht sich auf die fehlende Eindeutigkeit, da Informationen mehrdeutig sind, sodass Entscheidungen schwer zu treffen sind und vermehrt individuelle Lösungen gefunden werden müssen.

Um auf die Begebenheiten der VUKA-Welt zu reagieren, hat sich in der Industrie 4.0 agiles Arbeiten als Herangehensweise durchgesetzt. Die agile Fertigung definiert sich durch den Fokus auf die Erfüllung von Wünschen der Kundinnen und Kunden und die flexible Anpassung von Produktionspraktiken ohne Qualitätsverlust oder Zusatzkosten (vgl. Iacocca Institute 1991, o. S.). Um agil agieren zu können, müssen die Arbeitsprozesse flexibler, dynamischer und schlanker gestaltet werden. Agiles Arbeiten ist durch kleine, autonome Teams gekennzeichnet, die interdisziplinär besetzt sind und sich selbst organisieren. Das Produkt für die Kundinnen und Kunden entsteht in iterativen Prozessen mit konstanten Abstimmungen. Durch den hohen Vernetzungsgrad und die gesteigerte Selbstständigkeit ergeben sich für die Mitarbeitenden mehr Einflussmöglichkeiten sowohl an Maschinen als auch im gesamten Produktionsablauf. Diese müssen jedoch verstanden sein und in kürzester Zeit umgesetzt werden können, damit die Produktion an neue Wünsche und Auftragslagen angepasst werden kann.

Damit Mitarbeitende diese neue Form des agilen Arbeitens ausführen können, ist es notwendig, dass sie ihre Kompetenzen kontinuierlich anpassen und weiterentwickeln (vgl. Tisch, Hertle et al. 2013, S. 580). In Anbetracht dieser Entwicklungen müssen Hochschulen die Ausbildung berufsförderlicher Kompetenzen bei ihren Studierenden forcieren, um sie auf die Herausforderungen einer sich konstant wandelnden Arbeitswelt vorzubereiten. Damit die neu benötigten Kompetenzen bei Studierenden ausgebildet werden können, muss Hochschullehre jedoch auf mehr als reine Wissensvermittlung ausgelegt sein (vgl. Schaper 2012, S. 94; Sternad & Buchner 2016, S. 3). Die Entwicklung von Kompetenzen erfolgt im Wesentlichen durch die selbstorganisierte Auseinandersetzung mit Arbeitsaufgaben in Handlungszusammenhängen und sozialen Kontexten (vgl. Kauffeld 2006, S. 24; Kauffeld & Paulsen 2018, S. 15). Dies kann direkt im Prozess der Arbeit erfolgen oder über realistische, arbeitsnahe und praktische Aufgabenstellungen. Daher werden innovative didaktische Lehr- und Lernkonzepte benötigt, die eine hohe Praxisnähe haben und individuelle Kompetenzen Studierender durch das Stellen neuer und komplexer Aufgaben aktiv entwickeln (vgl. Kauffeld 2006, S. 24; Schaeper & Briedis 2004, S. 55).

Der vorliegende Beitrag setzt sich damit auseinander, welche Kompetenzen benötigt werden, um agil im Kontext der Industrie 4.0 zu arbeiten. Es wird aufgezeigt, wie die für agiles Arbeiten notwendigen Kompetenzen bereits in der Ingenieurausbildung an Hochschulen erfolgreich entwickelt werden können. Als ein Medium, das die Ausbildung beruflicher Kompetenzen sowie einer agilen Einstellung zur Arbeit bei Ingenieurstudierenden an Hochschulen nachhaltig unterstützen kann, werden Lernfabriken angeführt. Dabei wird insbesondere beispielhaft auf die Lehr-Lernfabrik der Technischen Universität (TU) Braunschweig eingegangen.

1.2 Agiles Arbeiten in der Industrie 4.0

Ideen zu Agilität im Arbeitskontext wurden bereits 1961 von Burns und Stalker in „The Management of Innovation" veröffentlicht (Burns & Stalker 1961). Größere Aufmerksamkeit erfuhr die Thematik allerdings erst in den 1990er-Jahren im Zuge des Konzepts des *agile Manufacturing* (vgl. Iacocca Institute 1991). Einen starken Aufschwung gab es seit den 2000er-Jahren durch das Aufkommen der *agilen Softwareentwicklung* (vgl. „The Agile Manifesto", Fowler & Highsmith 2001). Im Rahmen der zunehmenden Digitalisierung wurden die Thesen des agilen Manifests inzwischen auf weitere Arbeitsprozesse der *agilen Organisation* (vgl. Deutsches Bundesministerium für Arbeit und Soziales 2016, S. 87) übertragen.

Agiles Arbeiten umfasst vier Kernelemente: (1) Geschwindigkeit, (2) Anpassungsfähigkeit, (3) Kundenzentriertheit und (4) ein agiles Mindset (vgl. Fischer, Weber & Zimmermann 2017). Der Fokus liegt auf der steten Erfüllung von Wünschen der Kundinnen und Kunden. Um dies gewährleisten zu können, wird die Kompetenz benötigt, schnell und dynamisch auf Entwicklungen reagieren und sich an Veränderungen anpassen zu können. Zudem bedarf es einer agilen Haltung, welche als *Mindset* bezeichnet wird. Es bildet die Grundlage für Agilität und ist durch die Etablierung und Akzeptanz flacher Hierarchien, Verantwortungsübernahme und Selbstständigkeit gekennzeichnet. Wie wichtig dieses Mindset ist, zeigt auch eine Befragung von Verantwortlichen des verarbeitenden Gewerbes: Diese sehen die Bereitschaft zum lebenslangen Lernen (86 %) sowie stärkeres interdisziplinäres Denken und Handeln (77 %) als noch notwendiger für agiles Arbeiten an als eine höhere IT-Kompetenz (76 %; Schlund, Hämmerle & Strölin 2014, S. 6 f.). Auf dem Mindset bauen die agilen *Werte* auf, wie Vertrauen und Respekt, als Grundlagen für die Zusammenarbeit. Zudem müssen zugrunde liegende *Prinzipien* definiert werden, wie die Zufriedenheit der Kundinnen und Kunden als höchste Priorität. Die Prinzipien werden durch konkrete *Praktiken* umgesetzt und erreicht, wie z. B. Scrum, welche die Vorgehensweise beim agilen Arbeiten beschreiben. Für die Praktiken bedarf es agiler *Werkzeuge*, wie z. B. Post-its oder Jira-Software, die zur Ausführung des agilen Arbeitens benötigt werden. Während die Werkzeuge und Praktiken relativ leicht und schnell eingeführt werden können, sind für die Etablierung von Prinzipien und Werten strukturelle und kulturelle Veränderungen in der Organisation notwendig. Nur so kann ein agiles Mindset etabliert werden, das die Hauptvoraussetzung für den Erfolg von agilem Arbeiten ist.

1.3 Kompetenzen für eine moderne Arbeitswelt

Kompetenzen sind Handlungsvoraussetzungen, die dazu befähigen, in unbekannten Situationen selbstorganisiert und kreativ agieren zu können. Sie zeigen sich erst in situationsgebundenen, beobachtbaren Verhaltensweisen in der Praxis oder im beruflichen Alltag (vgl. Kauffeld 2006, S. 179; Sauter, Sauter & Wolfig 2018, S. 118). Es existieren verschiedene Unterteilungen an Kompetenzanforderungen, wobei im deutschsprachigen Raum vor allem die Unterteilung der beruflichen Handlungskompetenz in die vier Dimensionen (1) Fach-, (2) Methoden-, (3) Sozial- und (4) Selbstkompetenz etabliert ist (vgl. Kauffeld 2006, S. 26 ff.; Kauffeld & Paulsen 2018, S. 76 f.). Alle vier Dimensionen sind relevant, um Mitarbeitende auf agiles Arbeiten in der Industrie 4.0 vorzubereiten sowie insgesamt in einer Arbeitswelt zu bestehen, die maßgeblich durch die Digitalisierung gezeichnet ist. International werden bereits seit einigen Jahren *21st Century Skills and Competences* diskutiert (vgl. u. a. Bellanca & Brandt 2010; OECD 2009), welche für eine digitalisierte und gleichermaßen für eine agile Arbeit benötigt werden. Dabei werden als Fachkompetenz vor allem IT-Kompetenzen, ein kompetenter Umgang mit Daten sowie gute Kenntnis der jeweils aktuellen Informations- und Kommunikationstechnologien als wichtig angesehen, da ihre Bedeutung durch den starken Einfluss der Digitalisierung auf Montage, Fertigung und Logistik drastisch steigt (vgl. Schlund et al. 2014, S. 25; Schnabel 2017; Spath 2013, S. 22). Die zunehmende Zusammenarbeit in selbstgesteuerten Teams macht die Entwicklung von Methodenkompetenzen wie Techniken zur Selbststrukturierung und Entscheidungsfindung notwendig. Zudem müssen Mitarbeitende kreativ Probleme lösen sowie innovativ, analytisch und kritisch denken können (vgl. Schnabel 2017). Für die steigende interdisziplinäre Kooperation in externen und internen Teams werden soziale Kompetenzen gefordert, die eine offene, ggf. auch virtuelle Kommunikation und Kollaboration sowie sicheres Agieren in unterschiedlichen sozialen Interaktionen ermöglichen (vgl. Kagermann, Wahlster & Helbig 2013, S. 59; Schnabel 2017). Durch den steigenden Veränderungsdruck und die hohe Arbeitsgeschwindigkeit sind zudem Selbstkompetenzen im Umgang mit Stressbewältigung und Selbstreflexion sowie die Bereitschaft zu Veränderung elementar (Kauffeld & Paulsen 2018; Voogt & Roblin 2012). Zudem sollten Mitarbeitende eine hohe Flexibilität, Ambiguitätstoleranz und Eigenmotivation aufweisen und selbstständig arbeiten können (vgl. Schnabel 2017).

2 Lernfabriken

2.1 Sinn und Nutzen von Lernfabriken

Das vom Wissenschaftsrat (1999, S. 78 f.) an die Hochschulen gerichtete Ziel der Employability verleiht vor allem Ansätzen des problem- und handlungsorientierten sowie erfahrungsbasierten Lernens Aufmerksamkeit (vgl. u. a. Tietze, Czumanskiet et al. 2013). Trotz vieler Bemühungen um eine veränderte Gestaltung der Lehre in den vergangenen Jahren konzentriert sich die Hochschullehre in Deutschland jedoch eher darauf, bestehende Konzepte zu digitalisieren, anstatt die Fertig- und Fähigkeiten zu vermitteln, die benötigt werden, um in einer digitalen Arbeitswelt wie der Industrie 4.0 erfolgreich bestehen zu können. So setzen die Hochschulen auch weiterhin in zumeist sehr formellen Lehrkonzepten auf Wissensvermittlung und Forschung. Formales Lernen ist mit einer klaren Lernabsicht der Lernenden verbunden und erfolgt geplant, strukturiert und organisiert (vgl. Kauffeld & Paulsen 2018, S. 182). Diese Art von Bildungsgestaltung eignet sich primär dazu, Fachwissen zu erlangen. Zusätzlich werden an Hochschulen häufig spezielle Seminare angeboten in denen Studierende überfachlich die Grundlagen in Sozial- und Methodenkompetenzen (wie z. B. Planungs-, Kommunikations- und Präsentationstechniken) erlernen können. Um Fachwissen in Fachkompetenz umzuwandeln und Sozial- und Methodenkompetenzen auch in der Praxis anwenden zu können, bedarf es jedoch einer ineinandergreifenden Vermittlung von Wissen und Anwendungskompetenzen (Böhme, Othmer & Herrmann, in Druck; Eschner 2010, S. 28 f.). Hierzu sollte auch eine non-formale und informelle Bildungsgestaltung zum Einsatz kommen (vgl. Brussig & Leber 2005, S. 8), bei der die Lernziele weniger bis nicht explizit sind, das Lernen weniger organisiert, unbewusst und eher im Prozess der Arbeit erfolgt (vgl. Kauffeld & Paulsen 2018, S. 182). Eine solche Bildungsgestaltung ermöglicht auch die Ausbildung von Selbstkompetenzen bei den Lernenden, da nicht mehr rein kognitives Lernen, sondern Aspekte wie Problemlösen und ein eigenes Interesse an Veränderungen im Vordergrund stehen. In Ingenieurstudiengängen kann dies z. B. durch den Einsatz von Lernfabriken ermöglicht werden, welche in das bestehende Lehrangebot integriert werden.

Lernfabriken verbinden ein physisches, ein virtuelles oder ein physisch-virtuelles, realistisches Modell einer Produktion mit ausgewählten didaktischen Methoden, wie z. B. Inquiry-based Learning, wobei häufig echte Maschinen zum Einsatz kommen (vgl. Abele, Metternich et al. 2015, S. 2; Posselt, Böhmeet al. 2016, S. 77; Wagner, AlGeddawyet et al. 2012, S. 110). Lernfabriken fördern autonomes, kompetenzorientiertes Lernen und haben in den vergangenen Jahren vor allem in Ingenieurdisziplinen verstärkt Einzug in den Hochschulsektor erhalten (vgl. Blume, Madanchi et al. 2015, S. 127 f.; Kreimeier, Prinz & Morlock 2013, S. 724; Müller-Frommeyer, Aymans et al. 2017, S. 308). Sie stellen innovative, handlungsorientierte Lehr-Lernumgebungen dar, die den Fokus auf die Vermittlung von Kompetenzen vor allem durch die praktische Anwendung von Wissen legen. Innerhalb dieser Lehr-Lernumgebung liegt der Fokus darauf, zuvor theoretisch vermitteltes Wissen in die

Anwendung zu bringen, wobei in Lernfabriken eine Vielzahl unterschiedlicher Praxisbeispiele angeboten werden können (vgl. Müller-Frommeyer et al. 2017, S. 309).

In der Literatur sind einige Beiträge zu finden, die sich primär theoretisch damit auseinandergesetzt haben, welche Kompetenzen an Lernfabriken ausgebildet werden können (vgl. u. a. Abele et al. 2015; Goerke, Schmidtet al. 2015; Juraschek, Büth et al. 2018; Tisch et al. 2013) bzw. welche Kompetenzen dort idealerweise ausgebildet werden sollten (vgl. Müller-Frommeyer et al. 2017). Aymans, Horn & Kauffeld (2018, S. 5) konnten in einer Studie zeigen, dass Studierende, die vorlesungsbegleitend an einer Lernfabrik lernen, ihre Verbesserungen hinsichtlich ihrer Fach- und Methodenkompetenzen signifikant besser einschätzen als Studierende, die an einer vergleichbaren Vorlesung ohne Lernfabrikanbindung teilgenommen haben. Diese Ergebnisse legen nahe, dass eine realitätsnahe Lernumgebung, wie sie durch Lernfabriken ermöglicht wird, die Ausbildung berufsrelevanter Kompetenzen fördert, sodass Ingenieurstudierende durch den Einsatz von Lernfabriken in der Hochschullehre besser auf das Berufsleben vorbereitet werden können. Welche Fach-, Methoden- und Sozialkompetenzen konkret an einer Lernfabrik vermittelt werden können, ist abhängig von der fachlichen und inhaltlichen Ausrichtung der Fabrik sowie den damit verbundenen Lehrkonzepten. Hinsichtlich der Selbstkompetenz konnte gezeigt werden, dass die Arbeit an einer Lernfabrik die computerbezogene Selbstwirksamkeit der Studierenden signifikant erhöht (vgl. Aymans et al. 2018, S. 5).

2.2 Die Lehr-Lernfabrik der TU Braunschweig

Das Institut für Werkzeugmaschinen und Fertigungstechnik der TU Braunschweig betreibt seit 2012 eine Lernfabrik mit den Schwerpunkten Energie- und Ressourceneffizienz, Digitalisierung sowie urbane Fabriken (für weitere Informationen s. www.dielernfabrik.de). Die primären Zielgruppen sind Ingenieurstudierende sowie Auszubildende technisch-gewerblicher Ausbildungsgänge. Ein Bestandteil der Lernfabrik ist die *Lehr-Lernfabrik*: eine Modellfabrik aus modular zusammengesetzten, flexibel konfigurierbaren, real funktionierenden Produktionsprozessbausteinen, einem Logistiksystem sowie einer eigenen Gebäudeausrüstung. Insgesamt ergibt sich so eine herunterskalierte, voll funktionsfähige Produktionsstraße, die die systemdynamischen Effekte eines realen Systems replizieren kann (vgl. Blume et al. 2015, S. 127). Der Vorteil dieser Art Lernfabrik ist, dass die Lernenden gegenüber der Arbeit an normalen Fabrikmaschinen nicht gesundheitlich gefährdet werden (z. B. durch große mechanische Kräfte oder hohe elektrische Spannungen) und mit einem massiv reduzierten betriebswirtschaftlichen Risiko Erfahrungen sammeln können, wodurch sich innovative Handlungs- und Entscheidungsräume eröffnen. Die Lehr-Lernfabrik wird im Zuge des vom Bundesministerium für Bildung und Forschung geförderten Forschungsprojekts „ILehLe – Die Lehr-Lernfabrik – eine intelligente Lehr-Lern-Umgebung zur Energie- und Ressourceneffizienz" um ein adaptives Lern-Management-System sowie virtuelle Komponenten erweitert und in ein Planspiel eingebettet.

Das Planspiel wird über eine App-Anwendung mit variierenden Anteilen von Augmented Reality (AR) realisiert. Es beinhaltet neben einer Sicherheitsunterweisung in die Lernfabrik und ihre Umgebung sowie einer Vorstellung der Lehr-Lernfabrik drei komplexer werdende Level mit jeweils mehreren inhaltlichen Bausteinen zur Erlangung der relevanten Kompetenzen. Im ersten Level machen sich die Lernenden zunächst mit dem Messen und Verändern von Prozessgrößen vertraut, bevor sie im zweiten Level einen Methodenbaukasten zur energietransparenten Produktion an die Hand bekommen. Im abschließenden dritten Level optimieren sie dann eigenständig anhand einer übergeordneten Problem- bzw. Forschungsfrage den Energieverbrauch an der Lehr-Lernfabrik.

Die Studierenden bearbeiten das Planspiel begleitend zu einer Mastervorlesung in autonomen, festen Teams aus drei bis fünf Personen, die aus unterschiedlichen Ingenieurstudiengängen kommen können. Sie stehen während der Arbeit an der Lehr-Lernfabrik in konstanter Interaktion mit der App, die sie durch das Planspiel führt. An geeigneten Stellen werden sie über ein Handheld Device durch AR-Elemente unterstützt, z. B. bei der Einführung in die Lehr-Lernfabrik zur Kenntlichmachung einzelner Fabrikbestandteile (s. Abb. 1) und indem u. a. Kennzahlen und Diagramme in Echtzeit an der Lehr-Lernfabrik angezeigt werden. So können unsichtbare Prozessbestandteile wie Energieflüsse sichtbar gemacht und mit nur geringem Aufwand als Entscheidungsgrundlage herangezogen werden (vgl. Juraschek et al. 2018; Kauffeld & Grote 2019, S. 186). Zudem arbeiten die Lernenden händisch an der Fabrik, um z. B. Strom-, Spannungs- und Leistungswerte zu ermitteln, sowie mit speziellen Computerprogrammen, um z. B. Einstellungen zu Temperatur und Durchlaufzeit am Ofen vorzunehmen. Das virtuelle System ermöglicht den Lernenden u. a., Langzeitsimulationen vorzunehmen und physisch nicht vorhandene Einstellungen und Technologien auszutesten.

Ein im Hintergrund laufendes Lern-Management-System sammelt alle verfügbaren Daten und erkennt beim Durchlaufen der einzelnen Aufgabenbausteine innerhalb der Level den aktuellen Kompetenzstand der Lernenden. Es stellt auf dieser Basis gezielt in ihrer Schwierigkeit angepasste Multiple-Choice-Fragen und empfiehlt die Bearbeitung ausgewählter Folgeaufgaben zur Förderung noch fehlender bzw. Festigung bereits erlangter Kompetenzaspekte. Die Lernenden haben bezüglich der bearbeitbaren Aufgaben zumeist einen Handlungsspielraum, sodass sie Entscheidungen treffen müssen. Nach jedem Aufgabenbaustein eines Levels erhalten die Teams ein individuelles Feedback. Insgesamt ergibt sich so ein individueller Lernprozess, der adaptiv gesteuert wird. Wenn die Studierenden das Planspiel vollständig durchlaufen haben, besitzen sie alle im System berücksichtigten Kompetenzen. Durch das selbstverantwortliche Lehr-Lernformat des Planspiels ist die konstante Anwesenheit von Lehrenden während der Bearbeitung nicht von Nöten. Die Rolle der Lehrenden wandelt sich von konstant Unterstützenden, die jeden Schritt vorgeben, hin zu passiv Beobachtenden und möglichen Ansprechpersonen für einen fachlichen Austausch.

Abbildung 1: Augmented-Reality-Elemente an der Lehr-Lernfabrik der TU Braunschweig (Foto: in-tech GmbH 2017; vgl. Kauffeld & Grote 2019, S. 186)

Durch die Abbildung einer Produktionsstraße eignet sich die Lehr-Lernfabrik der TU Braunschweig vor allem zur Vermittlung technischen Wissens sowie allgemeiner naturwissenschaftlicher und mechanischer Kenntnisse. Die Lernenden müssen mit Kenngrößen, Einheiten und Formeln umgehen, die im Produktionskontext relevant sind. Dabei wird bereits theoretisch vorhandenes Wissen durch den Praxisbezug und die praktische Umsetzung ausgebaut. Als einfaches Beispiel müssen die Lernenden u. a. den Arbeitsluftdruck der Stationen verändern. Hierbei können sie auf ihr theoretisches Wissen zum Thema Druckluft zurückgreifen, müssen nun aber selbstständig manuell Einstellungsänderungen am Druckregler der Wartungseinheit der Lehr-Lernfabrik vornehmen und diese durch Ablesen des Manometers überprüfen. Anschließend können sie die sichtbaren Auswirkungen auf den Produktionsprozess mit ihren theoretischen Annahmen abgleichen, z. B. eine Verlangsamung der Bewegungsgeschwindigkeit des pneumatischen Zylinders bei einer Reduzierung des Drucks im System. Wirkungszusammenhänge werden so für die Lernenden sichtbar und verständlicher. Sie erhalten während der Arbeit an der Lehr-Lernfabrik einen Überblick über den gesamten Prozess, die einzelnen Prozessbestandteile sowie deren Interaktion und lernen so, analytisch zu denken. Besonders im dritten Level des Planspiels können die Lernenden darüber hinaus Methodenkompetenzen im Projektmanagement erlangen, indem sie angelehnt an einen Research- bzw. Problem-based-learning-Ansatz eine Fragestellung zum Schwerpunkt Energie- und Ressourceneffizienz an der Lehr-Lernfabrik selbstständig bearbeiten (vgl. Becker, Meyer & Kauffeld, in Druck; Blume et al. 2015, S. 129 f.) und dabei die Strukturen und Prozesse ihres Vorgehens eigenständig gestalten, steuern, analysieren und sichern müssen.

Da an der Lehr-Lernfabrik in Teams gearbeitet wird, müssen die Lernenden untereinander kooperieren und je nach Teamzusammensetzung auch interdisziplinär zusammenarbeiten. Daher kann davon ausgegangen werden, dass sie Kompetenzen in der Teamfähigkeit sowie Offenheit für die Meinungen und Ideen anderer erlangen. Neben den sozialen Aspekten können an der Lehr-Lernfabrik auch Selbstkompetenzen ausgebildet werden, da gezeigt werden konnte, dass die Arbeit an der Fabrik zu einer höheren berichteten Affinität der Lernenden gegenüber Maschinen und IT-Technologien führt (vgl. Aymans et al. 2018, S. 5). Sie sehen sich häufig erstmalig in dieser Komplexität mit so umfassenden Produktionskomponenten konfrontiert und müssen aktiv an und mit diesen arbeiten sowie interagieren (vgl. Müller-Frommeyer et al. 2017, S. 311 f.). Durch die positive Erfahrung, dass die Aufgabe bzw. das Problem erfolgreich gelöst werden konnte und die Arbeit in einer Fabrik greifbarer ist, werden die Lernenden zudem offener für künftige unbekannte Situationen und können sich besser auf diese einlassen. Insgesamt orientiert sich das Lernen an der Lehr-Lernfabrik an konkreten Problemstellungen, was eine hohe Bedeutung für einen positiven Lernerfolg hat (vgl. Steindorf 2010, S. 87 f.).

2.3 Die Lehr-Lernfabrik: agiles Arbeiten wie in der Industrie 4.0

Die Lehr-Lernfabrik der TU Braunschweig ermöglicht den Lernenden insgesamt die Interaktion mit einer Vielzahl von Medien und Technologien. So erleben sie direkt das Zusammenspiel zwischen Mensch und Maschine, zwischen physischen und virtuellen Komponenten sowie zwischen Mensch und Virtualität. Dadurch können essenzielle Aspekte der Industrie 4.0 bereits vor dem Eintritt in das Arbeitsleben erlebt und die notwendigen Kompetenzen für den Umgang mit dieser Welt geschult werden. Die Lernenden arbeiten zum einen händisch an der Fabrik, aber auch mit speziellen Computerprogrammen, um Messungen durchzuführen und Einstellungen vorzunehmen. Zudem stehen die Lernenden während des Planspiels in konstanter Interaktion mit einer App, die an geeigneten Stellen durch AR-Elemente unterstützt wird.

Um die Bandbreite der Ereignisse und das Erleben der Lernenden nicht auf die physisch vorhandenen Produktionsbestandteile beschränken zu müssen, wird die Lehr-Lernfabrik – wie bereits erwähnt – virtuell abgebildet und erweitert. Dies ermöglicht es, neue Zusammenhänge darzustellen, die sonst einer weit größeren und wesentlich teureren Fabrikanlage bedürften. So können räumlich, technisch aber auch zeitlich bedingte Limitationen überwunden werden. Das virtuelle System ermöglicht den Lernenden u. a., Langzeitsimulationen vorzunehmen sowie physisch nicht vorhandene Einstellungen und Technologien auszutesten. Werden an der im Hintergrund laufenden Simulation Änderungen vorgenommen, verändert sich durch eine konstante Verbindung zwischen Maschine und Virtualität das Verhalten der Lehr-Lernfabrik entsprechend, als wäre die Änderung physisch direkt an ihr vorge-

nommen worden. Das virtuelle System ermöglicht durch die Abbildung der Lehr-Lernfabrik sowie die Erweiterung dieser u. a. Folgendes:
- Die Lehr-Lernfabrik kann durch vor- und nachgeschaltete Prozesse und Abläufe ergänzt werden, wie z. B. die Logistik des An- und Abtransports von Material und Endprodukten. So können die Lernenden ganzheitliche Abläufe und Wirkungsketten verstehen lernen.
- Es können substituierbare Technologien als Alternative zu physisch vorhandenen Prozessen angeboten werden, z. B. verschiedene Arten der Drucklufterzeugung. Die Lernenden können jeweils die Auswirkungen der unterschiedlichen Technologien auf einzelne Bestandteile des Produktionsprozesses sowie das Gesamtsystem analysieren und die Veränderungen für die Bestandteile der physikalischen Fabrik auch an dieser wahrnehmen.
- In der Praxis möglicherweise auftretende Probleme können virtuell simuliert werden, ohne dass die Lehr-Lernfabrik physisch manipuliert werden muss, z. B. Über- oder Unterdruck. Durch die virtuelle Abbildung können die Lernenden die Veränderungen sowohl über veränderte Messwerte an der Fabrik physisch wahrnehmen als auch durch veränderte Einstellungen an dieser beheben.
- Während die Lehr-Lernfabrik in normaler Produktionsgeschwindigkeit läuft, kann die virtuelle Erweiterung vorgenommene Einstellungen hochskalieren und deren Auswirkungen über verschieden lange Zeiträume simulieren. Die Lernenden können so einen ganzheitlichen Blick auf die mittel- und langfristigen Konsequenzen ihres Handelns und ein Gefühl für die Wirkung von Produktionsprozessen bekommen (vgl. Kauffeld & Grote 2019, S. 186).

Durch das virtuelle System wird viel mehr möglich als durch eine rein physische Fabrik. Anschaffung und Unterhalt einer physischen Fabrik oder Produktionsstraße sind recht teuer und wenig variabel. Die virtuelle Abbildung und Erweiterung ist damit die perfekte Ergänzung zu den händisch möglichen Messungen und Veränderungen, denn sie eröffnet viele Spielräume für eine erweiterte Kompetenzausbildung bei den Lernenden: Die Lernenden können z. B. durch das Erleben weiterer Zusammenhänge im nun wesentlich vergrößerten Betrachtungsrahmen ihre Fachkompetenzen noch weiter ausbauen. Gleichzeitig wird es für sie möglich, Methodenkompetenzen im Umgang mit Virtualität und den damit verbundenen IT-Systemen zu entwickeln, indem sie diese sinnvoll zu nutzen lernen. Dabei müssen sie einerseits kognitiv reale und virtuelle Daten trennen, diese andererseits inhaltlich aber auch miteinander in Verbindung bringen können. Es ist anzunehmen, dass sich der erweiterte Wirkungsraum zudem verstärkt auf die Ausbildung von Offenheit gegenüber Neuem und die Kreativität beim Lösen von Problemen auswirkt.

Wie auch bei der agilen Arbeit in der Industrie 4.0 ist ein Trail-and-Error-Vorgehen bei der Bearbeitung der Aufgaben in der Lehr-Lernfabrik durchaus erwünscht, da eine erfolgreiche, reflektierte Ergebniskorrektur vielfältige Kompetenzbereiche stärkt (z. B. Problemlösefähigkeit, systemisches Denken, Kreativität). Von Bedeutung ist primär die Lösung einer Aufgabe bzw. die Bewältigung eines Problems, ungeachtet dessen, wie viele iterative Schritte die Lernenden auf dem Weg dahin benötigen. Durch die autonome Teamarbeit müssen die Lernenden eigenständig Entscheidungen treffen sowie aufkommende Probleme lösen. So erleben sie bereits direkt die Grundlagen agilen Arbeitens.

Die Arbeit an der Lehr-Lernfabrik bedarf in Anbetracht der verschiedenen Aufgaben und aufkommenden Herausforderungen Reaktionsschnelligkeit und Anpassungsfähigkeit von Seiten der Lernenden. Die realistischen Produktionsprozesse und die sich daraus ergebenden Lernszenarien ermöglichen aufgrund der realen Systemdynamik des herunterskalierten Modells einen Lerntransfer in die spätere Arbeitswelt. Die Teammitglieder müssen zum Teil in experimenteller Vorgehensweise erarbeiten, was häufig mehrere Iterationen bedarf. Sie müssen sich auf ihre Aufgaben fokussieren und engagiert sein, diese erfolgreich zu bewältigen. Zudem bedarf es Offenheit den anderen Teammitgliedern sowie neuen Aufgaben gegenüber, Transparenz im Umgang mit Fehlern und Fehlentscheidungen, einen wertschätzenden Umgang miteinander und gegenseitiges Vertrauen im Team. Die Arbeit an der Lehr-Lernfabrik ermöglicht es den Lernenden zu erleben, dass Fehler und Irrtümer beim agilen Arbeiten ein Teil des Prozesses sind, aus denen sie gestärkt hervorgehen können, wenn sie lernen zu reflektieren und eigenverantwortlich sowie kreativ zu arbeiten.

3   Ausblick

Für das Arbeiten in agilen Unternehmen der Industrie 4.0 benötigen Mitarbeitende neben aktuellem Fachwissen eine hohe Methodenkompetenz für die selbstgesteuerte Zusammenarbeit, Sozialkompetenz für eine offene Kommunikation in interdisziplinären Teams sowie Selbstkompetenz für eine ausgeprägte Anpassungsfähigkeit und Offenheit für neue Arbeitsformen (vgl. Kauffeld 2016, S. 90 f.). Um diese Kompetenzen bereits frühzeitig vermitteln zu können und so die Berufsfähigkeit der Absolvierenden sicherzustellen, muss die Hochschulausbildung angepasst werden, sodass statt einer rein theoretischen Wissensvermittlung die praktische Anwendung von Wissen im Vordergrund steht. Lernfabriken setzen genau an dieser Stelle an, da sie innovative, handlungsorientierte Lehr-Lernumgebungen darstellen, die autonomes, kompetenzorientiertes Lernen fördern.

Bisher ist die Nutzung von Lernfabriken in der Hochschullehre vor allem auf Ingenieurstudiengänge konzentriert. Dabei erweitern Ingenieurstudierende an realitätsnahen Aufgaben und Herausforderungen ihre handwerklichen und analytischen Fähigkeiten, lernen Abhängigkeiten zu erkennen und in Entscheidungen einzubinden, erleben die Wirkungsbreite einzelner Produktionsschritte und setzen sich mit diversen umweltbedingten Einflussfaktoren auseinander. Dieser Kompetenzerwerb hilft ihnen zukünftig, erfolgreich in der Industrie 4.0 agil zu arbeiten, da sie nicht nur ihre fachlichen und methodischen Kompetenzen erweitern, sondern auch Selbst- und Sozialkompetenzen durch die Bewältigung realer Herausforderungen im Team erwerben. Um Lernfabriken langfristig und umfassend in die Ingenieurausbildungen zu integrieren, müssen die Curricula und Lehrveranstaltungen angepasst werden. Dabei ist zu bedenken, dass die Entwicklung von beruflichen Kompetenzen mit der klassischen Vermittlung von Fachwissen thematisch kombiniert wird, was z. B. bei logistischen Prozessen oder Life Cycle Engineering sehr gut möglich ist. Zudem muss die Kompetenzentwicklung auch ergänzend zu klassischen universitären Formaten wie Vorlesungen und Seminaren möglich sein. Dafür sind adaptive Lehr-Lernsysteme nötig, die es Lernenden erlauben, komplett selbstständig zu für sie passenden Zeiten ohne Betreuung durch Lehrende zu arbeiten.

Lernfabriken können verschiedenste Facetten der Produktion in der Industrie 4.0 abbilden. Zusammenhänge in der Produktion werden umfassend dargestellt und die Praxis so erlebbar gemacht. Um agiles Arbeiten in der Industrie 4.0 noch präziser abzubilden, sollte geprüft werden, inwiefern eine Integration agiler Werkzeuge und Praktiken (wie z. B. Scrum) in den Lernfabrikkontext sinnvoll ist. Die Entwicklung von Lernfabriken ist damit jedoch noch nicht abgeschlossen. Es besteht die Vision einer adaptiven Lernfabrik, die noch individuellere Anpassungsmöglichkeiten an Lernbedürfnisse bietet. Künftig soll eine exakte Identifikation des aktuellen Kompetenzstandes der Lernenden (z. B. mithilfe von künstlicher Intelligenz) möglich werden, durch den der Schwierigkeitslevel und die Aufgaben noch genauer auf die Bedürfnisse der Lernenden zugeschnitten werden können. Zudem sollen zur Sicherstellung von problem- und handlungsorientiertem Lernen Mixed-Reality-Anwendungen effektiv kombiniert (vgl. Preuß & Kauffeld, in Druck) und so moderne Arbeitsformen noch besser abgebildet werden. Die bereits begonnene Erweiterung der physischen Lernfabriken um Augmented- und Virtual-Reality-Elemente soll weiterentwickelt und ergänzt werden, sodass u. a. auch unsichtbare Prozesse (z. B. Energieflüsse) und Langzeitsimulationen (z. B. in Form von Energieverbräuchen) erlebbar werden (vgl. Juraschek et al. 2018). Dabei muss beachtet werden, dass eine Kombination von analogen, digitalen und virtuellen Elementen gefunden wird, die den Kompetenzerwerb maximal unterstützt.

Da agiles Arbeiten auf dem modernen Arbeitsmarkt nicht auf Ingenieurinnen und Ingenieure beschränkt ist, sollte die Nutzung von Lernfabriken zusätzlich auf weitere Studienfächer ausgedehnt werden, damit diese ebenfalls von der umfassenden Kompetenzausbildung profitieren können. Die thematisch aktuell auf die Ingenieurausbildung ausgerichtete Lernfabrik muss dafür um relevante Module ergänzt werden. Als Beispiel könnten Fächer wie Wirtschaftswissenschaften und -psychologie direkt in die Lernfabrik einbezogen werden, wenn diese um Themenbereiche wie z. B. Personalmanagement, Vertrieb oder Finanzen ergänzt wird. Die Vision ist eine Lernfabrik mit interdisziplinärer Ausrichtung, die fächerübergreifend in der Hochschullehre zum Einsatz kommt und als hybrider Lernraum von einer Vielzahl von Studiengängen genutzt werden kann. Denkbar ist dabei theoretisch die Abbildung eines ganzen Unternehmens, ggf. mit Stakeholdern. Zusätzlich kann künftig die Zusammenarbeit in virtuellen und verteilten Teams sowie mit internen und externen Projektgruppen als Lernelement etabliert werden. Lernfabriken sind somit vielfältig einsetzbar und nicht nur für die Ingenieurausbildung, sondern fächerübergreifend ein geeignetes Lehr-Lernmedium, um Hochschulabsolvierende umfassend auf die agile Arbeitswelt des 21. Jahrhunderts vorzubereiten.

Literatur

Abele, E., Metternich, J., Tisch, M., Chryssolouris, G., Sihn, W., ElMaraghy, H., Hummel, V. & Ranz, F. (2015). Learning factories for research, education, and training. *Procedia CIRP, 32*(CLF), 1–6. doi: 10.1016/j.procir.2015.02.187.

Aymans, S. C., Horn, N. & Kauffeld, S. (2018). Welchen Nutzen haben Lernfabriken als Lehrmethode in den Ingenieurswissenschaften wirklich? – Eine Prä-Post-Erhebung mit Experimental-Kontrollgruppen-Vergleich. In GfA Dortmund (Hg.), *Frühjahrskongress 2018, Frankfurt a. M. – ARBEIT(S).WISSEN.SCHAF(F)T — Grundlage für Management & Kompetenzentwicklung Beitrag C.7.1* (S. 1–7) Dortmund: GfA-Press.

Becker, J., Mayer, V. & Kauffeld, S. (in Druck). Problemorientiertes Lernen. In S. Kauffeld & J. Othmer (Hg.), *Handbuch Innovative Lehre*. Heidelberg: Springer.

Bellanca, J. & Brandt, R. (Hg.). (2010). *21st Century Skills: Rethinking how Students learn*. Bloomington, IN: Solution Tree Press.

Blume, S., Madanchi, N., Böhme, S., Posselt, G., Thiede, S. & Herrmann, C. (2015). Die Lernfabrik – Research-based Learning for Sustainable Production Engineering. *Procedia CIRP, 32*(CLF), 126–131. doi: 10.1016/j.procir.2015.02.113.

Böhme, S., Othmer, J. & Herrmann, C. (in Druck). Ein Lehr-Lernkonzept zur Vermittlung ganzheitlichen Life Cycle Managements. In S. Kauffeld & J. Othmer (Hg.), *Handbuch Innovative Lehre*. Heidelberg: Springer.

Brussig, M. & Leber, U. (2005). Betriebliche Determinanten formeller und informeller Weiterbildung im Vergleich. *Zeitschrift Für Personalforschung, 19*(1), 5–24. doi: 10.1177/239700220501900101.

Burns, T. & Stalker, G. M. (1961). *The Management of Innovation*. London: Tavistock Publications.

Deutsches Bundesministerium für Arbeit und Soziales (Hg). (2016). *Weißbuch – Arbeit 4.0*. Verfügbar unter: http://issuu.com/support.bmaspublicispixelpark.de/docs/161121_wei__buch_final?e=26749784/43070404 (Zugriff am: 23.07.2018).

Eschner, A. (2010). *Zur didaktischen Aufbereitung der Schlüsselqualifikation in der Lehre für Ingenieure*. Dissertation. Technische Universität Darmstadt.

Fischer, S., Weber, S. & Zimmermann, A. (2017). *Auf dem Weg zur agilen Organisation – Ergebnisse einer qualitativen Untersuchung* (bisher unveröffentlichtes Arbeitspapier des Instituts für Personalforschung an der HS Pforzheim).

Fowler, M. & Highsmith, J. (2001). The Agile Manifesto. *Software Development, 9*(8), 28–35.

Goerke, M., Schmidt, M., Busch, J. & Nyhuis, P. (2015). Holistic approach of lean thinking in learning factories. *Procedia CIRP, 32*(CLF), 138–143. doi: 10.1016/j.procir.2015.02.221.

Graf, N., Gramß, D. & Edelkraut, F. (2017). *Agiles Lernen*. Freiburg: Haufe.

Iacocca Institute. (1991). *21st Century Manufacturing Enterprise Strategy Report: An Industry-Led View*. Iacocca Institute. Bethlehem, PA. Verfügbar unter: http://oai.dtic.mil/oai/oai?verb=getRecord&metadataPrefix=html&identifier=ADA257032 (Zugriff am: 03.08.2018).

Juraschek, M., Büth, L., Posselt, G. & Herrmann, C. (2018). Mixed Reality in Learning Factories. *Procedia Manufacturing, 23*(2017), 153–158. doi: 10.1016/j.promfg.2018.04.009.

Kagermann, H., Wahlster, W. & Helbig, J. (2013). *Umsetzungsempfehlungen für das Zukunftsprojekt Industrie 4.0: Deutschlands Zukunft als Produktionsstandort sichern; Abschlussbericht des Arbeitskreises Industrie 4.0*. Forschungsunion.

Kauffeld, S. (2006). *Kompetenzen messen, bewerten, entwickeln – Ein prozessanalytischer Ansatz für Gruppen*. Stuttgart: Schäffer-Poeschel.

Kauffeld, S. (2016). *Nachhaltige Personalentwicklung und Weiterbildung*. Heidelberg: Springer. doi: 10.1007/978-3-662-48130-1.

Kauffeld, S. & Grote, S. (2019). Personalentwicklung. In S. Kauffeld (Hg.), *Arbeits-, Organisations- und Personalpsychologie für Bachelor* (S. 167–210). Heidelberg: Springer. doi: 10.1007/978-3-662-56013-6_7.

Kauffeld, S. & Paulsen, H. (2018). *Kompetenzmanagement in Unternehmen*. Stuttgart: Kohlhammer Verlag.

Kreimeier, D., Prinz, C. & Morlock, F. (2013). Lernfabriken in Deutschland. *ZWF Zeitschrift Für Wirtschaftlichen Fabrikbetrieb, 108*(10), 724–727. doi: 10.3139/104.111023.

Müller-Frommeyer, L. C., Aymans, S. C., Bargmann, C., Kauffeld, S. & Herrmann, C. (2017). Introducing Competency Models as a Tool for Holistic Competency Development in Learning Factories: Challenges, Example and Future Application. *Procedia Manufacturing, 9*(2016), 307–314. doi: 10.1016/j.promfg.2017.04.015.

OECD (Hg.). (2009). *21st Century Skills and Competences for New Millenium Learners in OECD Countries*. Edu/Wkp. doi: 10.1787/218525261154.

Posselt, G., Böhme, S., Aymans, S., Herrmann, C. & Kauffeld, S. (2016). Intelligent Learning Management by Means of Multi-sensory Feedback. *Procedia CIRP, 54*, 77–82. doi: 10.1016/j.procir.2016.05.061.

Preuß, P. & Kauffeld, S. (in Druck). Visualisierung in der Lehre. In S. Kauffeld & J. Othmer (Hg.), *Handbuch Innovative Lehre*. Heidelberg: Springer.

Sauter, R., Sauter, W. & Wolfig, R. (2018). *Agile Werte- und Kompetenzentwicklung*. Heidelberg: Springer. doi: 10.1007/978-3-662-57305-1.

Schaeper, H. & Briedis, K. (2004). *Kompetenzen von Hochschulabsolventinnen und Hochschulabsolventen, berufliche Anforderungen und Folgerungen für die Hochschulreform* (No. A6/2004). Hannover: Hochschul-Informations-System.

Schaper, N. (2012). *Fachgutachten zur Kompetenzorientierung in Studium und Lehre*. Verfügbar unter: https://www.researchgate.net/profile/Niclas_Schaper2/publication/281345592_Fachgutachten_zur_Kompetenzorientierung_in_Studium_und_Lehre/links/55fd7bb008aeba1d9f5b9bfb.pdf (Zugriff am: 05.08.2018).

Schiller, R. (2018). *Heute Chef – morgen agil*. München: Carl Hanser. doi: 10.3139/9783446456105.

Schlund, S., Hämmerle, M. & Strölin, T. (2014). *Industrie 4.0: Eine Revolution der Arbeitsgestaltung – Wie Automatisierung und Digitalisierung unsere Produktion verändern werden*. Stuttgart: Ingenics AG.

Schnabel, D. (2017). *Kompetenzen für die Arbeitswelt von heute und morgen: 21st Century Skills and beyond*. Verfügbar unter: https://hochschulforumdigitalisierung.de/de/blog/kompetenzen-fuer-die-arbeitswelt-von-heute-und-morgen-21st-century-skills-and-beyond (Zugriff am: 03.08.2018).

Schröder, A. (2017). *Agile Produktentwicklung*. München: Carl Hanser. doi: 10.3139/9783446452459.

Spath, D. (Hg.). (2013). *Industrie 4.0 – Produktionsarbeit der Zukunft*. Fraunhofer-Institut für Arbeitswirtschaft und Organisation. Stuttgart: Fraunhofer Verlag. doi: 10.1007/978-3-658-04682-8.

Steindorf, G. (2010). *Grundbegriffe des Lehrens und Lernens* (5. Auflage). Bad Heilbrunnen: Julius Klinkhardt.

Sternad, D. & Buchner, F. (2016). *Lernen durch Herausforderung*. Essentials. Wiesbaden: Springer. doi: 10.1007/978-3-658-14142-4.

Tietze, F., Czumanski, T., Braasch, M. & Lödding, H. (2013). Problembasiertes Lernen in Lernfabriken. *Werkstattstechnik Online, 103*(3), 246–251.

Tisch, M., Hertle, C., Cachay, J., Abele, E., Metternich, J. & Tenberg, R. (2013). A systematic approach on developing action-oriented, competency-based Learning Factories. *Procedia CIRP, 7*, 580–585. doi: 10.1016/j.procir.2013.06.036.

von Ameln, F. & Wimmer, R. (2016). Neue Arbeitswelt, Führung und organisationaler Wandel. *Gruppe. Interaktion. Organisation. Zeitschrift für Angewandte Organisationspsychologie, 47*(1), 11–21. doi: 10.1007/s11612-016-0303-0.

Voogt, J. & Roblin, N. P. (2012). A comparative analysis of international frameworks for 21st century competences: Implications for national curriculum policies. *Journal of Curriculum Studies, 44*(3), 299–321. doi: 10.1080/00220272.2012.668938.

Wagner, U., AlGeddawy, T., ElMaraghy, H. & Müller, E. (2012). The state-of-the-art and prospects of learning factories. *Procedia CIRP, 3*(1), 109–114. doi: 10.1016/j.procir.2012.07.020.

Wissenschaftsrat (Hg.). (1999). *Stellungnahme zum Verhältnis von Hochschulausbildung und Beschäftigungssystem*. Drs. 4099/99. Würzburg.

Abbildungsverzeichnis

Abb. 1   Augmented-Reality-Elemente an der Lehr-Lernfabrik der TU Braunschweig . . 144

Digital Capability Center: Industrie 4.0 in der Lernfabrik

Nicolina Prass, Marco Saggiomo, Gesine Köppe

Abstract

Das Digital Capability Center (DCC) Aachen ist ein zentraler Standort für die Entwicklung von Fähigkeiten in einer realen Demonstrations- und Lernumgebung sowie eine Testbasis für die Pilotierung und die Skalierung neuer digitaler Lösungen. In praxisnahen Seminaren werden Manager:innen und Techniker:innen auf den operativen Ablauf der digitalen Transformation in ihren Unternehmen geschult. Das Ziel ist die Unterstützung beim digitalen Wandel, um Produktivität und Effizienz in den Prozessen zu maximieren.

Schlüsselwörter: Digitalisierung, vernetzte Produktion, Arbeit 4.0, Weiterbildung und Qualifizierung

1 Einleitung

Das Digital Capability Center (DCC) Aachen ist eine realitätsgetreue und interaktive Demonstrations- und Lernumgebung für das Thema „digitale Transformation entlang der gesamten Wertschöpfungskette". Das DCC ist eine Kooperation der ITA Academy GmbH, Aachen und McKinsey & Company Inc., New York City, New York, USA sowie führenden Technologieunternehmen (s. Abb. 1).

Das DCC zeigt Industrie-4.0-Lösungen in einer textilen Lernfabrik. Industrie 4.0 bezieht sich dabei nicht nur auf Produktionsprozesse, sondern trägt ebenfalls zum Wandel der Arbeitswelt bei. Viele Menschen fühlen sich durch zunehmende Automatisierung bedroht, ihren Arbeitsplatz zu verlieren. Ein Schwerpunkt im DCC liegt bei der Weiterbildung von Fachkräften und bei der Entwicklung von neuen Berufsgruppen. Eine zunehmende Automatisierung und cyber-physisch-basierte Produktionssysteme werden die Mensch-Maschine-Schnittstellen beeinflussen und müssen daher als interaktive soziotechnische Systeme verstanden werden.

In anwendungsorientierten Workshops, Schulungen und Trainings werden Fach- und Führungskräften die Potenziale verschiedener Industrie-4.0-Lösungen aufgezeigt und die notwendigen Kompetenzen und Fähigkeiten zur digitalen Transformation vermittelt. Dazu wird im DCC ein realitätsgetreuer Produktionsbetrieb nachgestellt, in dem die gesamte Wertschöpfungskette zur Herstellung eines intelligenten Armbandes vom Auftragseingang über Entwicklung, Einkauf und Produktion bis hin zum Service abgebildet wird.

Abbildung 1: Gründungs- und Technologiepartner im DCC (Quelle: ITA Academy GmbH)

2 Ziele des DCC Aachen

Das DCC ist die praktische Antwort auf die Frage, was Industrie 4.0 in der Umsetzung tatsächlich bedeutet und wie der digitale Wandel von einzelnen Unternehmen angegangen werden kann. Kund:innen beschäftigen Fragen, wie z. B.:
- Welche Technologien und digitalen Anwendungen sind für das eigene Unternehmen tatsächlich sinnvoll?
- Wie kann ein Unternehmen eine digitale Transformation erfolgreich angehen?
- Welche Hürden und Herausforderungen haben die Unternehmen zu bewältigen?
- Wie wird eine Digitalisierungsstrategie aufgesetzt?

Antworten auf diese Fragen erhalten Kund:innen in praxisnahen Lehrveranstaltungen am Beispiel einer digitalen Transformation. Die Wertschöpfungskette, welche im DCC abgebildet wird, lässt sich dazu flexibel in zwei Zustände (Lean- und Zukunftszustand) umbauen. Der Lean-Zustand bildet einen nach dem Lean-Konzept orientierten Stand ab, welcher Wertschöpfung ohne digitale Lösungen betreibt. Im Rahmen von Trainings und Workshops, welche im DCC individuell für Unternehmen angeboten werden, erarbeiten die Trainer:innen mit den Teilnehmer:innen digitale Lösungen zur Optimierung des Lean-Zustandes. Im Rahmen der Trainings wird das DCC gemeinsam mit den Unternehmen digital transformiert. Als Ergebnis eines Trainings im DCC entsteht eine digitalisierte Produktionslinie (Zukunftszustand). Der Nutzen für die Teilnehmer:innen besteht vordergründig im Kompetenzaufbau zum Thema digitale Transformation. Die Wissensvermittlung geschieht am Beispiel einer Lernfabrik 4.0, indem neben dem wirtschaftlichen Nutzen die technischen Rahmenbedingungen vermittelt werden.

3 Lernfabrik 4.0

Eine Lernfabrik 4.0 ist eine realitätsgetreue Modellfabrik mit direktem Zugriff auf Produktionsprozesse und -bedingungen, welche ein problem- und handlungsorientiertes Lernen ermöglicht.

Am Beispiel der textilen Wertschöpfungskette lernen die Teilnehmer:innen, wie digitale Lösungen funktionieren und wie diese mittels digitaler Applikationen und Technologien verändert und optimiert werden können. Dabei findet der Lernprozess nicht nur an einzelnen Maschinen oder Arbeitsplätzen statt, sondern umfasst die gesamte Wertschöpfungskette. Technologiebasierte sowie organisationsindustrielle Fragestellungen werden dabei aufgefasst. Die Teilnehmer:innen lernen komplexe und neue Fragestellungen im Rahmen der digitalen Transformation zu bewältigen. Dabei werden verschiedene didaktische Methoden angewendet, um individuell auf Anforderungen eingehen zu können. Bei einer Unterkompetenz verstehen die Teilnehmer:innen, wann die Voraussetzungen erfüllt sind, bspw. eine Zustandsüberwachung in einen Prozess zu integrieren, bzw. was zu tun ist, um die Basisanforderungen zu erreichen. Mit Anwendung einer Zustandsüberwachung kann der permanente Zustand der Produktionsmittel in der Produktion überwacht werden. Von Sensoren erfasste Messdaten werden analysiert und ausgewertet, um bspw. Verschleiß an Maschinen rechtzeitig zu erkennen. Die Teilnehmer:innen in der Lernfabrik können anhand der Messdaten lernen, diese zu bewerten und anschließend entsprechend darauf zu reagieren. Die digitalen Problemlösemethoden im Prozess werden von den Teilnehmer:innen verstanden, sodass sie anschließend eigenständig eine Lösung entwickeln. Dabei ist nicht nur der Verstehprozess, sondern auch der Handlungsprozess von Bedeutung. Erst wenn die Teilnehmer:innen die Hintergründe und den Prozess bzw. die Prozessveränderungen verstanden haben, kann dementsprechend gehandelt werden. Dabei ist die vorhandene Wissensbasis wichtig. Die Wissensbasis bezieht sich bspw. auf die Kenntnisse, woran stabile Prozesse in der Lernfabrik zu erkennen sind, sowie auf Ist-Zustände der Produktion. Wenn die Wissensbasis vorhanden ist, Änderungen von Prozessen anhand von einzusetzender Digitalisierung verstanden werden und darauf aufbauend das Handeln erfolgt, können Kompetenzen bei den Teilnehmer:innen der Lernfabrik 4.0 aufgebaut werden.

Zeitgleich können am vorhandenen Prozess auch Forschungen durchgeführt werden. Die dargestellten Wertschöpfungsketten werden authentisch und mehrstufig demonstriert, um einen möglichst realitätsgetreuen Prozess abzubilden. Der Prozess selbst kann verändert und umgebaut werden, um Teilnehmer:innen Vor- und Nachteile und insbesondere Prozessoptimierungen aufzuzeigen. Physische Produkte können produziert oder Services dargestellt werden, um den Wertschöpfungsprozess zu verfolgen und nachzuvollziehen. Bezüglich der Didaktik werden verschiedene Methoden angewendet, um den Lernprozess voranzutreiben. Generell gilt jedoch für alle Lernfabriken, dass durch praktische Erfahrungen, selbstständiges Handeln und Eingreifen in den Prozess Wissen vermittelt werden soll. Ein fortlaufender Optimierungsprozess mit stetig neuen Technologien und Prozessen muss demnach gewährt sein.

Tabelle 1: Digitale Applikationen am DCC (Quelle: ITA Academy GmbH)

Applikation	Zu erwartende Prozessoptimierung
Digitale Zustandsüberwachung	Zuverlässigkeit und Verfügbarkeit der Anlagen
Produktverfolgung	Beseitigung von Out-of-Stock-Situationen und Maschinenstillständen
Digitale Assistenzsysteme	Kompetenzaufbau der Beschäftigten, schnelle Durchführung von Wartungsarbeiten
Digitales Performance-Management	Big-Data-Analysen und Performance-Optimierung
Prädiktive Instandhaltung	Vermeidung von Störungen in der Produktion
Adaptive Arbeitsplätze	Vermeidung von ergonomischen Risiken und Einhaltung von kürzeren Prozesszeiten

Die Prozessschritte entlang der textilen Wertschöpfungskette dienen als Anschauungsbeispiel für die digitale Transformation.

4 Textile Wertschöpfungskette im DCC Aachen

Im DCC Aachen wird ein intelligentes Armband mit integriertem RFID-Chip hergestellt (Abb. 2).

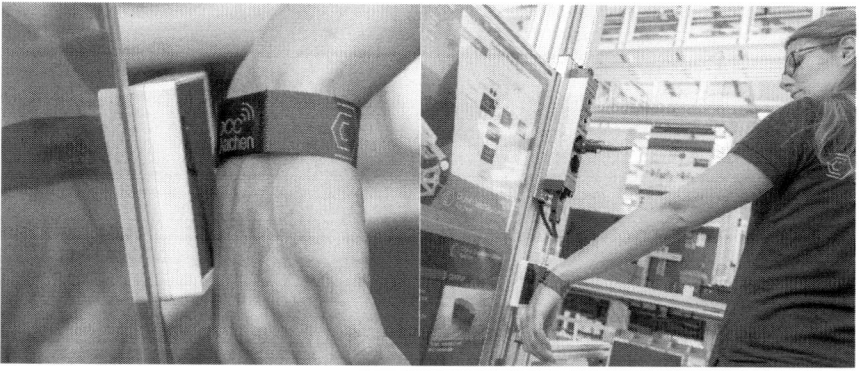

Abbildung 2: Armband mit integriertem RFID-Chip und Lesegerät (Quelle: ITA Academy GmbH)

Das Armband umfasst eine Vielzahl an Funktionen. So wird das Armband von den Maschinenführer:innen getragen und dient der Mensch-Maschine-Kommunikation. Jede bzw. jeder Maschinenführer:in loggt sich zu Schichtbeginn an der Maschine oder Arbeitsstation ein und erhält ein individuell abgestimmtes Arbeitsumfeld. Arbeitsanweisungen, Aufträge und bspw. Tischhöhen werden angepasst. Ebenfalls kann der integrierte RFID-Chip mit einer Rechtevergabe beschrieben werden. So erhalten die Schichtmeister:innen andere Zugangsrechte an der Maschine als die

Auszubildenden. Auch für Schulungskund:innen des DCC wird das Armband personalisiert. In Workshops geschieht die Teambildung durch einen personalisierten Aufdruck des Armbandes. Als Vermarktungskonzept erhält jeder bzw. jede Kund:in ein Give-away, angelehnt an das eigene Corporate Design.

Die Produktion des Armbandes erfolgt in sechs Arbeitsschritten, an denen jeweils beispielhaft Industrie-4.0-Lösungen demonstriert werden. Eine Übersicht ist in Abbildung 3 dargestellt.

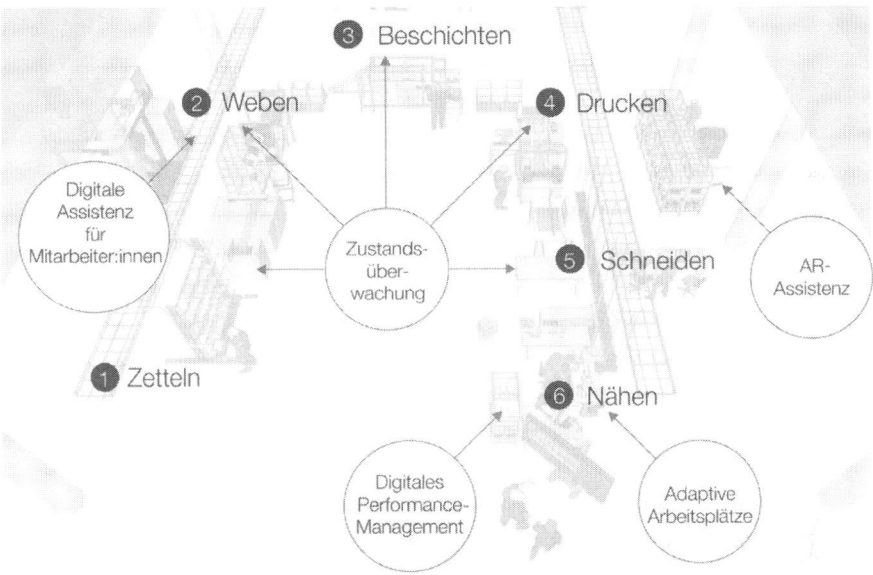

Abbildung 3: Textile Prozesskette und digitale Applikationen im DCC Aachen (Quelle: ITA Academy GmbH)

Die textile Prozesskette umfasst folgende Prozessschritte:
- die Webereivorbereitung (Zetteln),
- die Flächenherstellung (Weben),
- die Veredlung (Beschichtung und Digitaldruck),
- die Konfektion (Schneiden, Packen, Nähen) sowie
- die Qualitätskontrolle.

Der erste Teil des Herstellungsprozesses ist die Webereivorbereitung. Hier werden Garnspulen abgewickelt, die Garne parallelisiert und in einer Fadenschar vorliegend wieder aufgewickelt. Diesen Vorgang nennt man Zetteln. Wichtige Qualitätsmerkmale sind u. a. eine exakt zylindrische Aufwicklung der Kettfäden. Um die Qualität überwachen zu können, loggen sich die Maschinenführer:innen in die Schärmaschine ein und erhalten Informationen zur Zustandsüberwachung. Aus der Perspektive der Schichtleiter:innen ermöglicht die Zustandsüberwachung eine schnelle Reaktion auf Prozessprobleme und bietet eine datenbasierte Grundlage zur Ableitung von Entscheidungen (Abb. 4).

Abbildung 4: Zustandsüberwachung in der Gesamtübersicht (Quelle: ITA Academy GmbH)

Das Ziel der Zustandsüberwachung (s. Abb. 4) ist eine Reduktion an Ausschussware um 80 % und eine Reduktion von Maschinenstillständen um bis zu 50 %. Die Zustandsüberwachung basiert auf Echtzeitdaten von werksseitig vorhandener (interner) und zusätzlich angebrachter (externer) Sensorik. Bei einer Abweichung von vorangestellten Kenngrößen erscheint ein Alarm, sodass Maschinenführer:innen schnell reagieren können. Eine Übersicht der Echtzeitdaten erhalten die Maschinenführer:innen auf ihren Smartphones oder Tabletcomputern. Die Kachelansicht zeigt den Zustand jedes Prozesses an und ermöglicht, bei Anklicken einer Kachel, die Detailansicht jedes Prozesses. Die Sensordaten werden anhand des Zugriffs auf die speicherprogrammierbare Steuerung (SPS) der Maschinen extrahiert (Abb. 5).

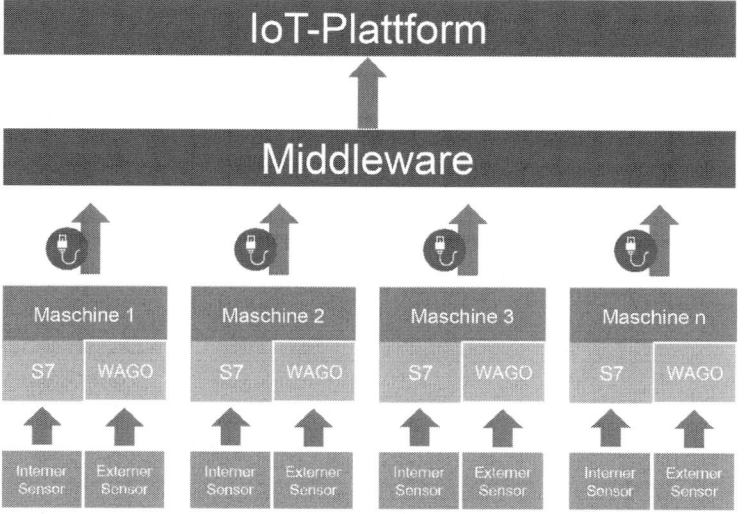

Abbildung 5: IT-Infrastruktur im DCC Aachen (Quelle: ITA Academy GmbH)

Oftmals ist der Zugriff auf die SPS von Maschinen von den Maschinenhersteller:innen nicht vorgesehen. Um diesen Fall im DCC Aachen zu demonstrieren, werden die Maschinen im DCC Aachen mit einer zusätzlichen SPS ausgestattet. Nach der Datenextraktion per Ethernet-Schnittstelle gelangen die Daten in eine Middleware, welche mit verschiedenen Schnittstellen und Protokollen verschiedener SPS-Hersteller kompatibel ist. Als Middleware kommt im DCC Aachen Kepware der Firma PTC Inc., Needham, USA zum Einsatz. Kepware hält die Sensordaten aller Maschinen des DCC Aachen für die Weiterverarbeitung bereit.

Zur Visualisierung der Sensordaten, Vernetzung der Maschinen und Entwicklung der genannten digitalen Applikationen kommt im DCC Aachen die IoT-Plattform Thingworx des Unternehmens PTC zum Einsatz. Thingworx bietet die Möglichkeit, auf alle durch Kepware bereitgestellten Daten zuzugreifen und in verschiedenen Applikationen zu verwenden.

Am Beispiel des Zettelns sammeln mehrere Sensoren Daten für die Zustandsüberwachung:
- Fadenspannung und Knoten
- Vibration und Verschleiß
- Temperatur, Feuchtigkeit und Licht

Die sensorbasierten Daten werden u. a. für die Qualitätsüberwachung und prädiktive Instandhaltung verwendet.

Auf die Webereivorbereitung folgt die Flächenherstellung des elastischen Gewebes. Das Kettgarn wird auf einer Nadelbandwebmaschine zusammen mit einem Polyester-Schussgarn zu einem Bandgewebe verarbeitet. Mittels eines digitalen Assistenzsystems werden den Maschinenführer:innen Anleitungen zur Inbetriebnahme der Maschine und Parameter zum Produzieren des Gewebes zur Verfügung gestellt. Eine digitale Assistenz führt zur Reduzierung des Schulungsbedarfs um ca. 50 % und verringert rüstzeitbedingte Maschinenstillstände um bis zu 75 %. Die Anleitung ist an das Trainingslevel der Maschinenführer:innen angepasst. Es werden produkt- und prozessspezifische Informationen, wie z. B. optimale Produktionsgeschwindigkeit, Garnauswahl oder Bremsgewichte zur Verfügung gestellt (s. Abb. 6).

Auch untrainierten und unerfahrenen Mitarbeiter:innen ist es so möglich, die Webmaschine in Betrieb zu nehmen. Sollten Störungen auftreten, wie z. B. ein gerissener Faden, können die Mitarbeiter:innen ein Schulungsvideo ansehen und werden per Videoanleitung durch die Behebung des Fehlers geführt. Können die Mitarbeiter:innen den Fehler nicht eigenständig beheben, stehen Kontaktdaten von erfahrenen Kolleg:innen zur Verfügung. Es werden alle Kolleg:innen aufgelistet, die anwesend sind und ein höheres Trainingslevel nachweisen können.

Die gewebte Rohware wird anschließend in einer Beschichtungsanlage thermofixiert und beschichtet. Auch in dieser Maschine werden sensorbasierte Daten zur Qualitäts- und Prozessüberwachung aufgezeichnet (s. Abb. 7).

Neben der Temperatur sind Maschinengeschwindigkeit und Energieverbrauch der Maschine wichtige Daten, die die Schichtleiter:innen auslesen können. Auf das Beschichten folgt der Druck. Das Gewebe wird mittels Digitaldruck kundenspezi-

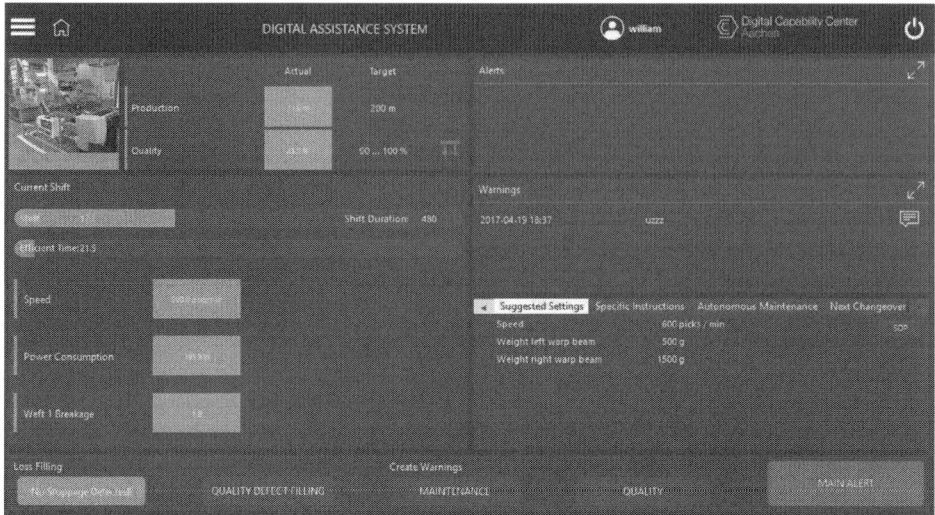

Abbildung 6: Digitales Assistenzsystem (Quelle: ITA Academy GmbH)

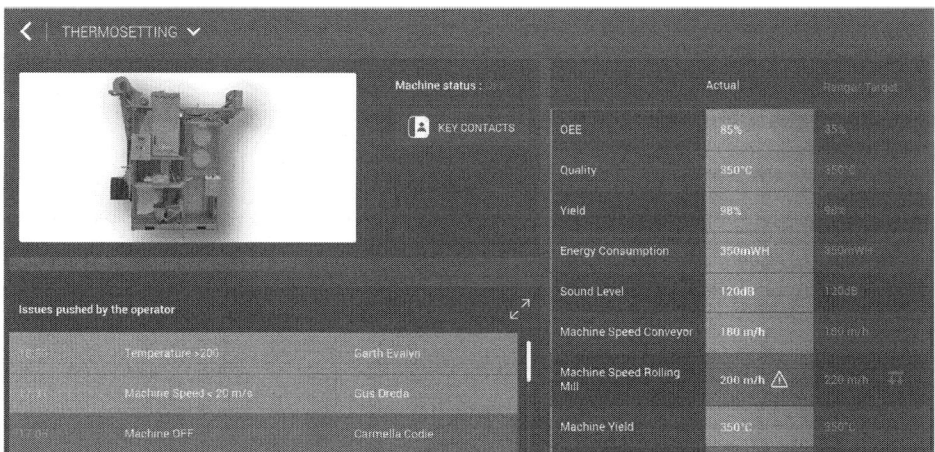

Abbildung 7: Zustandsüberwachung am Beispiel Thermofixieren (Quelle: ITA Academy GmbH)

fisch und bei Bedarf in Losgröße 1 individualisiert. Der Drucker druckt per Sublimationsdruckverfahren ein von der Kundschaft generiertes Layout auf das Bandgewebe. Bild, Farbe, Text und die Größe des Armbandes können bestimmt werden. Das Layout wird in einer Smartphone-App eines Technologiepartners gestaltet und per Knopfdruck an den Drucker gesendet. Die App wandelt die Daten in eine Datenmatrix um und druckt diese automatisch mit auf das Band, sodass jedes Armband einem Auftrag zugewiesen werden kann. Im Folgeschritt wird das Band an einer größenspezifischen Farbmarke geschnitten. Per Live-Videoschaltung können sich die Kund:innen die Produktion des Armbandes ansehen. Kameras übertragen das Druckverfahren sowie die anschließende Konfektion des Bandes. Wie in Abbildung 3 zu sehen ist, zeigt das DCC an der sog. *Nähzelle* digitale Lösungen für eine adaptive Arbeitsplatzgestaltung und die Taktzeitmessung. Durch digitale Applikationen kann die Produktivität um 25 % gesteigert und die Abweichung von Taktzeiten um bis zu 80 % reduziert werden.

Die Konfektion umfasst die Ausstattung mit RFID-Chips und den Verpackungsprozess sowie das Nähen. Das Nähen erfolgt in zwei Schritten an Steharbeitsplätzen. Die Näharbeiten verlangen präzise Handhabung bei sich stets wiederholenden Arbeitsschritten. Um ein gleichbleibendes Qualitätsniveau zu garantieren werden die Mitarbeiter:innen per Videoanleitung schrittweise durch die Konfektion geführt. In der Nähzelle vermittelt das DCC, wie personalisierte Arbeitsumgebungen durch digitale Unterstützung einem hohen ergonomischen Standard gerecht werden. Die Mitarbeiter:innen loggen sich zu Beginn der Schicht am Arbeitsplatz ein. Das Lesegerät liest den RFID-Chip der Mitarbeiter:innen aus und passt den Arbeitsplatz an. Die Tischhöhe wird passend an die Körpergröße der Mitarbeiter:innen eingestellt. Die Arbeitsanweisung erscheint in der Landessprache des/der Mitarbeiter:in und eine Videoanleitung zur Umsetzung der Arbeitsschritte ist dem Trainingslevel angepasst.

Bei Beginn des Arbeitsschrittes liest ein Lesegerät die gedruckte Datenmatrix auf dem Bandgewebe aus. Die Informationen werden zwischengespeichert und anschließend auf den RFID-Chip übertragen. Mit Auslesen der Datenmatrix startet eine Zeitmessung zur Taktzeiterfassung. Parallel dazu startet eine Videoanleitung, welche die Mitarbeiter:innen durch die Konfektion des Armbandes leitet. Die Videoanleitung leitet Arbeitsschritte an und gibt vor, welche Bauteile zu verwenden sind. Die Mitarbeiter:innen müssen einen Arbeitsschritt nicht manuell als *erledigt* quittieren, damit der nächste Arbeitsschritt angezeigt wird. Die Nähzelle erkennt präzise, an welchem Prozessschritt die Mitarbeiter:innen arbeiten und leitet diesen entsprechend an.

Ein digitales Leistungsmanagement gibt zudem Auskunft über die Produktivität der Mitarbeiter:innen. Eine Gesamtübersicht der Leistungen aller Maschinen und Prozesse wird anschließend an einem Computer analysiert und grafisch angezeigt (s. Abb. 8).

Für eine ständige Versorgung der Produktionslinie sorgt ein Logistiksystem. Die Logistiker:innen wickeln Aufträge augmented-reality-unterstützt ab. Google Glass wird als Werkzeug für eine „erweiterte Realität"-Anwendung eingesetzt. Ziel ist die Steigerung der Produktivität und die Qualitätsverbesserung des Prozesses. Logistiker:innen erhalten die Arbeitsaufträge über die Recheneinheit in der Datenbrille. Durch den Einsatz von digitalen Assistenzsystemen können unnötige Arbeitsschritte vermieden werden, sodass die Produktivität um 25 % gesteigert wird. Entlang der digitalen Liste bestücken die Logistiker:innen den Maschinenpark. Manuelle Arbeitsaufträge oder Listen fallen weg, sodass die Logistiker:innen beide Hände frei haben und effizienter arbeiten können. Greifen die Logistiker:innen nach einem Artikel im Lager, detektiert ein Lesegerät am Handgelenk, ob der Artikel mit dem Auftrag übereinstimmt. Die Logistiker:innen erhalten eine visuelle und akustische Rückmeldung, falls sie von der digitalen Auftragsliste abweichen. Dies erfolgt über

RFID, sodass die Fehlerrate beim Bestücken des Maschinenparks um 60 % sinkt. Im Planungssystem kann der Status jedes Artikels und der exakte Lagerbestand eingesehen werden.

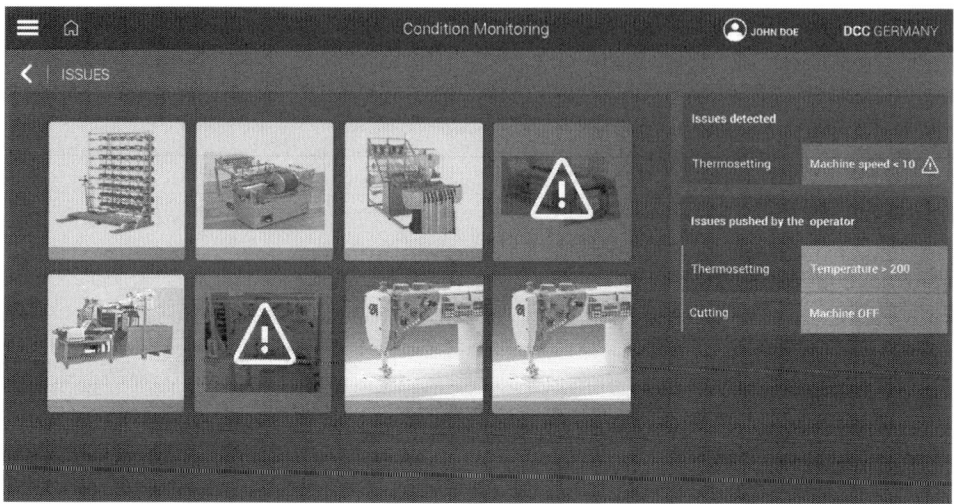

Abbildung 8: Zustandsüberwachung des gesamten Prozesses (Quelle: ITA Academy GmbH)

5 Konzept des DCC Aachen

Das Konzept des DCC Aachen basiert auf sechs Kernbereichen (Abb. 9).

Abbildung 9: Sechs Kernbereiche des DCC Aachen (Quelle: ITA Academy GmbH)

Zunächst werden Kund:innen zu Kernfragen im Bereich Industrie 4.0 oder digitaler Transformation informiert. Im Gegensatz zu Großunternehmen ist die tatsächliche Umsetzung von Industrie 4.0 für kleine und mittlere Unternehmen (KMU) in Deutschland noch schwer. Da Großunternehmen hohe Stückzahlen und kapitalintensiv produzieren, sind vollautomatische Produktionen fester Bestandteil des Prozessmanagements. Bei KMU sind das Wissen und die Auswirkungen von Industrie 4.0 oft noch nicht vorhanden und so sind KMU bei Investitionen oftmals noch zurückhaltend. Hohe Investitionskosten sowie unklare Wirtschaftlichkeitsrechnungen gelten als große Hürde und hemmen daher den Einsatz von Industrie 4.0. Die Anwendung von digitalen Lösungen sind für die Unternehmen neu, erfordern erhebliche Veränderungen und die Quantifizierung der Potenziale sind zudem komplex und vielfältig.

In der Designphase wird die Soll-Konzeption gemeinsam mit den Unternehmen definiert. Durch eine Ableitung der Maßnahmen der vorangegangenen Diagnose und Analyse, kann ein konkreter Fahrplan mit definierten Arbeitspaketen, Zeitplan und Verantwortlichkeiten erstellt werden.

Um einen konkreten Fahrplan in Zusammenarbeit mit den Unternehmen zu gestalten, ist einerseits das Zusammenspiel der Komponenten Organisation, Mensch und Technik wichtig, andererseits aber auch die detaillierte Planung der Entwicklungsgröße sowie beteiligte Mitarbeiter:innen und Kooperationspartner:innen.

Bei der Einführung von Industrie 4.0 sind verschiedene Größenordnungen möglich. Praktische Entwicklungen beschreiben die Implementierung von einzelnen Industrie-4.0-Technologien bspw. an einer Maschine und können bei einer Neuentwicklung den Einsatz eines Prototyps darstellen. Techniker:innen und Produktionsleiter:innen sowie passende Kooperationspartner:innen werden bei der Erstellung der Arbeitspakete mitberücksichtigt und Verantwortlichkeiten für alle Teilnehmer:innen festgelegt.

Soll die Einführung von Industrie 4.0 in Teilbereiche der Produktion vorgenommen werden oder vorhandene Systeme optimiert werden, kann bspw. die Implementierung von neuen Technologien an allen verfügbaren Maschinen desselben Typs erfolgen. Je nach einzuführender Technologie können die Maschinen miteinander vernetzt werden.

Um Industrie 4.0 in die gesamte Produktion einzuführen, werden verschiedene Produktionskomponenten, bspw. Maschinen verschiedener Art miteinander vernetzt. Messungen und Analysen beziehen sich demnach auf die gesamte Produktion und nicht mehr auf einzelne Komponenten oder Teilbereiche. Insbesondere bei der Einführung in Teilbereiche und der gesamten Produktion sind nicht nur Verantwortliche auf technischer Ebene mit einzubeziehen, sondern auch das zuständige Management. Je größer das Ausmaß der Einführung erfolgt, desto detaillierter sollten die Fahrpläne zur Umsetzung gestaltet werden.

Für die Implementierung von Industrie 4.0 gilt die Vorgehensweise der folgenden Schritte, unabhängig von der Größe der zu startenden Transformation:
1. Entwicklung der Technologien/Systeme mit Lernfabrik-Partnern
2. Konzepterstellung
3. Prototypenentwicklung
4. Integration des Prototypen/Sensorik in die Produktion
5. Testphase/Evaluierung in der Produktion für einen bestimmten Zeitraum
6. Optimierung
7. Implementierung in weitere Produktionen/Werke

Soll nicht nur die vorhandene Produktion mit vorhandenen Systemen ausgestattet werden, sondern Entwicklungen vorangehen, so ist es sinnvoll, diese nicht direkt in der Produktion zu entwickeln, sondern im geschützten Raum außerhalb der vorgesehenen Produktion.

Um in den Lernfabriken Kompetenzen bei Fach- und Führungskräften aufzubauen und die Transformation der Unternehmen nachhaltig zu gestalten, ist das Zusammenspiel verschiedener Komponenten von Bedeutung. Das alleinige Schulen der Teilnehmer:innen garantiert keinen erfolgreichen Transfer in die Unternehmen. Technische und informationstechnische Projekte scheitern selten an der Technik, sondern an den Beschäftigten im Unternehmen, welche nicht ausreichend miteinander kommunizieren oder miteinander kooperieren, sowie an der hohen Komplexität der Systeme und neuen Anforderungen. Abgestimmte Interaktionen zwischen technischen Systemen, dem Menschen selber und der Organisation tragen zum Erfolg der Transformation bei (Abb. 10).

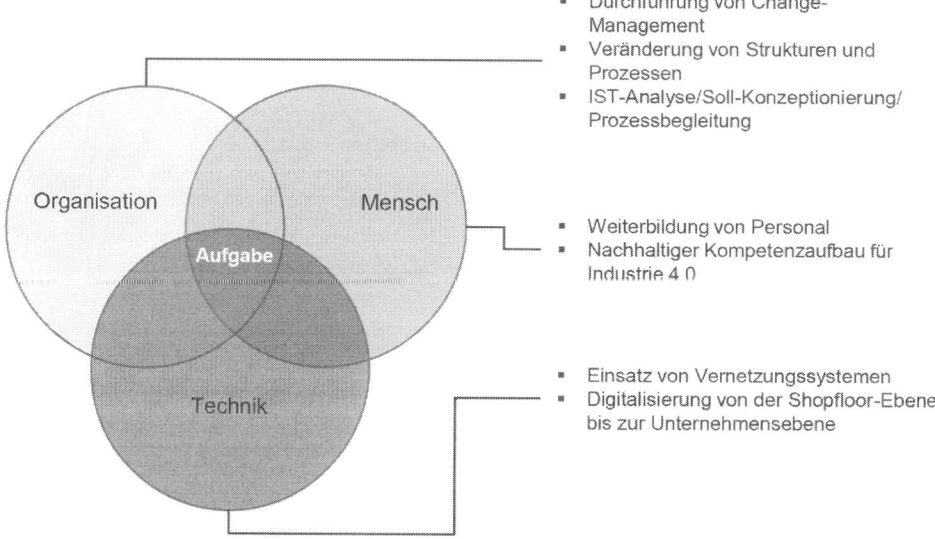

Abbildung 10: Zusammenspiel der Komponenten bei der digitalen Transformation (Quelle: ITA Academy GmbH)

Für eine erfolgreiche Umsetzung der Transformation und dem daraus resultierenden Change-Management werden interne Prozesse und Abläufe im Unternehmen verändert und angepasst. Alle vorhandenen Komponenten in der Organisation werden betrachtet und analysiert, um Kompetenzen unternehmensweit aufzubauen und einen nachhaltigen Kompetenzaufbau zu gewährleisten. Strukturen und Systeme werden dabei bezüglich des Transformationsprozesses verwaltet und gesteuert. Das durchzuführende Change-Management stellt die Unternehmen während der Transformation vor Herausforderungen. Um Veränderungen erfolgreich durchzuführen, bedarf es vor allem einer gut ausgeprägten unternehmensinternen Kommunikation. Dabei ist es wichtig, dass Ziele zur Durchführung sowie der Ablauf der Veränderungen klar formuliert und begründet sind. Je nachdem, in welcher Größenordnung eine Transformation durchgeführt werden soll, ist dies ein langwieriger Prozess, welcher detailreich geplant und analysiert werden muss.

Verschiedene Unternehmensbereiche und Prozesse sind demnach vom Wandel im Unternehmen betroffen und werden dementsprechend angepasst und umgestaltet, nachdem diese betrachtet und analysiert wurden. Insbesondere für Unternehmen, welche kaum Veränderungsprozesse in den Unternehmen durchführen, kann sich die Umgestaltung als sehr herausfordernd herausstellen. Weisen Unternehmen schon ein hohes Innovationsverhalten durch vorherige Veränderungsprozesse und Projekte auf, sollte im Vorhinein noch einmal analysiert und reflektiert werden, welche Probleme bei der digitalen Transformation abzusehen bzw. verhindert werden können.

Zusammen mit den Lernfabriken sollten die folgenden Punkte im Vorhinein definiert werden, um eine Veränderung im Unternehmen möglichst effizient durchzuführen:

- Welche Auswirkungen sind möglich? (Analyse und Bewertung positiver und negativer Auswirkungen)
- In welchem Zeitraum soll die Transformation stattfinden? (Wahl eines vorteilhaften Zeitpunktes ist sinnvoll, um unternehmensinterne Widerstände zu vermeiden.)
- Welche Unternehmensbereiche und Organisationseinheiten sind von der Transformation betroffen? (Die gesamte Wertschöpfungs- und Lieferkette oder nur einzelne Unternehmensbereiche?)
- Welche Ressourcen sind intern vorhanden?
- Start der Transformation mit einer Pilotierung oder sofortige Umsetzung?

Die technische Komponente setzt sich mit den Anforderungen und der Funktionsweise von einem Digitalisierungs- bzw. Vernetzungsprozess in der Produktion auseinander. Eine Analyse, welche technischen Systeme schon im Unternehmen vorhanden sind bzw. welche eingesetzt werden sollen, sollte zu Beginn durchgeführt werden, um eine Bewertung der vorhandenen technischen Ressourcen vorzunehmen. Welche Systeme und technischen Komponenten zum Einsatz kommen können, hängt von der Zielsetzung und Strategie der Transformation ab. Ist die gesamte Wertschöpfungs- und Lieferkette von der Vernetzung betroffen, sind die technischen Anforderungen und Herausforderungen wesentlich höher, als wenn nur Teilvernetzungen bspw. in ausgewählten Bereichen der Produktion durchgeführt werden.

Neue Technologien und technische Systeme werden eingeführt und angewendet, um Prozesse und Output zu überwachen, zu analysieren und zu optimieren. Mittels Industrie 4.0 sollen vorhandene Prozesse vereinfacht, automatisiert und optimiert werden. Ziel nach der Transformation ist eine Kostenersparnis, ein höheres Qualitätsniveau sowie kürzere Prozesszeiten.

Der Faktor Mensch bleibt auch beim Einsatz von Industrie 4.0 der wichtigste Bestandteil des Prozesses. Wenn das Agieren des einzusetzenden Personals nicht den Prozessen und Veränderungen angepasst wird, kann der Einsatz von Industrie 4.0 nicht seinen Zweck erfüllen. Effizienz und Effektivität gehen verloren. Fach- und Führungskräfte der Textilindustrie, aber auch anderer technischer Industrien sollen

Fähigkeiten bezüglich digitalisierter Produktionsprozesse aufbauen. Die Teilnehmer:innen sehen die vorhandene Prozesskette in verschiedenen Zuständen, nehmen Informationen durch Schulungen und Workshops auf und verarbeiten diese, um die erworbenen Fähigkeiten später im eigenen Unternehmen anwenden zu können bzw. das Unternehmen auf die Digitalisierung aufmerksam zu machen. In der Übertragung des Erlernten in das Unternehmen liegt die größte Herausforderung. Ohne unterstützendes Personal, welches an bestimmte Tätigkeiten erinnert, und ohne weitere Anleitungen sollen Handlungen und Veränderungen in der eigenen Produktion durchgeführt werden. Das Erlernte in der Lernfabrik soll jedoch nicht nur die Fähigkeiten der vorhandenen Teilnehmer:innen vor Ort verbessern, sondern auch die Fähigkeiten der weiteren Beschäftigten im Unternehmen. Beschäftigte müssen den Einsatz und die Anwendung von neuen Technologien verstehen, diese steuern können und bei weiteren Kolleg:innen die Fähigkeiten ebenfalls aufbauen.

Die teilnehmenden Unternehmen in den Lernfabriken müssen für eine Weiterbildung ihrer Beschäftigten im Umgang mit digitalisierten Produktionsprozessen sorgen, um so eine zielgerichtete und kontinuierliche Optimierung in den Produktionsprozessen zu gewährleisten.

Abbildungsverzeichnis

Abb. 1   Gründungs- und Technologiepartner im DCC 154

Abb. 2   Armband mit integriertem RFID-Chip und Lesegerät 156

Abb. 3   Textile Prozesskette und digitale Applikationen im DCC Aachen 157

Abb. 4   Zustandsüberwachung in der Gesamtübersicht 158

Abb. 5   IT-Infrastruktur im DCC Aachen 158

Abb. 6   Digitales Assistenzsystem 160

Abb. 7   Zustandsüberwachung am Beispiel Thermofixieren 160

Abb. 8   Zustandsüberwachung des gesamten Prozesses 162

Abb. 9   Sechs Kernbereiche des DCC Aachen 162

Abb. 10 Zusammenspiel der Komponenten bei der digitalen Transformation 164

Tabellenverzeichnis

Tab. 1   Digitale Applikationen am DCC 156

Technikdidaktische Herausforderungen im Übergang zu Industrie 4.0

Daniel Pittich, Ralf Tenberg, Karsten Lensing

Abstract

Der vorliegende Beitrag setzt sich mit dem viel diskutierten Phänomen *Industrie 4.0* aus technikdidaktischer Perspektive auseinander. Ausgehend von den technologischen Grundbezügen des technisch-produktiven Wandels werden die damit einhergehenden Entwicklungen beruflicher Facharbeit bilanziert. Hierbei wird insbesondere auf das Kompetenzkonstrukt als zentrale Zielperspektive der beruflichen Bildung sowie den Wandel von beruflicher Facharbeit hin zur Wissensarbeit eingegangen. Unter Rückgriff auf diesbezügliche Grundüberlegungen sowie Studien und Analysen zu antizipierten Veränderungen werden drei Kernaussagen und Implikationen der technikdidaktischen Begegnung des Phänomens *Industrie 4.0* skizziert: 1) Eine Anreicherung der Berufe mit überfachlichen Kompetenzen, 2) eine Erweiterung der Berufe durch sog. Wissensarbeit sowie 3) eine zunehmende Prozessorientierung. Der Beitrag schließt mit Überlegungen einer Positionierung des Bereichs Technikdidaktik in Theorie und Praxis.

Schlüsselwörter: Berufliche Bildung, Digitalisierung, Transformation, Kompetenzen

1 Entwicklungslinien und Basistechnologien im Kontext von Industrie 4.0

Der Ursprung des Phänomens *Industrie 4.0* und der darin subsummierte digitale Wandel der Industrie deutete sich schon in den 1980er-Jahren an. Programmierbare Werkzeugmaschinen und Personalcomputer waren die Vorreiter, es folgte das Computer-Aided-Design für rechnergestütztes Konstruieren und das Computer-Aided Manufacturing (s. Abb. 1). In den Montagehallen hielten Fertigungsroboter Einzug und Computer-Integrated-Manufacturing-Systeme versprachen eine integrierte Fertigung (Jacobi 2013, S. 52). Im Anschluss sorgten Komponenten sog. ERP-Systeme für die nächsten Evolutionsschritte im übergreifenden Controlling (Sendler 2009, S. 22). Durch Einführung der sog. Produktlebenszyklus-Managementsysteme (PLM) ist der *digitale Zwilling* genuiner Bestandteil in einer global vernetzten Lieferkette. Mit dem Internet kamen digitale Netzwerkperipherien und die Mobilisierung und Entkopplung der bis dato stationären Geräte hinzu. Im Kontext der betrieblichen Nutzung beschleunigte sich diese Dynamik erneut, dies wurde auf der Hannover-Messe 2011 mit dem Label *Industrie 4.0* versehen (VDI-Nachrichten 2011, S. 2).

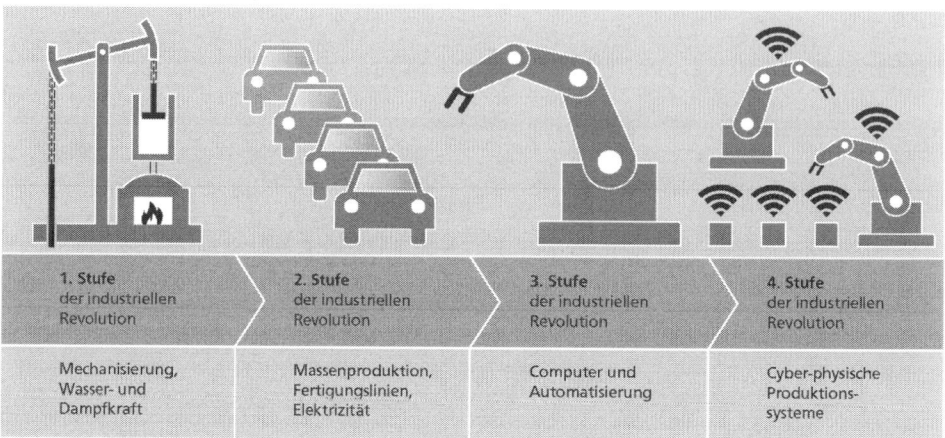

Abbildung 1: Stufen der industriellen Revolution (angelehnt an Roser 2015)

Dieses Label bezieht sich auf die Entwicklung von Systemen, die informationstechnische, mechanische und elektronische Komponenten über eine geteilte Dateninfrastruktur verbinden und komplexe Funktionen relativ autonom ausführen können (BMWi 2015, S. 16; Plattform Industrie 4.0 2015, S. 8 und 48). Die als cyber-physisch bezeichneten Systeme (CPS) sind zentrale Elemente der Industrie 4.0 und integrieren produktionsbezogene Komponenten in einer gemeinsamen Datenbasis (Lichtblau, Stich et al. 2015, S. 22). Gemäß des Fachausschusses „Industrie 4.0" handelt es sich um ein „jederzeit (global) verbundenes System, aus informationsverarbeitenden (virtuellen) Objekten oder Prozessen und realen (physischen) Objekten und Prozessen", bei dem eine Kombination aus Sensoren, Aktoren und einer eingebauten Netzwerkfähigkeit die Kommunikation von Mensch und Maschine (HMI) sowie zwischen Maschinen (M2M) sicherstellt (VDI/VDE-GMA 2015, S. 1). Dementsprechend wird die intelligente Produktion der Zukunft durch das Internet of Things (IoT) und das Internet of Services (IoS) getragen. Deren Zusammenführung ermöglicht die echtzeitnahe Erfassung und Auswertung produktionsrelevanter Daten, indem allen Objekten eine eigene Identität (IP-Adresse) zugewiesen wird (Kagermann 2014, S. 604). In diesen, auch als *Smart Factories* bezeichneten Produktionsumgebungen, sind Maschinen vernetzt und koordinieren die Produktionsabläufe weitestgehend selbstständig. Da der Mensch auch zukünftig in diese Prozesse eingebunden sein wird, ist es bedeutsam u. a. den Fragen nachzugehen, 1) wie sich durch neue Technologien und den technisch-produktiven Wandel die Tätigkeiten und die Facharbeit verändern werden und 2) wie dieser Wandel qualifikatorisch durch das Berufsbildungssystem aufgefangen und gestaltet werden kann.

2 Facharbeit im technisch-produktiven Wandel

Nicht erst seit der Industrialisierung, in der sich moderne Produktionsgesellschaften entwickeln, sehen sich Menschen mit der Gestaltung des technisch-produktiven Wandels konfrontiert. Dabei sind zwei grundsätzliche Ansätze zu identifizieren: die Arbeitsorganisation und die Qualifikation (Schelten 2005). Einerseits hängen beide Aspekte zusammen, andererseits bilden sie relativ eigenständige Entwicklungsbereiche. Nur in seltenen Fällen wurden sie integrativ betrachtet und umgesetzt, denn die produktivitätsgetriebene Arbeitsorganisation war und ist noch immer zu schnellen Anpassungsreaktionen gezwungen, die über den Qualifikationsweg kaum möglich sind. Entsprechend folgten auf technische Innovationen Anpassungen der Arbeitsorganisation und erst dann Überlegungen zur Qualifikation. Diese Überlegungen sind wiederum vom jeweiligen Berufsbildungssystem abhängig, denn Veränderungen in Zielen und Inhalten beruflicher Qualifikationen können nur im Rahmen der Restriktionen des Berufsbildungssystems antizipiert werden. Beispiel für einen solchen Prozess ist der Wandel der Facharbeit in den 1980er-Jahren (Schelten 2005, S. 14). Die Produktionen wurden digitalisiert und automatisiert, das Produktionsmanagement verschlankt. Es wurde klar, dass statische Facharbeit dynamisiert werden musste, mit der Folge, dass „Schlüsselqualifikationen" (Mertens 1974, S. 22) in den Betrieben implementiert wurden und in der Folge auch das Kompetenzkonzept an berufsbildenden Schulen. Zu Beginn des 21. Jahrhunderts erfolgten curriculare Reaktionen in Form der Rahmenlehrpläne und Ausbildungsordnungen (KMK 2011). Doch noch immer gibt es technische Berufe, die von diesem Wandel gerade erst erreicht werden. Das zeigt, dass sich das deutsche Berufsbildungssystem noch immer in einer Transformation befindet, die vor über 30 Jahren ausgelöst wurde.

Unabhängig von dieser Transformation schritt die Digitalisierung mit zunehmender Dynamik fort. In immer neuen Wellen kamen zuerst PCs, dann das Internet, dann Multimedia und Telekommunikation, dann das mobile Internet, Roboterisierung, *Smartisierung* etc. auf und wirkten sich innerhalb wie außerhalb von Produktion, Logistik, Vertrieb und Service aus. Diese technischen Wellen liefen über die produktiv-qualifikatorischen Reaktionen hinweg, was diese auch aufgrund ihrer Trägheit nicht maßgeblich intervenierten. Der aktuelle Status der qualifikatorischen Situation im Berufsbildungssystem kann vor diesem Hintergrund nur als defizitär eingeschätzt werden, denn weder aktuelle Ausbildungen, noch die Berufszuschnitte können angesichts der *davongelaufenen Technik* und den damit verbundenen Anforderungen adäquat sein. Eine zukunftsfähige Technikdidaktik muss sich damit auseinandersetzen, den vorliegenden Rückstand zu gestalten und aufzuholen. Andererseits sollte sie antizipieren, welche neuen Facetten relevant werden, wenn das um sich greift, was aktuell als Industrie 4.0 wahrgenommen wird. Die Kompetenztransformation erscheint in diesem Kontext als ein relevanter Entwicklungsstrang.

3 Konsequente Weiterführung der Kompetenztransformation als Basis für Industrie 4.0

Ausgehend von den Basistechnologien der Industrie 4.0 wurden vorab die mit dem technisch-produktiven Wandel der Facharbeit einhergehenden Veränderungen skizziert. Im Folgenden werden die wesentlichen Aspekte der Kompetenztransformation sowie die diesbezügliche Umsetzung in der Bildungspraxis und der beruflich-technischen Wissensarbeit erörtert.

3.1 Kernelemente der Kompetenztransformation des 1. Wandels

Die Tätigkeiten von Facharbeiter:innen waren bis zum Aufkommen der digitalen Technologien in den 1970er-Jahren vorwiegend operativ ausgerichtet und wurden qualifikatorisch mit einem auf Fähigkeiten und Fertigkeiten fokussierten Ansatz hinterlegt (Schelten 2005). Das damalige Facharbeiter:innenbild zeigte sich als zeitstabil und war weitgehend ausbildungsfundiert. Im Zentrum stand fachliches Handeln mit hoher Qualität, gewährleistet durch Unterweisung, begleitete Erfahrungs- und Entwicklungsräume und ein verstehendes Lernen. Die duale Ausbildung findet an zwei Lernorten statt, wobei der Betrieb eine dominante Rolle einnimmt, sowohl zeitlich als auch rechtlich. In der Berufsschule wurde die Theorie und in Betrieben die Praxis vermittelt (Schelten 2005). Diese Zuständigkeitszuweisungen wurden – ausgehend von den sich ändernden Anforderungen an Facharbeit und Handwerk – zunehmend angezweifelt. Mertens forderte im Rahmen seines Schlüsselqualifikationsansatzes (1974) im Anschluss an einen Beschluss des Deutschen Bildungsrats die perspektivische Öffnung einer fachlichen Berufsbildung und erweiterte das schulische und betriebliche Lernen um die Förderung überfachlicher Qualifikationen bzw. einer Persönlichkeitsentwicklung (Reetz 1999).

In den Betrieben hatten sich Ansätze (bspw. die Leittextmethode) etabliert, die Auszubildende auf die Veränderungen in Gesellschaft, Wirtschaft, Technik und Arbeit vorbereiteten. Schulen sahen sich mit dem Vorwurf konfrontiert, *träges Wissen* zu vermitteln, welches den kürzer werdenden Innovationszyklen nicht gerecht werden konnte (Renkl 1996). In der Kompetenzdiskussion der ausgehenden 1980er-Jahre waren diese Forderungen bzw. Entwicklungslinien leitend und der Ansatz von Mertens grundlegend, da sich Schlüsselqualifikationen als Qualifikationen höherer Reichweite (Schelten 2010, S. 166) auch kompetenztheoretisch interpretieren ließen (Reetz 1999, S. 34).

Bader beschrieb Kompetenz als „die Fähigkeit und Bereitschaft des Menschen, in beruflichen Situationen sach- und fachgerecht, persönlich durchdacht und in gesellschaftlicher Verantwortung zu handeln sowie seine Handlungsmöglichkeiten ständig weiterzuentwickeln" (Bader 1989, S. 74 f.) und forderte, Kompetenz als integrative Bildungsperspektive zu begreifen. Dieser integrative Kompetenzanspruch der beruflichen Bildung wurde erstmalig in der „Rahmenvereinbarung über die Berufsschule" (KMK 1991) expliziert und in den „Handreichungen für die Erarbeitung von Rahmenlehrplänen" (KMK 1996) in Form lernfeldorientierter Lehrpläne verankert.

Der Kompetenzansatz ist somit eine Reaktion des Berufsbildungssystems auf den technisch-produktiven Wandel der 1980er-Jahre. Wenngleich dieser neue, erweiterte Anspruch auf berufliche Bildung in den 2000er-Jahren nach und nach in konkrete Rahmenlehrpläne einging, erfolgte dies ohne adäquate theoretische bzw. empirische Abstützung und fern von der Berufsausbildungsrealität. Kernideen dieser Handreichungen wurden auch 20 Jahre nach Inkrafttreten nicht überzeugend in Berufsschulen implementiert (Dengler 2016a).

Bei den Betrieben stellte sich dies anders dar: Wenngleich von ihnen in den 1980er-Jahren die Veränderungen angestoßen wurden, fand bislang kein Ansatz eine Lösung, dies curricular zu implementieren. Selbst in der aktuellen Version des Berufsbildungsgesetzes von 2006 werden Kompetenzen nicht thematisiert, vielmehr findet sich dort im § 1 noch immer: „Die Berufsausbildung hat die für die Ausübung einer qualifizierten beruflichen Tätigkeit in einer sich wandelnden Arbeitswelt notwendigen beruflichen Fertigkeiten, Kenntnisse und Fähigkeiten (berufliche Handlungsfähigkeit) in einem geordneten Ausbildungsgang zu vermitteln" (BBiG 2006, S. 6). Trotzdem vollzogen Betriebe eine Weiterentwicklung ihrer Ausbildungen, weg von alten Lehrwerkstätten hin zu multiperspektivischen Ansätzen, in denen der zentrale Lernort Betrieb einer unter vielen wurde, flankiert von Lerninseln, Erkundungen, Projekten, KVP-Gruppen oder der betrieblichen Übungsfirma (Schelten 2005, S. 189 f.). Zentrale Idee ist die Ausrichtung der Ausbildung an den betrieblichen Anforderungen. Damit waren und sind die Dualpartner intentional kongruent, operativ wie curricular aber unterschiedlich.

3.2 Umsetzungsrealitäten in Berufsschulen und Betrieben

Die Implementierung von Lehrplänen und Bildungsreformen ist nicht nur ein schulspezifischer, sondern auch ein gesamtgesellschaftlicher Prozess. Dies gilt insbesondere für die berufliche Bildung, da hier Wirtschaft und Betriebe eine starke Rolle einnehmen. Entscheidende Faktoren einer erfolgreichen Implementierung sind die Radikalität der Veränderung, deren Dringlichkeit und Akzeptanz bei Schulen und Betrieben, aber auch deren Verständlichkeit und Umsetzbarkeit sowie die Gesamtheit aller flankierenden Maßnahmen, von der Information über Fortbildung bis hin zu Schul- und Modellversuchen. Im Falle der Ablösung des Qualifikations- durch den Kompetenzanspruch (KMK 1991) handelte es sich um eine weitreichende und paradigmatische Bildungsreform, sodass sich bis heute offene Fragen feststellen lassen.

Auch aus theoretischer Perspektive ist das Kompetenzkonzept diffuser als das der Qualifikation (z. B. Reetz 1999), da es Dispositionen adressiert, die nicht offen beschrieben werden können, sondern sich in einem emergenten Bereich humaner Befähigungen verbergen (u. a. Erpenbeck & von Rosenstiel 2007). Hinzu kommt, dass die Kompetenzwende eingeleitet wurde, ohne dass dieses Konstrukt ansatzweise erforscht war (Winther 2010) und der Ansatz der Kultusministerkonferenz (KMK) auf das anthropologisch-normative und empirisch nie erschlossene Konzept von Roth (1971) zurückging.

Mit den Forderungen nach einem ganzheitlichen, fächerübergreifenden und handlungsorientierten Unterricht (KMK 1996) wurden die Lehrpersonen nicht nur erheblich gefordert, sondern zugleich ihr bisheriger Unterricht diskreditiert und entwertet. Nachdem Modellversuche der Bund-Länder-Kommission (BLK) zu Beginn des neuen Jahrtausends eingestellt wurden, gab es zu dieser bislang größten Berufsbildungsreform nur ein BLK-Programm (Schulz, Kreuter et al. 2006), dessen Ergebnisse deutlich machten, dass hier weitgehend im *Dunkeln getappt* wurde und dringend wissenschaftlich abgestützte Implementierungshilfen angezeigt gewesen wären. Bezeichnend ist, dass bis heute kein integratives Kompetenzkonzept eingeführt wurde, in dem systematisch (berufliche) Kompetenzen so modelliert sind, dass sie in dualer Ausbildung schlüssig und integriert an beiden Lernorten curricular und konzeptionell umgesetzt werden können. Nach der empirischen Studie von Dengler (2016a) ist zu vermuten, dass sich die berufsschulische Realität weitestgehend pragmatisch mit Lernfeldern und der kompetenzorientierten Bildungsperspektive arrangiert hat. Der ehemalige Fachunterricht wurde in projektartige Formate verpackt und versucht dem Rechnung zu tragen, was in den Abschlussprüfungen erwartet wird (Dengler 2016a). Betriebe machen unabhängig davon *ihr Ding* und setzen mit mehr oder weniger Aufwand bzw. Lernortkooperation ihre betriebliche Ausbildung um. Bezeichnend, dass das Bundesinstitut für Berufsbildung (BIBB) u. a. einen Entwicklungsansatz verfolgt, dessen betrieblicher Kompetenzansatz sich am schulischen orientiert (Hensge, Lorig & Schreiber 2009).

Studien wie von Dengler (2016a) oder Clement (2002, S. 40 ff.) zeigen, dass den berufsbildenden Schulen keineswegs konsequente Kompetenzentwicklung unterstellt werden kann. Ähnliches gilt für Betriebe und insbesondere für den integrativen Bildungsraum der dualen Ausbildung. Zusammenfassend lässt sich feststellen, dass eine tragfähige und vermittelbare Theorie und damit entsprechende Curricula für beide Lernorte sowie korrespondierende Vermittlungskonzepte fehlen. Trotzdem ist davon auszugehen, dass eine Kompetenzwende eingeleitet wurde und diese weiter voranschreitet. Bezogen auf fachliche Kompetenzen ist ein breiter Entwicklungsstand zu identifizieren. Dies ist u. a. damit zu erklären, dass in den Lernfeldern der Rahmenlehrpläne kaum überfachliche Ziele konkretisiert werden. Damit lässt sich zum aktuellen Stand feststellen, dass sich das Berufsbildungssystem seit Jahrzehnten an einem Wandel *abarbeitet*, der aufgrund der zunehmenden Dynamik dringend erforderlich ist, denn die Auslöser wirken umso mehr, je weiter die Technik fortschreitet. Hinzu kommt, dass sich spätestens seitdem das Internet mobil wurde, ein weiterer Wandel abzeichnet: die Anreicherung von Facharbeit mit dem, was Dostal bereits 2002 mit dem Begriff der „Informatisierung" ausdrücken wollte, also mit dem zunehmenden Einbezug von Informationsprozessen in die Routine der Facharbeit. In Anlehnung an die von Willke (1998) eingebrachte Begrifflichkeit der „Wissensarbeit" erfolgte somit eine inhaltliche Aufwertung durch die zunehmende Nutzung digitaler Informationsmedien in der Facharbeit.

3.3 Facharbeit wird zu Wissensarbeit

Die Entwicklung von Wissensarbeit geht auf die einsetzende Informatisierung der späten 1990er- bzw. 2000er-Jahre zurück. Mit dem Aufkommen des Internets und der Verbreitung von mobilen Endgeräten sind auch im Arbeitsumfeld Informationen allgegenwärtig und beeinflussen berufliche Tätigkeiten. Von Facharbeiter:innen wird in beruflichen Anforderungssituationen eine Einbindung unterschiedlicher Informationssysteme erwartet. Ein weiteres Merkmal beruflicher Wissensarbeit ist die Verifizierung und Einbindung der Informationen in die unmittelbare operative Umsetzung eines Arbeitsprozesses (z. B. die Wartung eines unbekannten Bauteils). Das Phänomen Wissensarbeit ist zum aktuellen Stand insbesondere in (hoch-)technologisierten Berufen, wie bspw. der Flugzeugwartung, zu beobachten. Für diese Branche liegt ausgehend von grundlegenden Arbeiten Hubes (2005) eine erste empirische Studie mit technikdidaktischer Ausrichtung (Sobbe, Tenberg & Mayer 2016, S. 89 f.) vor. Diese Studie ist ein Beleg dafür, wie das Thema Digitalisierung in berufliche Tätigkeiten hineinwirkt, die qualifikatorischen Anforderungen verändert hat und verändern wird. So sind in der zukünftigen Informationssammlung und -einbindung zum einen mobile Endgeräte oder Datenbrillen und zum anderen Systeme absehbar, die Wartungs- und Reparaturbedarfe sowie weitere Zustandsinformationen automatisch übermitteln. Hinzu kommt, dass im Kontext dieser Systeme das Analysieren, Selektieren und Exzerpieren von Informationen zukünftig verstärkt über Algorithmen erfolgen kann. Im Gegensatz zu den Argumentationslinien im Kontext von Ansätzen des *Machine Learning* wird im Rahmen beruflicher Wissensarbeit lediglich eine quantitative Ausdünnung von Informationen impliziert. Die Verifizierung von Informationen und das Beherrschen der manuellen Tätigkeiten liegt nach wie vor bei den Facharbeiter:innen. Eine Problemlösung wird nur zum Erfolg führen, wenn sie unmittelbar, professionell und sicher mit entsprechenden technischen Systemen und Anlagen umgesetzt wird. Vor diesem Hintergrund zeigen sich Prognosen, wonach Facharbeit im Zuge der Digitalisierung und Informatisierung durch akademische Berufe substituiert werden könnte, als nur bedingt tragfähig.

3.4 Versuch eines ersten Fazits

Digitalisierung und die Basistechnologien von Industrie 4.0 werden im berufsbildenden Bereich nicht erst seit der Hannover-Messe 2011 diskutiert, sondern sind in der deutschen Wirtschaft seit den 1980er-Jahren feststellbar. Mit der Digitalisierung wurden zwei erhebliche Entwicklungsimpulse für die Facharbeit ausgelöst: zum einen die Kompetenzorientierung (Abschnitt 3.1), zum anderen die Anreicherung mit Wissensarbeit (Abschnitt 3.3). Damit einhergehend zeigt sich der 1. Wandel als fortgeschritten, bislang jedoch nicht als abgeschlossen. Der 2. Wandel hat gerade erst begonnen. Davon ausgehend erscheint es aus technikdidaktischer Perspektive angemessen, in Grundüberlegungen wie sich Facharbeit im Hinblick auf Industrie 4.0 verändern wird, zu berücksichtigen, dass nicht von anstehenden Entwicklungen zu sprechen ist, sondern diese bereits sukzessive erfolgen.

4 Antizipation neuer Kompetenzanforderungen in Industrie 4.0

In dem von der Digitalisierung getriebenen Wandel sind erste Smart Factories in Betrieb genommen worden und in Start-ups entwickeln sich industrielle Dienstleister, die durch Nutzung der Dateninfrastrukturen bislang unerkannte Marktnischen schaffen und besetzen. Produktpaletten werden entmaterialisiert und virtuell für die Losgröße-Eins-Fertigung angeboten, KI-Systeme etablieren sich (sowohl in Kommunikationskontexten als auch in Expertensystemen) und Service wird durch Augmented Reality in Guided Maintenance überführt. Es erscheint plausibel, dass Bemühungen unterschiedlicher Protagonisten der beruflichen Bildung zu beobachten sind, die auf die Antizipation der anstehenden Veränderungen ausgerichtet sind.

4.1 Aktuelle Analysen der antizipierten Veränderungen

In den zurückliegenden Jahren wurden in Bezug auf den Megatrend Industrie 4.0 und vor dem Hintergrund der beruflichen Bildung Anstrengungen unternommen, mögliche Entwicklungen zu antizipieren. Hier sind u. a. das BIBB-Projekt „Digitalisierung der Arbeitswelt" (Zinke, Renger et al. 2016), die Ingenics-Studie des Fraunhofer-Instituts IAO (Schlund & Pokorni 2016), die IAB-Studie zu quantitativen Veränderungen bei Erwerbstätigen (Dengler & Matthes 2015), die ZEW-Studie „Automatisierungswahrscheinlichkeit" (Bonin, Gregory & Zierahn 2015 – deutsche Adaption v. Frey & Osborne 2013), die BIBB-Studie „Zukunftsfähigkeit der Elektroberufe" (Zinke, Schenk & Wasiljew 2014) oder auch die FreQueNz-Studie des fbb (Zeller, Achtenhagen & Föst 2010) zu nennen. Die Aussagen dieser Studien können nur eingeschränkt aufeinander bezogen werden. Trotzdem lässt sich zusammenfassen, dass zum einen Aussagen hinsichtlich eines Wandels von Berufen und Beruflichkeit und zum anderen Prognosen zu den sich ändernden Anforderungen der konkreten Arbeitsprozesse im Fokus stehen. Die Einschätzungen zum Wandel berufsförmiger Arbeit in der digitalen Transformation fallen divergent aus. Sie reichen von dem, was Baethge & Baethge-Kinsky (1998) als eine Erosion des Berufskonzepts vorausgesagt haben, bis zu der von Dostal (2002) gesetzten Gegenprognose einer Renaissance der Beruflichkeit. Bezüglich des zweiten Aspekts – den sich ändernden Anforderungen der konkreten Arbeitsprozesse – zeigen sich ebenfalls Schwierigkeiten. In domänen- und berufsfeldübergreifenden Untersuchungen (Ingenics-Studie, Schlund & Pokorni 2016; IAB-Studie, Dengler & Matthes 2015; ZEW-Studie, Bonin et al. 2015) sind die Befunde zu allgemein, um konkrete Schlüsse ziehen zu können. Statt klarer, aus den Anforderungen abgeleiteter Prämissen, wie die berufliche Bildung qualifikatorisch der Digitalisierung beggnen könnte, liegen allgemeine Prognosen zu Kompetenzdesiderata vor. Diese beziehen sich auf unterschiedliche Segmente der beruflichen Bildung. Diese Desiderata sind zwar plausibel, erweisen sich im Hinblick auf zielführende Entwicklungen des beruflichen Lehrens und Lernens jedoch nur als ein Aspekt unter vielen und verbleiben damit abstrakt und unspezifisch. Domänenspezifische Studien (BIBB-Projekt „Digitalisierung der Arbeitswelt", Zinke u. a. 2016;

BIBB-Studie „Zukunftsfähigkeit der Elektroberufe", Zinke et al. 2014; FreQueNz-Studie des fbb, Zeller 2010; Bayme Vbm 2016) stellen genauere Aussagen in Aussicht, können diese jedoch zum aktuellen Entwicklungsstand nicht liefern.

Eher plausibel denn empirisch belegt können drei relevante Aussagen aus den einbezogenen prognostischen Befunden für Facharbeit im Zuge der Digitalisierung abgeleitet werden: (1) eine Anreicherung mit überfachlichen Kompetenzen, (2) eine Erweiterung durch Wissensarbeit (s. Abschnitt 3.3) und (3) eine zunehmende Prozessorientierung (Abb. 2).

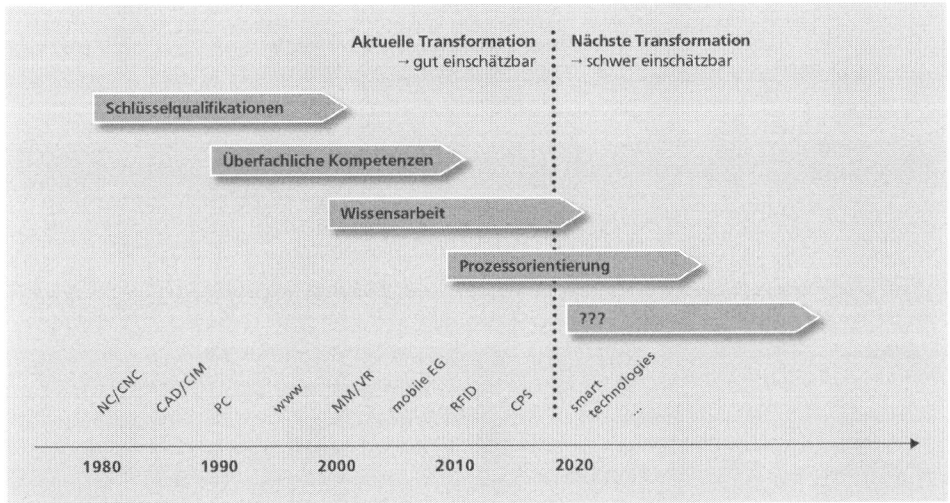

Abbildung 2: Transformationsprozesse im Kontext beruflicher Facharbeit (eigene Darstellung)

Kernaussage 1 – die Anreicherung der beruflichen Facharbeit mit überfachlichen Kompetenzen – steht in enger Verbindung mit dem Anspruch einer kompetenzorientierten Berufsbildung, der sich ausgehend von den Überlegungen des Schlüsselqualifikationsansatzes über die Einführung kompetenzorientierter Rahmenvorgaben in den 1990er-Jahren etabliert hat und sich zudem als ein Kernelement des ersten beruflichen Wandels (s. Abschnitt 2) zeigt.

Kernaussage 2 – eine Erweiterung der Facharbeit durch sog. Wissensarbeit – bzw. deren Auslöser und Ursachen wurden vorausgehend ebenfalls im Kontext des *beruflichen Wandels* erörtert. Es wurde skizziert, wie sich ausgehend von ersten digitalen Technologien eine bis heute immer stärker werdende Informatisierung in den Berufen verbreitete. Diese Entwicklung wird aktuell unter dem Begriff der Wissensarbeit diskutiert (Hube 2005; Sobbe et al. 2016), wobei im Zentrum digital gestützte Informationsprozesse und die damit zusammenhängenden kommunikativen Kompetenzen stehen.

Kernaussage 3 – eine zunehmende Prozessorientierung der beruflichen Facharbeit – lässt sich in unterschiedlicher Ausprägung in den genannten Studien als wiederkehrendes Merkmal identifizieren. Es wird davon ausgegangen, dass sich berufliche Arbeit stärker als bisher an Prozessen orientieren wird. Exemplarisch sei die BIBB-Studie von Zinke, Schenk & Wasiljew (2014) genannt, in der versucht wurde, die diesbezüglichen Veränderungen in Elektroberufen offenzulegen. Hier wird herausgearbeitet, wie sich durch die Handhabung von CPS die Tätigkeiten von Facharbeiter:innen auf komplexe Analysen, Fehler- und Schwachstellenbeseitigung fokussieren, um in die umfassend automatisierten Prozesse und Anforderungen eingreifen zu können, wodurch mentale Modelle bzw. ein umfassendes Verständnis komplexer prozessbezogener Zusammenhänge notwendiger wird (Zinke, Schenk & Wasiljew 2014, S. 39). Demnach werden sich zukünftige Arbeitsaufgaben der Elektrobranche an komplexen Systemen und Prozessen und den damit verbundenen Material-, Energie- und Informationsflüssen orientieren. Der Gesamtkomplex der Instandhaltung, umgesetzt mit digitalen Unterstützungssystemen (Condition Monitoring, Plant Asset Management etc.), gewinnt erheblich an Bedeutung (Zinke, Schenk & Wasiljew 2014, S. 40). Nicht mehr die berufliche Domäne, sondern die Prozesse bedingen dann die Facharbeit (Gebhardt, Grimm & Neugebauer 2015, S. 51). Um aber adäquate und prozessbezogene Problemlösungsstrategien autonom umsetzen zu können, sind Kenntnisse mehrerer Domänen zu integrieren (Gebhardt et al. 2015). Der begonnene Übergang in eine Prozessorientierung wird sich durch eine zunehmende Digitalisierung im Rahmen der Industrie 4.0 auf weitere, bisher nicht explizit betroffene Berufsbereiche ausweiten. Als Beispiel sowie archetypisches Vorbild ist der Beruf *Mechatroniker:in* als Hybrid der technischen Hauptdomänen Elektronik, Metalltechnik und Informatik zu sehen. Schon jetzt beginnt sich dieser Beruf prozessbezogen auszudifferenzieren. In Betrieben sind nach Frenz, Heinen & Zinke (2016, S. 40) Tendenzen zu beobachten, dass zum einen „einzelne Berufsprofile in der Berufsausbildung näher zusammenrücken" und sich zum anderen die Arbeitsaufgaben von Mechatroniker:innen und Elektrotechniker:innen für Betriebs- bzw. Automatisierungstechnik immer ähnlicher werden.

4.2 Implikationen der antizipierten Veränderungen

Aus diesen drei bedingt empirisch gestützten Kernaussagen lassen sich Implikationen für die berufliche Bildung ableiten. Während eine konsequente Fortsetzung des Kompetenzansatzes und die Anreicherung von Facharbeit durch Wissensarbeit weitgehend qualifikatorische Implikationen aufweisen, bedingt der Aspekt einer zunehmenden Prozessorientierung zudem Implikationen für strukturelle Veränderungen in den technischen Berufen.

Im Zuge der erörterten Kernaspekte der Entwicklung technischer Berufe durch die Digitalisierung wurde festgestellt, dass die angestoßene Kompetenzorientierung weder abgeschlossen wurde noch ausgelaufen ist, sondern sich nach wie vor in einem Transformationsprozess befindet. Eine kompetenzorientierte Technikdidaktik in Wissenschaft und Bildungspraxis sollte sich daher an einem theoretisch und empirisch fundierten sowie praktisch handhabbaren Kompetenzkonstrukt orientieren, das nicht nur fachliche, sondern explizit überfachliche Kompetenzen adressiert und integriert. Pittich und Tenberg haben diesbezüglich ein Basiskonzept entwickelt (Pittich 2013, 2014; Tenberg 2011), welches auf dem Grundansatz von Erpenbeck & von Rosenstiel (2007) beruht. Bislang wurde der Bereich fachlich-methodischer Kompetenzen genauer erschlossen und bedingt empirisch abgestützt (Pittich 2013). Kernaussage des Modells fachlich-methodischer Kompetenzen ist, dass nur verstandenes Handeln den Anspruch einer Selbstorganisation erfüllen kann. Dieser Anspruch wird über die Kombination und Korrespondenz von Handlungs- und Wissensqualitäten beschrieben und expliziert (detaillierte Darstellung in Pittich 2013, 2014; Tenberg 2011), was wiederum eine korrespondierende Vermittlung von Können und Wissen im beruflichen Lernen bedingt. Kernelement ist ein *alternierendes Lernen*, in dem sowohl fach- als auch handlungssystematische Segmente Berücksichtigung finden. Weitere Prämissen für diesen Ansatz sind die Kontextualisierung (Tenberg 2011) des Unterrichts, d. h. die konsequente Einbettung in ein betrieblich-berufliches Szenario und die Problemorientierung. Wie Dengler (2016b) nachweisen konnte, ist die berufsschulische Realität jedoch weit davon entfernt, Kompetenzen auf diesem Anspruchsniveau zu vermitteln. Der einzig theoretisch fundierte Ansatz überfachlicher Kompetenzen geht auf Euler & Reemtsma-Theis (1999) zurück. Das Thema ist nur randständig und zumeist in kasuistischen Szenarien beforscht, sodass ein Entwicklungsraum zu unterstellen ist.

Ähnlich skeptisch ist die Implementierung von Wissensarbeit im beruflichen Lernen einzuschätzen. Zwar ist im Zuge der arbeitsplatz- und arbeitsprozessorientierten Ansätze in den Betrieben (Lerninseln, KVP-Gruppen, Lernfabriken etc.) davon auszugehen, dass diese Implementierungen formell und auch informell stattfinden, eine diesbezügliche Einschätzung jedoch schwerfällt. Zur Frage, wie sich die schulische Seite in diesem Thema orientiert und aufgestellt hat, liegen bisher keine Befunde vor. Es wäre jedoch naiv davon auszugehen, dass alleine die Informations-Operationen im Vollzug einer schulischen Leittextmethode bzw. einer Orientierung an der vollständigen Handlung (u. a. Hacker 1973) diesem Anspruch gerecht wird. Denn zwischen dem, was an Informationen für einen auf theoretisches Verständnis angelegten Unterricht, und dem, was an Informationen für einen unmittelbaren Tätigkeitsvollzug in direkter Interaktion mit verschiedenen digitalen Systemen erforderlich ist, bestehen große Unterschiede. Im ersten Fall geht es darum, Sachinformationen kognitiv aufzuarbeiten und in einen Abgleich mit einem Lernthema zu bringen. Im zweiten Fall geht es darum, unmittelbar tätigkeitsrelevante Informationen zu akquirieren, zu selektieren, zu verifizieren, zu integrieren und professionell operativ umzusetzen. In Übertragung auf einen beruflichen Unterricht wird deutlich, dass der ehemals antizipierte und aktuell umgesetzte handlungsorientierte Unterricht damit deutlich überschritten wird und entsprechend ein *handlungsorientierter Unterricht 2.0* absehbar ist, in dem der Aspekt der Problemorientierung durch Aspekte der Informations-Integration zu erweitern ist. Dieser *handlungsorientierte Unterricht 2.0* bedingt als weitere Prämisse eine Berücksichtigung der Prozessorientierung. Das heißt, dass der zu schaffende betriebliche Kontext nicht an einer spezifischen Technologie oder Abteilung ausgerichtet werden soll, sondern an einem spezifischen Arbeits- oder Geschäftsprozess. Davon wird wiederum die Problemorientierung betroffen sein, da es nun primär gilt, lernrelevante Problemstellungen zu generieren, die zentral mit den Prozessen zusammenhängen, von diesen ausgehen oder in diese eingebettet sind.

Zusammenfassend ist zu konstatieren, dass die anstehenden Entwicklungen und Veränderungen durch Industrie 4.0 für die Technikdidaktik den Auftrag beinhalten, den eingeschlagenen Weg einer Vermittlung fachlicher und überfachlicher Kompetenzen weiterzugehen (u. a. BMBF 2016; acatech 2016, S. 6; Meier, Kuhlenkötter et al. 2015) und dabei sowohl die erkennbaren Desiderata (u. a. alterierender Fachunterricht, curriculare und methodische Implementierung sozial-kommunikativer Kompetenzen) als auch die mit hoher Dringlichkeit erkennbaren Zukunftsansprüche (Wissensarbeit und Prozessorientierung) konsequent anzugehen. Herausfordernd ist dabei sowohl das *Alte* nur bedingt umgesetzte als auch das *Neue*, denn in beiden Fällen sind die aktuellen Ordnungsmittel wenig hilfreich und in beiden Fällen bestehen Professionalisierungsdefizite aufgrund der trägen und durch viele Problemlagen belasteten Lehrer:innenbildung.

5 Resümee

Ausgangspunkt dieses Aufsatzes war die Frage, inwiefern Technikdidaktik die aktuellen und zukünftigen Veränderungen in den technischen Berufen und deren Lern- und Entwicklungsansätzen durch die fortschreitende Digitalisierung bzw. Industrie 4.0 produktiv unterstützen kann. Um diese Frage zu klären, wurde umrissen, welche technologischen Entwicklungen und Veränderungen explizit aufgerufen sind. Es wurde dargestellt, dass die Entwicklungen keineswegs als sprunghaft zu charakterisieren sind, sondern letztlich nur einen momentanen Zustand eines vor Jahrzehnten begonnenen technisch-produktiven Wandels markieren. Als Folge dieser *entschleunigenden* Einschätzung stellen sich aktuelle und absehbare Herausforderungen für die Technikdidaktik nicht als völlig neu oder spezifisch dar, sondern lassen sich als Akzentuierungen der bisherigen Anforderungen und Ansprüche beschreiben. Trotzdem kommen neue Facetten hinzu. Hier sind insbesondere die Aspekte *Wissensarbeit* und *Prozessorientierung* zu nennen. Es bleiben aktuelle Herausforderungen bestehen, wobei insbesondere der bisher ausgebliebenen Einlösung des Anspruchs einer konsequenten Implementierung sozial-kommunikativer Kompetenzen in das technische Lernen eine besondere Bedeutung zuzuschreiben ist. Werden alle relevanten Aspekte subsummiert, kommt im Sinne der Emergenz jedoch *etwas ganz Neues* heraus, nämlich ein *handlungsorientierter Unterricht 2.0*, der diese Ansprüche integriert. Diesen zukunftsfähigen Unterricht gilt es, nicht nur konzeptionell und methodisch weiterzuentwickeln und dabei empirisch zu erschließen, sondern insbesondere auch, die alten Rahmenlehrpläne hinter sich zu lassen, da diese aufgrund ihrer konzeptionellen Mängel für den Rückstand in der Umsetzung des 1991 definierten Kompetenzanspruchs mitverantwortlich zu machen sind. Hierbei könnte die Technikdidaktik theoretisch und operativ – wie die aktuellen Projekte von Tenberg und Pittich in Hessen andeuten – unterstützen. Ein adäquater Aufbruch seitens der KMK ist hier jedoch keine rationale Perspektive. Damit wird auch die Technikdidaktik 4.0 zu einem nicht unerheblichen Teil in ihrer gewohnten Rolle einer kompensatorischen Didaktik bleiben müssen. Es bleibt zu hoffen, dass dies auch im Zuge der anhaltenden Dynamik der Digitalisierung gelingen kann.

Literatur

acatech (Hg.). (2016). *Kompetenzen für Industrie 4.0. Qualifizierungsbedarfe und Lösungsansätze* (acatech POSITION). München: Herbert Utz Verlag.

Bader, R. (1989). Berufliche Handlungskompetenz. *Die berufsbildende Schule, 41*(2), 73–77.

Baethge, M. & Baethge-Kinsky, V. (1998). Jenseits von Beruf und Beruflichkeit? – Neue Formen von Arbeitsorganisation und Beschäftigung und ihre Bedeutung für eine zentrale Kategorie gesellschaftlicher Integration. *Mitteilungen aus der Arbeitsmarkt- und Berufsforschung, 31*(3), 461–472.

Bayme Vbm (Hg.). (2016). *Industrie 4.0 – Auswirkungen auf Aus- und Weiterbildung in der M+E Industrie.* München.

BBIG (Berufsbildungsgesetz) (2006).

BMBF (Hg.). (2016). *Zukunft der Arbeit – Innovationen für die Arbeit von morgen.* Berlin.

BMWi (Hg.). (2015). *Industrie 4.0 – Volks- und betriebswirtschaftliche Faktoren für den Standort Deutschland: Eine Studie im Rahmen der Begleitforschung zum Technologieprogramm AUTONOMIK für Industrie 4.0.* Berlin.

Bonin, H., Gregory, T & Zierahn, U. (2015). *Übertragung der Studie von Frey/Osborne (2013) auf Deutschland* (Kurzexpertise Nr. 57, hrsg. vom Zentrum für Europäische Wirtschaftsforschung GmbH, ZEW). Mannheim.

Clement, U (2002). Lernfelder im „richtigen Leben" – Implementationsstrategie und Realität des Lernfeldkonzepts. *Zeitschrift für Berufs- und Wirtschaftspädagogik, 98*(2), 26–55.

Dengler, K. & Matthes, B. (2015). *Folgen der Digitalisierung für die Arbeitswelt. Substituierbarkeitspotenziale von Berufen in Deutschland.* IAB-Forschungsbericht 11/2015. Nürnberg.

Dengler, M. (2016a). *Empirische Analyse lernfeldbasierter Unterrichtskonzeptionen in der Metalltechnik.* Frankfurt a. M.: P. Lang.

Dengler, M. (2016b). Didaktisch-methodische Rekonstruktion und Bewertung metalltechnischen Unterrichts mittels qualitativer Materialanalyse. *Journal of Technical Education, 4*(2), 233–252.

Dostal, W. (2002). Der Berufsbegriff in der Berufspädagogik. In G. Kleinhenz (Hg.), *IAB-Kompendium Arbeitsmarkt- und Berufsforschung* (Beiträge zur Arbeitsmarkt- und Berufsforschung 250) (S. 463–474). Nürnberg.

Erpenbeck J. & von Rosenstiel, L. (2007). *Handbuch Kompetenzmessung* (2. Auflage). Stuttgart: Schäffer-Poeschel.

Euler, D. & Reemtsma-Theis, M. (1999). Sozialkompetenzen? Über die Klärung einer didaktischen Zielkategorie. *Zeitschrift für Berufs- und Wirtschaftspädagogik, 95*(2), 168–198.

Frenz, M., Heinen, S. & Zinke, G. (2016). Industrie 4.0 und sich ändernde Berufskonzepte in den Berufsfeldern Metalltechnik und Mechatronik-Elektrotechnik. In M. Frenz, C. Schlick & T. Unger (Hg.), *Wandel der Erwerbsarbeit. Berufsbildgestaltung und Konzepte für die gewerblich-technischen Didaktiken* (Reihe: Bildung und Arbeitswelt, 32) (S. 32–44). Berlin, Münster: Lit Verlag.

Gebhardt, J., Grimm A. & Neugebauer L.-M. (2015). Entwicklungen 4.0 – Ausblicke auf zukünftige Anforderungen an und Auswirkungen auf Arbeit und Ausbildung. *Journal of Technical Education (JOTED), 3*(2), 45–61.

Hacker, W. (1973). *Allgemeine Arbeits- und Ingenieurpsychologie: Psychische Struktur und Regulation von Arbeitstätigkeiten*. Berlin: Deutscher Verlag der Wissenschaft.

Hensge, K., Lorig, B. & Schreiber, D. (2009). Kompetenzorientierung in der Berufsausbildung – Wege zur Gestaltung kompetenzbasierter Ausbildungsordnungen. *Berufsbildung in Wissenschaft und Praxis, 38*(3), 18–22.

Hube, G. (2005). *Beitrag zur Beschreibung und Analyse von Wissensarbeit* (IPA-IAO Forschung und Praxis, 422). Verfügbar unter: http://elib.uni-stuttgart.de/opus/volltexte/2005/2426/pdf/Diss_Hube_Wissensarbeit.pdf (Zugriff am: 27.01.2018).

IAB (Hg.). (2015). *Forschungsbericht 8/2015 42. Industrie 4.0 und die Folgen für Arbeitsmarkt und Wirtschaft. Szenario-Rechnungen im Rahmen der BIBB-IAB-Qualifikations- und Berufsfeldprojektionen*. Nürnberg.

Jacobi, H.-F. (2013). Computer-Integrated Manufacturing (CIM). In E. Westkämper, D. Spath, C. Constantinescu & J. Lentes (Hg.), *Digitale Produktion* (S. 51–92). Berlin, Heidelberg: Springer.

Kagermann, H. (2014). Chancen von Industrie 4.0 nutzen. In T. Bauernhansl, M. ten Hompel & B. Vogel-Heuser (Hg.), *Industrie 4.0 in Produktion, Automatisierung und Logistik – Anwendung, Technologien, Migration* (S. 603–614). Wiesbaden: Springer Fachmedien.

KMK (1991). *Sekretariat der Ständigen Konferenz der Kultusminister der Länder in der Bundesrepublik Deutschland: Rahmenvereinbarung über die Berufsschule* (Beschluss der Kultusministerkonferenz vom 15.03.1991). Bonn.

KMK (1996). *Handreichungen für die Erarbeitung von Rahmenlehrplänen der KMK für den berufsbezogenen Unterricht in der Berufsschule und ihre Abstimmung mit Ausbildungsordnungen des Bundes für anerkannte Ausbildungsberufe* (i. d. F. vom 09.05.1996). Bonn.

KMK (2011). *Sekretariat der Ständigen Konferenz der Kultusminister der Länder in der Bundesrepublik Deutschland: Handreichung für die Erarbeitung von Rahmenlehrplänen der Kultusministerkonferenz für den berufsbezogenen Unterricht in der Berufsschule und ihre Abstimmung mit Ausbildungsordnungen des Bundes für anerkannte Ausbildungsberufe*. Berlin, Bonn. Verfügbar unter: http://www.kmk.org (Zugriff am: 13.02.2019).

Lichtblau, K., Stich, V., Bertenrath, R., Blum, M., Bleider, M., Millack, A., Schmitt, K., Schmitz, E. & Schröter, M. (2015). *Industrie 4.0-Readiness*. Aachen, Köln: Impuls-Stiftung, VDMA.

Meier, H, Kuhlenkötter, B., Kreimeier, D., Freith, S., Krückhans, B., Morlock, F. & Prinz, C. (2015). Lernfabrik zur praxisorientierten Wissensvermittlung für eine moderne Arbeitswelt. In H. Meier (Hg.), *Lehren und Lernen für eine moderne Arbeitswelt* (Schriftenreihe der Hochschulgruppe für Arbeits- und Betriebsorganisation e. V., HAB) (S. 211–231). Berlin: GITO.

Mertens, D. (1974). Schlüsselqualifikationen. In G. Faltin & O. Herz (Hg.), *Berufsforschung und Hochschuldidaktik 1. Sondierung des Problems* (Blickpunkt Hochschuldidaktik, 32) (S. 22). Bielefeld.

Pittich, D. (2013). *Diagnostik fachlich-methodischer Kompetenzen*. Stuttgart: Fraunhofer IRB.

Pittich, D. (2014). Rekonstruktive Diagnostik fachlich-methodischer Kompetenzen in gewerblich-technischen Ausbildungsberufen. *Zeitschrift für Berufs- und Wirtschaftspädagogik, 110*(3), 335–357.

Plattform I4.0 (2015). *BITKOM e. V., VDMA e. V., ZVEI e. V. – Umsetzungsstrategie Industrie 4.0: Ergebnisbericht der Plattform Industrie 4.0*. Berlin.

Reetz, L. (1999). Zum Zusammenhang von Schlüsselqualifikationen – Kompetenzen – Bildung. In T. Tramm, D. Sembill, F. Klauser & E. G. John (Hg.), *Professionalisierung kaufmännischer Berufsbildung* (S. 32–51). Frankfurt a. M.: Peter Lang.

Renkl, A. (1996). Träges Wissen: Wenn Erlerntes nicht genutzt wird. *Psychologische Rundschau, 47*, 78–92.

Roser, C. (2015). *A Critical Look at Industry 4.0. Illustration for Industry 4.0*. Verfügbar unter: http://www.allaboutlean.com/industry-4-0/industry-4-0-2/ (Zugriff am: 10.01.2018).

Roth, H. (1971). *Pädagogische Anthropologie*. (3 Auflage). Hannover u. a.: Schroedel.

Schelten, A. (2005). *Grundlagen der Arbeitspädagogik* (4. Auflage). Stuttgart: Steiner.

Schelten, A. (2010). *Einführung in die Berufspädagogik* (4. Auflage). Stuttgart: Steiner.

Schlund, S. & Pokorni, B. (2016). *Industrie 4.0 – Wo steht die Revolution der Arbeitsgestaltung? Ergebnisse einer Befragung von Produktionsverantwortlichen deutscher Unternehmen*. Stuttgart: Ingenics AG/Fraunhofer IOA.

Schulz, R., Kreuter, A., Kröning, U. & Staudte, A. (2006). *Abschlussbericht des BLK-Programmträgers zum Modellversuchsprogramm „Innovative Fortbildung der Lehrerinnen und Lehrer an beruflichen Schulen" (innovelle-bs)*. Kronshagen: Institut für Qualitätsentwicklung an Schulen (IGSH).

Sendler, U. (Hg.). (2009). *Das PLM-Kompendium Referenzbuch des Produkt-Lebenszyklus-Managements*. Berlin, Heidelberg: Springer.

Sobbe, E., Tenberg, R. & Mayer, H. (2016). Knowledge Work in Aircraft Maintainance. *Journal of Technical Education (JOTED), 4*(1), 81–97.

Tenberg, R. (2011). *Vermittlung fachlicher und überfachlicher Kompetenzen in technischen Berufen: Theorie und Praxis der Technikdidaktik*. Stuttgart: Steiner.

VDI-Nachrichten (2011). *Industrie 4.0 – Mit dem Internet der Dinge auf dem Weg zur 4. industriellen Revolution* (Ausgabe 01.04.2011–13, S. 2). Berlin.

VDI/VDE-GMA (2015). *Glossar des Fachausschuss VDI/VDE-GMA 7.21 „Industrie 4.0".* Verfügbar unter: http://i40.iosb.fraunhofer.de/FA7.21%20Begriffe%20-%20Industrie%204.0 (Zugriff am: 08.01.2018).

Willke, H. (1998). Organisierte Wissensarbeit. *Zeitschrift für Soziologie, 27*(3), 161–177.

Winther, E. (2010). *Kompetenzmessung in der beruflichen Bildung.* Bielefeld: W. Bertelsmann Verlag.

Zeller, B., Achtenhagen, C. & Föst, S. (2010). *Das „Internet der Dinge" in der industriellen Produktion – Studie zu künftigen Qualifikationserfordernissen auf Fachkräfteebene (FreQueNz-Studie)* (Abschlussbericht). Nürnberg.

Zinke, G., Renger, P., Feirer, S. & Padur, T. (2016). *Berufsausbildung und Digitalisierung – ein Beispiel aus der Automobilindustrie* (Wissenschaftliche Diskussionspapiere, Heft 186). Bonn: BIBB.

Zinke, G., Schenk, H. & Wasiljew, E. (2014). *Berufsfeldanalyse zu industriellen Elektroberufen als Voruntersuchung zur Bildung einer möglichen Berufsgruppe* (Abschlussbericht). Bonn.

Abbildungsverzeichnis

Abb. 1   Stufen der industriellen Revolution 168

Abb. 2   Transformationsprozesse im Kontext beruflicher Facharbeit 175

Flipped Classroom, Microlearning und Mobile Learning: Was Lehrende jetzt wissen müssen

Daniela Schmitz, Daniel Al-Kabbani

Abstract

Ziel des Beitrags ist, die vier Schlüsseltrends Flipped Classroom, Just in Time Teaching, Microlearning und Mobile Learning zu charakterisieren und Ideen für Umsetzungsmöglichkeiten aufzuzeigen. Neben der Charakterisierung der Trends werden mögliche Einsatzszenarien für die Lehre aufgezeigt und förderliche Faktoren und Einwände gegen den Einsatz in Ansätzen diskutiert. Eine abschließende Bewertungsmatrix soll die Entscheidung für oder gegen den Einsatz in der Lehre unterstützen.

Schlüsselwörter: Blended Learning, Lernen mit digitalen Medien, Trends

1 Einleitung

Die Digitalisierung der Gesellschaft macht auch vor dem Bildungssektor nicht halt. Dabei gibt es zwei Perspektiven auf das Thema: Zum einen bieten digitale Medien Potenzial für den didaktischen Einsatz. Lehre kann angereichert, optimiert oder individualisiert werden. Die Teilhabe an Lehrveranstaltungen kann über die physische Präsenz hinaus erweitert werden.

Zum anderen ist der Umgang mit digitalen Medien und mit der vernetzten Welt des Internets eine übergreifende Schlüsselqualifikation (bzw. ein Sammelsurium verschiedener Schlüsselqualifikationen) und somit selbst zum Lehrziel geworden. In die Forschung und praktischen Anwendungsgebiete eigentlich aller Fachbereiche haben digitale Technologien in mehr oder weniger großem Umfang Einzug gehalten. Fachlich relevante Kompetenzen im Umgang mit diesen sind häufig selbstverständliche Einstellungsvoraussetzung. Dabei geht es nicht nur um die Potenziale der vernetzten Welt, sondern ebenso die Risiken und Gefahren – Datensicherheit, Hackerangriffe, neue Anforderungen an Persönlichkeits- und Urheberrechte, um nur einige zu nennen. Universitäten und Hochschulen können diese Anforderungen in der Bildung von Studierenden nicht ignorieren. Eine Teilhabe an der *Industrie 4.0* ohne digitale Kompetenzen ist nicht denkbar.

Um die Jahrtausendwende beginnen viele Hochschulen mit der Entwicklung und Implementierung von E-Learning-Systemen (Schulmeister 2001; Bäumer, Malys & Wosko 2004; Seufert, Ebner et al. 2015). Ebenso sind sie damit beschäftigt, E-Learning-Strategien zu entwerfen und umzusetzen (Arnold, Prey & Wortmann 2015). Dabei erweitern technische und didaktisch neue Möglichkeiten das Angebot der Hochschulen.

Neben dem freien Zugang zu Bildungsressourcen und Lehrmaterialien, den sog. Open Educational Resources (OER), und der Ausbreitung von Smartphones und Tablets, die einen flexiblen und ortsunabhängigen Zugriff auf Lerninhalte ermöglichen, wird die Integration von E-Learning-Sequenzen in die Lehre immer selbstverständlicher. Damit Technik nicht um ihrer selbst willen eingesetzt wird, bedarf es einer sinnvollen didaktischen Passung von Lernzielen und -inhalten sowie Lernmedien und -methoden. Dadurch werden Lernende zu Prosumern, die nicht nur Lerninhalte konsumieren, sondern proaktiv die Inhalte zu ihren Lernbedarfen organisieren und selbst Inhalte erstellen, ihre Lernprozesse planen und reflektieren. Dies zeigt auch die wachsende Beliebtheit von Massive Open Online Courses (MOOCs): Haben Lerner z. B. Lernbedarf zu Grundlagen der Programmierung, können sie sich unkompliziert und kostenfrei in einem didaktisch gut aufbereiteten Onlinekurs zu den eigenen Lernzielen mit dem Thema auseinandersetzen und abschließend ein Zertifikat erwerben (vgl. Giehle, Lankau et al. 2014). MOOCs werden wegen des großen Aufwands und der unspezifischen Zielgruppe in diesem Kapitel nicht vertieft.

Die studienrelevanten Schlüsseltrends im E-Learning werden seit 2003 jährlich in der Hochschulausgabe des Horizon Report des New Media Consortium veröffentlicht (Adams Becker, Cummins et al. 2017; Johnson, Adams Becker et al. 2015; 2016). Wichtige lehr-/lerntechnologische Entwicklungen für die Lehre an Hochschulen werden dargestellt und in Zeithorizonte eingeteilt: kurzfristige (1 Jahr oder weniger), mittelfristige (2–3 Jahre) und langfristige Trends (4–5 Jahre). Zusätzlich werden Barrieren bei der Umsetzung und auszugsweise auch einige Trends der letzten drei Jahre gezeigt.

Im Horizon Report von 2015 wurden als kurzfristige wichtige lehr-/lerntechnologische Entwicklungen das *bring your own device* (welches u. a. das Microlearning und Mobile Learning ermöglicht) und der Flipped Classroom (FC) identifiziert. Durch eigene Endgeräte kann Lernen individuell und flexibel zu jeder Zeit an jedem Ort stattfinden (vgl. Johnson et al. 2015, S. 36). FC zeichnet sich für die Hochschullehre besonders dadurch aus, dass es die Unterrichtszeit neu gestaltet und mehr Zeit für Interaktion, Diskussion und Feedback in der Präsenz ermöglicht (vgl. Johnson et al. 2015, S. 38).

Der Horizon Report 2016 identifiziert als kurzfristigen Trend das adaptive Lernen und die Messung von Lernprozessen, mit dem Ziel Lehren und Lernen optimal für die Lernenden zu gestalten (vgl. Johnson et al. 2016, S. 16). Weiterhin wird der anhaltende Trend des *bring your own device* benannt und stärker in Richtung der effektivsten Einbindung fokussiert. Mittelfristig stehen Hochschulen vor der Aufgabe, Lernräume neu zu gestalten. Auch der FC wird weiterhin als Ansatz für aktives Lernen benannt (vgl. Johnson et al. 2016, S. 12).

Der Horizon Report 2017 nimmt neben der Technologieintegration durch *bring your own device* nun auch stärker die Gestaltung des Lernprozesses durch den kurzfristigen Trend Mobile Learning in den Blick (vgl. Adams Becker et al. 2017, o. S.). Adaptives Lernen und Learning Analytics sind weitere zentrale kurzfristige Trends, die es erlauben, auf der Basis der Nutzungsdaten maßgeschneidert Lerninhalte anzubieten (vgl. Adams Becker et al. 2017).

Die Berichte benennen über alle Jahre hinweg dieselben Herausforderungen, u. a. die Verbindung von formellem und informellem Lernen sowie die Verbesserung der Digital- und Medienkompetenz mit unterschiedlichen Fähigkeiten bei Lehrenden und Lernenden.

Mit der Verschmelzung von digitalem und analogem Lernen gehen eine veränderte Rolle der Lehrenden als Lernbegleitende mit einer höheren Verfügbarkeit und größerem Aufwand einher (vgl. Schön, Ebner et al. 2017, S. 21). Auch Lernende haben eine zunehmend aktivere Rolle inne, partizipieren intensiver an der Lehrveranstaltung und haben einen größeren Handlungsspielraum mit stärkerer Kompetenzorientierung (vgl. Schön et al. 2017). Diese Potenziale für die Lernenden gilt es, didaktisch unter sinnvoller Einbeziehung einer dieser (oder anderer) Schlüsseltrends zu heben.

Welche Trends lohnen sich für Sie? Im Folgenden greifen wir vier vielversprechende und didaktisch gut umzusetzende Konzepte auf, je zwei digitale Strategien (Abschnitte 2.1 und 2.2) und zwei lerntechnologische Ansätze (Abschnitte 2.3 und 2.4) (vgl. Johnson et al. 2015). Diese werden anhand ihrer wesentlichen Merkmale erläutert und Ideen für die Umsetzung werden aufgezeigt.

2 Betrachtung von Schlüsseltrends

2.1 Flipped Classroom (FC) oder Inverted Classroom

Es ist nicht präzise zu klären, welchen genauen Ursprung das Modell hat. Ende der 1990er-Jahre entstanden offenbar parallel ähnliche Überlegungen. Unter dem Begriff *Classroom Flip* beschrieb Baker (2000) das Konzept im Rahmen der Hochschullehre. In der Hochschullandschaft verbreitete sich weiterhin eher der Begriff *Inverted Classroom*, während in der Schule eher der Begriff *Flipped Classroom* (Bergmann & Sams 2012) Einzug hielt. Inzwischen werden beide Begriffe synonym verwendet.

Der Grundgedanke
Studium an Hochschulen findet zum Teil in Präsenzveranstaltungen und zum Teil in Selbstlernphasen statt. Traditionell bekommen Studierende häufig in der Präsenz neuen Input. Die Lehrperson präsentiert ein neues Thema. Die Vertiefung, Anwendung auf konkrete Aufgaben, das kritische Reflektieren oder andere Transferleistungen bleiben für die individuelle Nachbereitung der Studierenden. In der Praxis zeigt sich, dass diese Nachbereitung nicht regelmäßig und im gewünschten Maße stattfindet. Zudem fehlen bei diesen Anwendungs- und Transferaufgaben andere Studie-

rende oder auch die Lehrenden als Ansprech- und Diskussionspartner:innen, denn häufig kommen erst dann Fragen zum Stoff auf, der in der Vorlesung noch völlig verständlich schien.

Im FC werden die Phasen deswegen umgedreht: Die Selbstlernphase erfolgt vor der Präsenzsitzung. Die Studierenden erarbeiten den Inhalt zu Hause. In der Präsenz wird nicht dieser Input wiederholt, sondern direkt weiterführende Arbeitsaufträge bearbeitet, bei denen die Studierenden von der Anwesenheit anderer Studierender sowie der Lehrperson am meisten profitieren (Schäfer 2012).

Was ist neu an dem Konzept?

Bei der Beschäftigung mit dem FC wird oft gefragt, ob die Idee tatsächlich so neu sei, dass Studierende sich auf eine Lehrveranstaltung vorbereiten sollen. Der Einwand ist berechtigt, denn die Grundidee ist nicht neu. Der FC-Ansatz versucht im Prinzip, diese Grundidee konsequent zu Ende zu denken und für häufige Probleme einen Lösungsansatz zu bieten. So beklagen viele Lehrende, dass die Studierenden trotz wiederholter Aufforderung die gewünschte Vorbereitung nicht leisten. Studierende hingegen hinterfragen oft den Mehrwert der Vorbereitung, wenn diese für die Arbeit im Kurs nicht notwendig war.

Dabei ist beim FC nicht etwa die Selbstlernphase das didaktisch Besondere. Im Zentrum steht die möglichst gewinnbringende Nutzung der Präsenzphase. Die Auslagerung des Stoff-Inputs stellt hier weder eine Beschäftigungstherapie für Studierende dar, noch geht es darum, den Lehrenden Arbeit abzunehmen. Vielmehr dient die Auslagerung dem Zweck, die wenige gemeinsame Zeit mit den Studierenden auch in diesem Sinne zu nutzen. Das bedeutet, es sollen möglichst viele Studierende miteinander in die Diskussion, Reflexion und/oder aktive Anwendung gebracht werden. Die Lehrperson erhält somit die Möglichkeit, Einblick in den Wissensstand der Studierenden zu nehmen und direktes Feedback und Hilfestellung anzubieten.

Tabelle 1: Häufige Einwände und Missverständnisse zum Flipped Classroom

Einwände und Missverständnisse	Antwort	Gelingfaktoren
„Flipped Classroom hat doch vor allem etwas mit Lehrvideos zu tun."	Videos kommen häufig beim FC zum Einsatz und bringen eine Reihe an positiven Effekten mit sich, sind aber nicht das Zentrale (Fischer & Spannagel 2012). Auch Primär- und Sekundärliteratur, (interaktive) Skripte, Internetrecherchen, Podcasts, virtuelle Labore, Self-Assessment-Tools etc. eignen sich zur zielgerichteten Vorbereitung.	Die Selbstlernphase erfordert konkrete Vorbereitungsaufgaben, an deren Ergebnis die Präsenzphase anknüpft. Unterstützen kann man durch Lesekontroll- und Verständnisfragen, Leitfragen und vieles mehr.
„Dann hat man ja in der Präsenz gar nichts mehr zu tun."	Durch die ausgelagerte Wissensaneignung soll Zeit in der Präsenz für interaktive Lehrmethoden geschaffen werden. Es können Diskussionen, gemeinsame Fall- und Projektbearbeitungen, komplexe Übungsaufgaben etc. stattfinden, die den Transfer und die Vertiefung des Wissens unterstützen. Nutzen Sie die Methode also nur dann, wenn die Lernziele der Veranstaltung es hergeben. Fühlen Sie sich nicht genötigt, in der Präsenz zusätzlich neuen Stoff bieten zu müssen, denn die Vertiefung und Anwendung unter Anleitung ist wertvoll genug.	In der Lehrveranstaltung werden Learning Outcomes (LO) angestrebt, die über die unteren Stufen (Wissen, Verstehen) hinausgehen. LOs auf den Stufen Anwenden, Analysieren, Beurteilen und Erschaffen profitieren stärker von der Präsenz (Treeck, Himpsl-Gutermann & Robes 2013) und erfordern Methoden, die mehr Zeit in Anspruch nehmen als reine Wissensvermittlung.
„Der Flipped Classroom nimmt mir als Lehrperson Arbeit ab."	Kurzfristig nicht. Zur Planung der Präsenzphase muss nun auch für die Selbstlernphase geeignetes Lehrmaterial ausgewählt, in den meisten Fällen sogar entwickelt werden. Konkrete, auf die Präsenzphase zugeschnittene Arbeitsaufträge sind notwendig. Langfristig kann sich so ein Materialpool ansammeln, der einem die Vorbereitung an vielen Stellen erleichtern kann. Auch die Studierenden können davon profitieren, wenn sie Zugriff auf vielfältiges Material haben.	Die Entwicklung von Material lohnt sich besonders dann, wenn Sie (oder Kolleg:innen) es oft und lange verwenden können. Bei schnell veraltenden oder nur einmal benötigten Inhalten rechnet sich der Aufwand oft nicht.
„In der Theorie spannend, aber in der Praxis lassen sich die Studierenden nicht auf so ein Konzept ein."	Viele Lehrende haben die Erfahrung gemacht, dass Studierende trotz Aufforderung unvorbereitet in die Lehrveranstaltung kommen. Andere Beispiele zeigen allerdings, dass es gelingen kann, zumindest den größten Teil der Studierenden zur regelmäßigen Vorbereitung zu bewegen. Dabei gibt es einige didaktische Stellschrauben wie bei allen anderen Lehrkonzepten, aber auch hier keine Erfolgsgarantie.	• Definition klarer Lernziele als Grundlage • Klare Abstimmung von Arbeitsmethoden in der Präsenz auf die Prüfung (s. u.) • Niemals Wiederholung von Inhalten in der Präsenz (Beantwortung konkreter Nachfragen erlaubt) • Konkrete Aufgaben zur Vorbereitung (Leitfragen, Verständnisfragen, Selbsttests etc.) • Arbeitsergebnisse müssen ggf. vor der Präsenz eingereicht werden.

(Fortsetzung Tabelle 1)

Einwände und Missverständnisse	Antwort	Gelingfaktoren
„Dafür kenne ich mich technisch gar nicht genug aus."	Sie können einen FC auch ohne viel Technik umsetzen. Im Rahmen der Selbstlernphase sind viele analoge Medien einsetzbar. Digitale Medien können Sie bei wiederholter Arbeit mit dem FC nach und nach ergänzen. Im Zentrum des FC stehen didaktische Überlegungen. Ihre Expertise im Fach und in der Lehre sind wichtiger als technische Kenntnisse.	Je nachdem, was Sie umsetzen wollen, können Sie sich Rat bei erfahrenen Kolleg:innen einholen. Ebenso bieten die meisten Hochschulen sowohl zahlreiche Möglichkeiten zur Technikausleihe an, Beratung und Begleitung bei der Konzeptentwicklung und Umsetzung und ganz konkret Support bei der Videoaufzeichnung.
„Der Aufwand für E-Learning-Elemente wird durch mein Lehrdeputat gar nicht abgedeckt."	Tatsächlich beruht die Deputatsberechnung in den meisten Fällen auf der Präsenzzeit. Onlinebetreuung und Entwicklung von digitalem Lernmaterial wird selten per se berücksichtigt. Gleiches gilt für die Vergütung von Lehraufträgen. Hier können mit den Hochschulen individuelle Vereinbarungen getroffen werden.	Für Angestellte können mit dem Dekanat Lösungen für die Anrechnung des Deputats besprochen werden. Bei Lehraufträgen kann die Materialentwicklung z. B. durch zusätzliche Werkverträge abgedeckt werden. Diese Absprachen müssen im Voraus getroffen werden.
„Dann fang ich doch einfach mal mit einem Video an."	Bevor Sie loslegen sollten Sie klären: Was passiert mit den fertigen Videos? Nicht jede Hochschule hat einen eigenen Streamingserver, auf dem Videos abgelegt werden können. Öffentliche Portale wie z. B. YouTube sind eine Möglichkeit, wobei die Videos dann auf fremden Servern liegen.	Erkundigen Sie sich nach den Möglichkeiten Ihrer Hochschule, Videos bereitzustellen. Wenn Sie öffentliche Portale wie YouTube oder Vimeo nutzen, müssen Videos nicht zwingend öffentlich sein. Der Zugriff kann begrenzt werden. Sie sollten sich überlegen, ob die fremden Server für Sie ein Problem sind.

Wann eignet sich FC?

Der FC kann immer dann eine sinnvolle Alternative zu traditionellen Lehrkonzepten sein, wenn Learning Outcomes angestrebt werden, die über Wissen und Verstehen hinausgehen und Lernhandlungen benötigen,

- die die Anwesenheit anderer Studierender voraussetzen (z. B. Diskussionen, Rollenspiele, Peer Feedback),
- die von der Anwesenheit einer Lehrperson profitieren,
- für die spezielle Ausstattung erforderlich ist und
- wenn bestimmte Inhalte für die Lernenden auch in Zukunft relevant sind.

Dabei kann der FC in kleinen wie großen Gruppen gewinnbringend eingesetzt werden. Je größer die Gruppe, desto begrenzter sind natürlich Feedbackmöglichkeiten durch die Lehrperson aber das gilt für andere Lehrkonzepte ebenso. Der FC kann jedoch die Möglichkeiten zum Feedback erweitern (durch elektronische Medien in der Selbstlernphase und durch mehr Interaktion in der Präsenz).

Sie sollten eher vom Flipped-Classroom-Konzept absehen, wenn ...
- ... die Lernziele nur auf den Ebenen *Wissen* und *Verstehen* angesiedelt sind. Insofern die Prüfung nicht mehr erfordert als Wissenswiedergabe, sind die Studierenden oft nicht bereit, sich auf eine weiterführende Vertiefung einzulassen.

Sie könnten die Zeit natürlich auch für mehr Stoff verwenden, jedoch verliert die Idee des FC ihren Mehrwert. Sie werden dadurch eher das *Bulimie-Lernen* seitens der Studierenden befördern.
- ... die Inhalte der Veranstaltung sehr speziell sind oder schnell veralten.
  Der Aufwand der Materialerstellung rechnet sich, wenn das erstellte Material von Ihnen selbst, von Kolleg:innen oder von Studierenden in anderen Kursen wiederverwendet werden kann. Wenn Sie einen Kurs nur einmalig veranstalten oder damit rechnen, dass die Inhalte in einem Gebiet schnell veralten oder durch neue Erkenntnisse ergänzt werden müssen, dann ist das Aufwand-Nutzen-Verhältnis eher ungünstig.
- ... alle anderen schon FC machen.
  Es ist eher unwahrscheinlich, dass der FC in Ihrer Umgebung die vorherrschende Methode ist. Nach persönlichen Erfahrungen und vorliegenden Untersuchungen nehmen Studierende einzelne FC-Veranstaltungen als Bereicherung des Lehrangebotes wahr. Regelmäßige und individualisierbare Selbstlernphasen machen den Semesteralltag flexibler. Sollten jedoch alle Lehrveranstaltungen gleichzeitig erfordern, dass Studierende sich wöchentlich intensiv durch Bearbeiten von Aufgaben vorbereiten, kann dies gleichzeitig wieder zu einer Überforderung führen. Ebenso kann eine *FC-Müdigkeit* entstehen. Der FC sollte also auch nicht als Lehrmethode überstrapaziert werden (gilt für andere Lehrformen allerdings genauso).

2.2 Just in Time Teaching (Jitt)

Die Grundidee des Jitt (Novak, Patterson et al. 1998; Novak, Patterson et al. 1999) ist vergleichbar zum FC. Auch hier soll die Präsenzzeit durch eine vorausgehende, strukturierte Selbstlernphase anders genutzt werden. Die Grenzen zwischen beiden Konzepten sind dabei in der Praxis eher fließend. Das Konzept soll hier als Ergänzung zum FC kurz beschrieben werden.

Im Unterschied zum FC bearbeiten die Studierenden beim Jitt bereits zu Hause Verständnis- und Anwendungsaufgaben. Ebenso werden sie dazu aufgefordert, Fragen zum Lernstoff zu formulieren. Die Arbeitsaufträge sind zwei bis drei Tage vor der Präsenzphase bei den Lehrenden einzureichen (z. B. über eine E-Learning-Plattform).

Die Lehrperson kann nun aufgrund der offenen Fragen und der eingereichten Lösungen identifizieren, welche Lernziele bereits erreicht wurden und wo Schwierigkeiten bestehen. Die Lehrperson bereitet die folgende Präsenzsitzung darauf zugeschnitten vor. Dabei können sowohl interaktive Lehrmethoden als auch Lehrvorträge eingesetzt werden.

Im Unterschied zum FC steht das Konzept der Präsenzveranstaltung nicht bereits im Voraus und die Selbstlernphase dient der gezielten Vorbereitung auf die Präsenz, vielmehr orientiert sich die Präsenz an den Arbeitsergebnissen der Studierenden.

Keines der beiden Konzepte ist dem anderen grundsätzlich vorzuziehen. Tendenziell eignet sich der FC dann eher, wenn die Anwendungs- und Vertiefungsaufgaben direkt eine Interaktion mit anderen oder unmittelbares Feedback seitens der Lehrenden erfordern. Wenn die Aufgaben so gestellt sind, dass die Studierenden die Aufgaben gut alleine bearbeiten können, kann Jitt Vorzüge haben.

2.3 Microlearning

Microlearning umschreibt das Lernen in kleinsten Einheiten. In bspw. fünf Minuten können Studierende einen kleinen Lernbaustein absolvieren. Dem Lernen in Kürze wird zum einen dem Mediennutzungsverhalten (kurze Clips schauen, kurze Tweets lesen) zugeschrieben und zum anderen besonders in der Wirtschaft Bedeutung beigemessen, welches ein längeres Aussteigen aus dem Arbeitsprozess vermeidet (vgl. Robes 2011, S. 50).

War Microlearning bereits 2010 auf Platz zwei des Trendreports des MMB Instituts, so rangiert es 2017 immer noch auf Platz drei, durch sein Potenzial Inhalte in Lernvideos aufzubereiten und so Learning on Demand zu bedienen (vgl. MMB Institut 2017, S. 5). Der Ansatz des Microlearning kommt den unterschiedlichen Vorlieben und dem Vorwissen von Lernenden entgegen und entfaltet sein volles Potenzial durch die Nutzung von Kontextinformationen als Interaktion zwischen Lernenden, Anwendung und Kontext. Kontexte setzen sich z. B. aus physischen (Umgebung, Wetter), technischen (Hardware, Gerätefunktionen), mobilen (Adresse, Gebäude) und persönlichen (Motivation, Vorwissen etc.) Aspekten nebst dem Szenario selbst (Lerneinheiten & -fortschritt, Bearbeitungszeit) zusammen (vgl. Moebert, Höfler et al. 2014, S. 208). Diese didaktisch sinnvoll zu konzeptionieren und technisch umzusetzen, erfordert weitreichende Kompetenzen der Lehrenden, weswegen dieser Ansatz häufig ein theoretischer bleibt. Lehrende benötigen umfassende technische Kompetenzen, um Kontexte des Lernszenarios zu gestalten und gewinnbringend die Lerninhalte darin aufzubereiten.

Mögliche Einsatzszenarien in der Lehre

Von Lehrenden erstellte Inhalte
Ein sinnhaftes Einsatzszenario könnte das Lernen im Museum sein. Das mobile Endgerät erkennt Exponate, bietet passende Lerninhalte und Lernerfolgskontrollen an und schlägt auf Basis der Lernergebnisse eine individuelle Lernroute im Museum vor. Einfacher lassen sich QR-Codes nutzen. Diese können einfach mit QR-Code-Generatoren kostenfrei erstellt, gespeichert und an die Studierenden zum Scannen verteilt werden. Soll bspw. die Geschichte eines Quartiers erkundet werden, könnten einzelne Gebäude mit einem QR-Code versehen werden, hinter denen kurze Informationen vermittelt werden und kleine Lernquizze (z. B. mit learningapps.org) die Inhalte spielerisch überprüfen.

Wird der Kontextbezug ausgeblendet, ergeben sich technisch leichter zu realisierende Microlerneinheiten. Ein Ansatz in der Wirtschaft sind professionell erstellte Learning Nuggets in Form von fünf- bis fünfzehnminütigen Lernvideos (vgl. Robes 2011, S. 50). Lehrende können diesen Ansatz aufgreifen und bspw. am Computer (z. B. Präsentation mit Sprechtext, Bildschirm aufzeichnen mit kostenfreien Bildschirmrekordern) oder mit dem eigenen Smartphone mit kostenfreien Apps Erklärvideos erstellen. Explainity.de stellt häufig rezipierte Lernvideos her, welche als Anregung für eigene Lernvideoproduktionen dienen können. Hilfreiche Tipps, Erklärvideos mithilfe der Legetechnik oder mit Gegenständen selbst zu erstellen, finden sich in einem Themenspezial auf e-teaching.org.

Von Lernenden erstellte Inhalte
Im Sinne des Microlearning können die Studierenden auch selbst kleine Lerneinheiten oder Erklärvideos produzieren und mit anderen teilen. Wird z. B. das Thema Altersbilder und Altersstereotype in verschiedenen gesellschaftlichen Kontexten betrachtet, können Studierende Fotos oder Videosequenzen von der Darstellung älterer Menschen aufnehmen oder Kurzinterviews zu subjektiven Altersvorstellungen aufzeichnen. Diese werden in der Lehrveranstaltung vor dem fachtheoretischen Hintergrund oder unter bildanalytischen Aspekten ausgewertet.

Möglich sind auch gemeinsam erstellte Lernkarten zur Prüfungsvorbereitung mit einer cloudbasierten und plattformunabhängigen App, die individuell abgerufen und trainiert werden können (z. B. Brainyoo.de [kostenfrei]).

2.4 Mobile Learning
Mobile Learning wird unterschiedlich definiert. Wir beziehen uns auf die Definition von Frohberg, da sie pädagogische Intentionen mit einbezieht: „Als Mobile Learning werden pädagogisch motivierte, nachhaltige Handlungen (Lernen, Lehren, Lernunterstützung und Lernlogistik) angesehen, wenn dabei in massgeblichem [sic] Umfang mobile Computertechnologie in mobilen Kontexten zum Einsatz kommt und diese einen deutlichen Mehrwert beinhaltet oder zumindest eine signifikante Verhaltensänderung bewirkt" (Frohberg 2008, S. 6). Über die Nutzung mobiler Endgeräte hinaus ermöglicht Mobile Learning demnach die Erweiterung von Lernzeiten und Lernorten, kontextualisiertes Lernen, das Lernen in kleinen Einheiten (Microlernen s. Abschnitt 2.3) und informelles Lernen als selbstständigen Wissenserwerb (vgl. de Witt 2012, S. 9). Es lassen sich vier Kontexte ausmachen:
- irrelevante Kontexte, die für das Lernen keine besondere Rolle spielen, wie öffentliche Verkehrsmittel,
- formalisierte Kontexte, in denen das Lernen in institutionalisierter Form von Lehrveranstaltungen mit formalen Abläufen stattfindet,
- soziale Kontexte, in denen das Lernen in Gruppen stattfindet, und
- physische Kontexte, in denen die physische Umgebung mit dem Lernen verknüpft ist, wie z. B. das Lernen im Museum (vgl. Göth, Frohberg & Schwabe 2007, S. 13).

Mobile Learning bleibt zusammen mit Blended Learning nach Einschätzung des MMB Instituts für Medien- und Kompetenzforschung der Umsatzgarant für die Wirtschaft (vgl. MMB Institut 2017, S. 7). Trotz der Allgegenwärtigkeit mobiler Endgeräte und ihrer Bedeutung für die Alltagswelt jüngerer Studierendengenerationen (vgl. Dittler 2017), muss keine zwangsläufige (sinnentleerte) Mediennutzung um der Medien willen erfolgen.

Je nach Lernziel kann Mobile Learning mit Microlearning, Wearables (z. B. Fitnessarmbänder und Smartwatches), MOOCs und OER verknüpft werden. Für den Einsatz von Mobile Learning sind neben technischen und organisatorischen Rahmenbedingungen besonders der eigene Medienbesitz, die Haltung der Lehrenden und ihre Medienkompetenz bedeutsam (vgl. Murauer 2017).

Weiterhin sind mobile Endgeräte zwar alltäglicher Bestandteil des Lebens und werden von Lernenden zum Teil für ihre Lernprozesse verwendet werden, jedoch mangels didaktischer Konzeption unzureichend (vgl. Rehatschek, Leopold et al. 2016, S. 9). Bisher wird mobiles Lernen in der Lehre vorwiegend wie folgt eingesetzt: zum Bearbeiten schriftlicher und multimedialer Aufgaben wie Recherchen, zum Erstellen von Grafiken und Berechnungen, zum Aufnehmen von Interviews oder Filmen von Sequenzen mit jeweiligem Fachbezug (vgl. Seipold 2017, S. 14). Zumeist erfolgt jedoch eine Distribution von Inhalten mit einer behavioristisch ausgeprägten Auffassung von Lernen. Insgesamt wird mobiles Lernen in der Theorie innovativ dargestellt, in der Praxis scheitert die Umsetzung oft, da mobiles Lernen überwiegend in zeitlich befristeten Projekten stattfindet und eine breite Implementierung in Bildungskontexte ausbleibt (vgl. Seipold 2017, S. 22).

Mögliche leicht realisierbare Einsatzszenarien

Classroom-Response-Systeme
Mithilfe unterschiedlicher und auch kostenfreier Apps (z. B. EduVote, PINGO oder socrative) können die eigenen mobilen Endgeräte zur Abstimmung in Lehrveranstaltungen verwendet werden (als Alternative zur Anschaffung von Clickergeräten). Besonders in Frontalvorlesungen kann dadurch eine Aktivierung der Studierenden erfolgen und Interaktion zwischen Lehrenden und Lernenden auf der Basis der Abstimmungsergebnisse stattfinden.

Persönlicher Lernbegleiter
Ergänzend zu einer Lehrveranstaltung kann das mobile Endgerät appunabhängig als persönliche Lernbegleitung konzipiert werden. Neben der Bereitstellung von Unterlagen können Arbeitsaufträge für physisch relevante Kontexte angeboten werden. Mithilfe des Endgerätes können Notizen, Bilder und Videosequenzen der Aufgabenbearbeitung und Ergebnisse festgehalten und geteilt werden.

Technische Umsetzung mit learningapps
Mithilfe des Webtools learningapps.org lassen sich individuell und technisch simpel kleine Lernquizze in unterschiedlichsten Formaten erstellen, wie Zuordnungs- und Sortieraufgaben, Text- und Wortaufgaben. Die erstellten Quizze können über einen permanenten Link geteilt werden. Einen etwas umfangreicheren Zugang bieten unterschiedliche App Inventors, meist cloudbasierte Lösungen, um eigene Lernapps zu erstellen. Diese setzen aber weitergehende technische Kompetenzen voraus.

Wann eignen sich Mobile Learning und Microlearning?

Das Center for Distributed Learning der University of Central Florida hat eine Checkliste entwickelt, die Lehrenden anhand von Kriterien wie Preis, Datenschutz, Richtlinien und Inhalten bei der Auswahl von Apps hilft.[1]

Generell gilt: Wenn Sie Mobile Learning oder Microlearning in die Lehre einführen wollen, steht zunächst die Frage nach dem Mehrwert gegenüber traditionellen Lehr-Lernszenarien im Vordergrund. Was bietet ein Mobile Device im Klassenraum, wie kann es die Vor- und Nachbereitung außerhalb des Klassenraumes ermöglichen? Für Microlearning bieten sich eher Lernziele auf den unteren Ebenen *Wissen* und *Verstehen* an, die nicht die Anwesenheit anderer Lernender oder Lehrender erfordert. Mobile Learning bietet Potenzial für Lernszenarien auf jeder Lernzielebene. Lernhandlungen können individuell sowie in der Gruppe mit oder ohne Lehrenden erfolgen, erfordern aber entsprechende Ausstattung.

3 Zusammenführende Bewertungsmatrix der Trends

In Anlehnung an die Bewertungsmatrix nach Murauer (2017, S. 89) wird zusammenführend eine Übersicht erstellt, die als Grundlage zur Entscheidungsfindung herangezogen werden kann und zeigt, ob die beschriebenen Lernformen sinnvoll in die Lehre integriert werden können. Kreuzen Sie die Felder an, die Sie mit Ja beantworten.

Tabelle 2: Bewertungsmatrix zur Entscheidungsfindung

Dimension	Förderliche bzw. hemmende Einzelfaktoren	Flipped Classroom	Just in Time Teaching	Microlearning	Mobile Learning
Ausstattung und Infrastruktur	Reicht die Qualität der Technik (aktuelle Hard- und Software) aus?				
	Besitzen alle Studierenden die notwendige technische Grundausstattung?				
	Ist eine passende Infrastruktur (Netzwerk, Internet, Lernplattform) an der Hochschule gegeben?				
	Gibt es (kostenfreie) Apps, Software, MOOCs oder OER zur Integration in die Lerninhalte?				
	Sind evtl. Leihgeräte vorhanden? Haben alle einen Zugang zu Software/Apps?				
	Läuft das Lernszenario technisch einwandfrei (Internetzugang, kompatible Software und Betriebssysteme)?				
	Ist eine kostenfreie Durchführung des Lernszenarios möglich?				

---

1 Vgl. https://ucfmobile.ucf.edu/cdl/checklist/ (Zugriff am: 04.12.2017).

(Fortsetzung Tabelle 2)

Dimension	Förderliche bzw. hemmende Einzelfaktoren	Flipped Class-room	Just in Time Teaching	Micro-learning	Mobile Learning
Kompetenzen	Verfüge ich über technische und medienpädagogische Kompetenzen zur Planung und Durchführung?				
	Kann ich ein sinnvolles didaktisches Konzept für das Einsatzszenario entwickeln?				
	Bringen die Lernenden ausreichend medienpädagogische und technische Kompetenzen mit?				
Fortbildung und Entwicklung	Gibt es passende Schulungsangebote zum Thema an der Hochschule?				
	Gibt es ein didaktisches Konzept, in dem das Lernszenario sinnvoll integriert werden kann?				
	Ist ein kollegialer Austausch zum Thema möglich?				
Support	Kann ich den Support selbst übernehmen bzw. jemand in meinem Arbeitsbereich? (Zeitnahe Hilfe und kurzfristige Anfragen sind möglich und thematische Nähe ist gegeben.)				
	Gibt es einen zentralen Support an der Hochschule, der bei der Entwicklung und Umsetzung des Lernszenarios helfen kann?				
Effektivität	Besteht ein Mehrwert (inhaltlich, didaktisch) durch den Einsatz?				
	Können entwickelte Lehr-/Lernmaterialien wieder- oder weiterverwendet werden?				
	Ist ausreichend Zeit für die Integration in die Lehrveranstaltung oder das Modul vorhanden?				
	Reicht die Zeit für die Vorbereitung?				
	Passt die Lerngruppengröße?				
	Können verschiedene Lernorte (Seminarraum, zu Hause, *draußen*) einbezogen werden?				
Habitus	Ist Offenheit (eigene und im Arbeitsbereich) für den Einsatz gegeben?				
	Auswertung: Summe Jas				

Beantworten Sie die einzelnen Faktoren für Ihre Lehrveranstaltung bezogen auf die vier Lernformen. Die Lernform mit den meisten Kreuzen bringt das größte Umsetzungs- und Gestaltungspotenzial für die Lehrveranstaltung mit sich.

Kleiner Ausblick

Der vorliegende Artikel konnte Ihnen hoffentlich einen kleinen Überblick darüber geben, was sich hinter aktuellen *Trendbegriffen* im Bereich der digitalen Lehre verbirgt. Ebenso konnte der Artikel Ihnen möglicherweise Potenziale für den Einsatz in der eigenen Lehre aufzeigen, aber auch mögliche Fallstricke vorwegnehmen.

Zusammengefasst lässt sich sagen, dass digitale Medien die eigene Lehre zwar komplett umkrempeln und vollständig durchdringen können, müssen es aber nicht. Die Beispiele des Microlearning und Mobile Learning zeigen, dass man seine Lehre auch mit kleinen Ideen erweitern kann. Selbst bei einem umfassenden Lehrkonzept wie dem Flipped Classroom ist es nicht zwingend notwendig, sofort die gesamte Lehre mit digitalen Medien zu bestreiten.

Kleine Innovationen können auch ohne übergroßes Maß an Medienkompetenz umgesetzt werden. Viele Anwendungen sind heute auch für ungeübte Nutzer:innen schnell zugänglich. Support-Angebote an Hochschulen erleichtern zudem die Auswahl, Planung und Umsetzung von digitalen Lehr-Lernarrangements.

Wenn Sie sich über weitere Entwicklungen auf dem Laufenden halten wollen oder die hier angesprochenen Themen weiter vertiefen, werden Sie auch online fündig. Auch wenn dieser Artikel geduldiger ist als manche Internetseiten, soll zum Abschluss noch auf ein paar Portale verwiesen werden, die voraussichtlich auch in einigen Jahren noch existent und auf dem Laufenden sein werden.

Tabelle 3: Auswahl Informationsquellen zur Vertiefung

Name	Kurzbeschreibung	URL
e-teaching.org	das wohl umfassendste Portal rund um digitale Lehre im deutschsprachigen Raum	www.e-teaching.org
Lehre A-Z	Die TH Köln bietet hier eine fokussierte Übersicht über Literatur und hilfreiche Quellen zu verschiedenen Lehrthemen, auch digitale.	www.th-koeln.de/hochschule/lehre-a-z_5686.php
Inverted Classroom Blog	Blog zur deutschsprachigen ICM-Tagung	https://invertedclassroom.wordpress.com/
Horizon Report	Der Horizon Report erfasst regelmäßig aktuelle Entwicklungen im Bereich Lehre. Unter dem Link finden Sie immer die aktuellsten Reports in verschiedenen Sprachen.	https://www.nmc.org/publication/

Literatur

Adams Becker, S., Cummins, M., Davis, A., Freeman, A., Hall Giesinger, C. & Ananthanarayanan, V. (2017). *NMC Horizon Report: 2017 Higher Education Edition*: Deutsche Ausgabe (Übersetzung: Helga Bechmann, Multimedia Kontor Hamburg). Austin, Texas: The New Media Consortium. Verfügbar unter: https://www.nmc.org/publication/nmc-horizon-report-2017-higher-education-edition-de/ (Zugriff am 04.12.2017).

Arnold, P., Prey, G. & Wortmann, D. (2015). Digitalisierung von Hochschulbildung: E-Learning-Strategie(n) noch up to date? *Zeitschrift für Hochschulentwicklung, 10*(2), 51–69. Verfügbar unter: http://www.zfhe.at/index.php/zfhe/article/view/843 (Zugriff am: 11.12.2017).

Baker, J. W. (2000). *The „Classroom Flip". Using web course management tools to become the guide by the side.* Verfügbar unter: http://www.classroomflip.com/files/classroom_flip_baker_2000.pdf (Zugriff am: 14.02.2019).

Bäumer, M., Malys, B. & Wosko, M. (2004). Lernplattformen für den universitären Einsatz. In K. Fellbaum & M. Göcks (Hg.), *eLearning an der Hochschule* (S. 121–140). Aachen: Shaker Verlag.

Bergmann, J. & Sams, A. (2012). *Flip your classroom: Reach every student in every class every day.* International Society for Technology in Education.

Dittler, U. (2017). Die 4. Welle des E-Learning: Mobile, smarte und soziale Medien erobern den Alltag und verändern die Lernwelt. In U. Dittler (Hg.), *E-Learning 4.0: Mobile Learning, Lernen mit Smart Devices und Lernen in sozialen Netzwerken* (S. 43–67). Berlin, Boston: De Gruyter Oldenbourg.

Fischer, M. & Spannagel, C. (2012). Lernen mit Vorlesungsvideos in der umgedrehten Mathematikvorlesung. In J. Desel, J. M. Haake & C. Spannagel (Hg.), *DeLFI 2012 – Die 10. e-Learning Fachtagung Informatik der Gesellschaft für Informatik e. V.* (S. 225–236). Bonn: Gesellschaft für Informatik e. V.

Frohberg, D. (2008). *Mobile Learning.* Dissertation am Institut für Informatik, Universität Zürich.

Giehle, S., Lankau, R., Loviscach, J., Röbken, H., Pietraß, M., Seyfarth, F. C., Hamelberg, S., Deimann, M. & Deutscher Akademischer Austauschdienst e. V. (DAAD) (Hg.). (2014). *Die Internationalisierung der deutschen Hochschule im Zeichen virtueller Lehr- und Lernszenarien.* Bielefeld: W. Bertelsmann Verlag.

Göth, C., Frohberg, D. & Schwabe, G. (2007). Von passivem zu aktivem mobilen Lernen. *Zeitschrift für e-learning, Lernkultur und Bildungstechnologie, 2*(4), 12–28.

Johnson, L., Adams Becker, S., Cummins, M., Estrada, V., Freeman, A. & Hall, C. (2016). *NMC Horizon Report: 2016 Higher Education Edition*: Deutsche Ausgabe (Übersetzung: Helga Bechmann, Multimedia Kontor Hamburg). Austin, Texas: The New Media Consortium. Verfügbar unter: https://www.mmkh.de/fileadmin/dokumente/Publikationen/2016-nmc-horizon-report-he-DE.pdf (Zugriff am: 04.12.2017).

Johnson, L., Adams Becker, S., Estrada, V. & Freeman, A. (2015). *NMC Horizon Report: 2015 Higher Education Edition*. Deutsche Ausgabe (Übersetzung: Helga Bechmann, Multimedia Kontor Hamburg). Austin, Texas: The New Media Consortium. Verfügbar unter: https://www.mmkh.de/fileadmin/dokumente/Publikationen/2015-nmc-horizon-report-HE-DE.pdf (Zugriff am: 04.12.2017).

Moebert, T., Höfler, J., Jank, H., Drimalla, H., Belmega, T., Zender, R. & Lucke, U. (2016). Ein Autorensystem zur Erstellung von adaptiven mobilen Mikrolernanwendungen In U. Lucke, A. Schwill & R. Zender (Hg.), *DeLFI 2016 – Die 14. E-Learning Fachtagung Informatik der Gesellschaft für Informatik e. V.* (Lecture Notes in Informatics (LNI) – Proceedings, 262) (S. 155–166). Bonn: Gesellschaft für Informatik.

MMB Institut (2017). *Weiterbildung und Digitales Lernen heute und in drei Jahren. Corporate Learning wird zum Cyber-Learning. Ergebnisse der 11. Trendstudie „mmb Learning Delphi"* (mmb-Trendmonitor I/2017). Verfügbar unter: http://www.mmb-institut.de/mmb-monitor/trendmonitor/mmb-Trendmonitor_2017_I.pdf (Zugriff am: 16.10.2017).

Murauer, R. (2017). *BYO[m]D – BRING YOUR OWN [mobile] DEVICE. Eine empirische Analyse der, aus Sicht der Lehrkräfte, erforderlichen Rahmenbedingungen für die Implementierung von schülereigenen Smartphones und Tablets im Unterricht* (Dissertation, Universität Hamburg). URN: urn:nbn:de:gbv:18-83522.

Novak, G. M., Patterson, E. T., Gavrin, A. & Enger, R. C. (1998). Just-in-Time Teaching: Active learner pedagogy with WWW. In *IASTED International Conference on Computers and Advanced Technology in Education* (S. 27–30). url http://webphysics.iupui.edu/JITT/ccjitt.html

Novak, G. M., Patterson, E. T., Gavrin, A. D. & Christian, W. (1999). Just in time teaching. *american journal of physics, 67,* 937–938.

Rehatschek, H., Leopold, U., Ebner, M., Kopp, M., Schweighofer, P., Rechberger, M., Teufel, M. & Sfiri, A. (2016). Editorial: Seamless Learning – Lernen überall und jederzeit. *ZFHE, 11*(4), 9–14.

Robes, J. (2011). Aktuelle Trends im Micro Learning. Learning Nuggets – Wunsch und Wirklichkeit. *Personalführung,* 2/2011, 50–53.

Schäfer, A. M. (2012). Das Inverted Classroom Model. In J. Handke & A. Sperl (Hg.), *Das Inverted Classroom Model. Begleitband zur ersten deutschen ICM-Konferenz* (S. 3–11). München: Oldenbourg Verlag.

Schön, S., Ebner, M., Schön, M. & Haas, M. (2017). Digitalisierung ist konsequent eingesetzt ein pädagogischer Mehrwert für das Studium: Thesen zur Verschmelzung von analogem und digitalem Lernen auf der Grundlage von neun Fallstudien. In: C. Igel (Hg.), *Bildungsräume, Proceedings der 25. Jahrestagung der Gesellschaft für Medien in der Wissenschaft* (S. 11–19). Münster, New York: Waxmann.

Schulmeister, R. (2001). *Virtuelle Universität, Virtuelles Lernen*. München, Wien: Oldenbourg Wissenschaftsverlag.

Seipold, J. (2017). Grundlagen des mobilen Lernens. Themen, Trends und Impulse in der internationalen Mobile Learning-Forschung: In F. Thissen (Hg.), *Lernen in virtuellen Räumen: Perspektiven des mobilen Lernens* (S. 11–27). De Gruyter.

Seufert, S., Ebner, M., Kopp, M. & Schlass, B. (2015). Editorial: E-Learning-Strategien für die Hochschullehre. *Zeitschrift für Hochschulentwicklung, 10*(2), 9–18. Verfügbar unter: http://www.zfhe.at/index.php/zfhe/article/view/843 (Zugriff am: 11.12.2017).

Technische Hochschule Köln (2017). *Lehre A–Z*. Verfügbar unter: https://www.th-koeln.de/hochschule/lehre-a-z_5686.php (Zugriff am: 23.12.2017).

Treeck, T. V., Himpsl-Gutermann, K. & Robes, J. (2013). *Offene und partizipative Lernkonzepte. E-Portfolios, MOOCs und Flipped Classrooms*. Verfügbar unter: https://www.pedocs.de/volltexte/2013/8354/pdf/L3T_2013_Treeck_Himpsl_Gutermann_Robes_Offene_und_partizipative.pdf (Zugriff am 09.01.2019).

de Witt, C. (2012). Neue Lernformen für die berufliche Bildung: Mobile Learning – Social Learning – Game Based Learning. *BWP,* 106(3), 6–9.

Tabellenverzeichnis

Tab. 1   Häufige Einwände und Missverständnisse zum Flipped Classroom   187

Tab. 2   Bewertungsmatrix zur Entscheidungsfindung   193

Tab. 3   Auswahl Informationsquellen zur Vertiefung   195

Autorinnen und Autoren

AL-KABBANI, Daniel. Daniel Al-Kabbani ist Diplom-Psychologe sowie Lehrender an diversen Universitäten. Zudem ist er selbstständiger Coach und Trainer bei Creaversity und bietet hochschuldidaktische Workshops, Workshops zum Improtheater, Entwicklung von Curricula, Workshops für Teams und Organisationen sowie Didaktik für Tagungen an.

CROPLEY, Arthur. Prof. Dr. Arthur Cropley, Professor der pädagogischen Psychologie (im Ruhestand) der Universität Hamburg, befasst sich insbesondere mit der Umsetzung von Ergebnissen der Kreativitätsforschung in die Praxis.

CROPLEY, David. Prof. Dr. David Cropley, Professor für Engineering Innovation an der School of Engineering, University of South Australia, ist ein international anerkannter Experte in der Kreativitäts- und Innovationsforschung.

DANY, Sigrid. Dr. phil. Sigrid Dany, Erziehungswissenschaftlerin und Hochschuldidaktikerin, ehemalige Leiterin des Bereichs Hochschuldidaktik, zhb, der Technischen Universität Dortmund. Tätigkeitsschwerpunkte: Professionalisierung akademischer Lehrtätigkeit, Coaching, Mediation in der Arbeitswelt (BMWA). Lehrbeauftragte an der Fakultät für Architektur und Bauingenieurwesen. Internationale Lehrtätigkeit in Afrika, China, Russland, USA, Zentralasien.

FRYE, Silke. Silke Frye ist wissenschaftliche Mitarbeiterin am Zentrum für HochschulBildung (zhb) und in der IngenieurDidaktik, Fakultät Maschinenbau, der Technischen Universität Dortmund. Zu ihren Forschungsschwerpunkten zählen die Labordidaktik, die Internationalisierung und transnationale Lehre im ingenieurwissenschaftlichen Studium sowie das ‚Hands On' Learning und die Gestaltung technischer Lern- und Lehrumgebungen.

GEIGER, Jan-Martin. Jan-Martin Geiger ist wissenschaftlicher Mitarbeiter am Lehrstuhl Entrepreneurship und Ökonomische Bildung der Technischen Universität Dortmund. Seine Forschungsschwerpunkte sind: Ökonomische Bildung, Entrepreneurship Education und entrepreneuriale Lernprozesse.

GRODOTZKI, Joshua. Joshua Grodotzki ist wissenschaftlicher Mitarbeiter am Institut für Umformtechnik und Leichtbau, Fakultät Maschinenbau, der Technischen Universität Dortmund. Seine Forschungsschwerpunkte liegen in den Themenfeldern der Ingenieurdidaktik und Simulationstechnik in Bezug auf Umformtechnik.

HAARHAUS, Tim. Tim Haarhaus ist wissenschaftlicher Mitarbeiter und Doktorand am Lehrstuhl Entrepreneurship und Ökonomische Bildung der Technischen Universität Dortmund. Seine Forschungsinteressen betreffen insbesondere die Themen: Entrepreneurial Ecosystems, Digital Entrepreneurship sowie Corporate Entrepreneurship.

HAERTEL, Tobias. Dr. phil. Tobias Haertel vertritt seit dem Sommersemester 2017 die W2-Professur IngenieurDidaktik an der Fakultät Maschinenbau der Technischen Universität Dortmund und rief 2018 den Makerspace Maker Education (M.EE) ins Leben. Seine Fachgebiete sind Ingenieurdidaktik, Kreativität und Entrepreneurship in den Ingenieurwissenschaften sowie Maker Education in der technischen Bildung.

HEIX, Sabrina. Sabrina Heix ist wissenschaftliche Mitarbeiterin und Doktorandin am Lehrstuhl für Marketing der Fakultät Wirtschaftswissenschaften sowie wissenschaftliche Mitarbeiterin am Lehrstuhl für Organisationsforschung, Sozial- und Weiterbildungsmanagement – Forschungsgruppe Ingenieurdidaktik der Technischen Universität Dortmund. Sie forscht primär zu Themen des internationalen und interkulturellen Marketing.

IHSEN, Susanne. Prof. Dr. Susanne Ihsen (†2018) hatte die Professur Gender Studies in den Ingenieurwissenschaften an der Technischen Universität München inne. Sie forschte auf dem Gebiet der Gender Studies und Geschlechterforschung, um insbesondere für die Ingenieur- und Naturwissenschaften Organisationen und ihre Prozesse in ihrer Gestaltung zu begreifen und diese hinsichtlich ihrer Innovationspotenziale in Bezug auf Personen und deren technische Entwicklungen zu verändern.

KAUFFELD, Simone. Prof. Dr. Simone Kauffeld hat den Lehrstuhl für Arbeits-, Organisations- und Sozialpsychologie an der Technischen Universität Braunschweig inne. Ihre Forschungsschwerpunkte umfassen die Themen Kompetenz, Team und Führung, Karriere und Coaching sowie Organisationsentwicklung.

KÖPPE, Gesine. Gesine Köppe ist Textilingenieurin an der ITA Academy GmbH in Aachen und setzt sich mit Themen der Digitalisierung, des Shopfloormanagements sowie der Qualifizierung und Weiterbildung (Textiltechnik und Industrie 4.0) auseinander.

KRIEDEL, Ronald. Dr. Ronald Kriedel, akademischer Rat am Lehrstuhl Entrepreneurship und Ökonomische Bildung und Geschäftsführer des Centrums für Entrepreneurship & Transfer der Technischen Universität Dortmund, forscht primär zu den Themenfeldern Geschäftsmodelle, insbesondere deren Entstehung und Weiterentwicklung, entrepreneuriale Methoden und deren Einsatz sowie zur entrepreneurialen Unternehmenskultur.

KRINS, Christina. Prof. Dr. Christina Krins hat die Professur für Betriebswirtschaftslehre mit dem Schwerpunkt Personalmanagement an der Fachhochschule Südwestfalen (Standort Meschede) inne. Ihre Forschungsschwerpunkte liegen in den Bereichen Change Management im Digitalen Wandel, Arbeit und Arbeitswelt 4.0, Kompetenz- und Qualifizierungsmanagement, strategische Ausrichtung von Human Resources Management (HRM), Unternehmenskultur und Personalführung.

LANGMANN, Reinhard. Prof. Dr.-Ing. Reinhard Langmann hat die Professur für Angewandte Internettechnologien – e-technology und Teletechniken, Kommunikationssysteme, Mensch-Maschine-Kommunikation, Multimediatechnik, Prozessinformatik sowie Teletechniken an der Hochschule Düsseldorf im Fachbereich Elektro- & Informationstechnik inne. Seine Fachgebiete umfassen Regelungstechnik, Prozesslenkung, offene Steuerungen, verteilte Automatisierung, Feldbustechnik, Internet in der Automatisierung.

LENSING, Karsten. Karsten Lensing ist wissenschaftlicher Mitarbeiter der IngenieurDidaktik, Fakultät Maschinenbau, der Technischen Universität Dortmund. Seine Forschungsthemen sind Lernfabriken, Komplexitätsreduktion in der technischen Bildung sowie Kompetenzentwicklung im Rahmen der Digitalisierung.

LIENING, Andreas. Prof. Dr. Andreas Liening ist Univ.-Professor für Entrepreneurship und Ökonomische Bildung und Dekan der Fakultät Wirtschaftswissenschaften an der Technischen Universität Dortmund. Er befasst sich in Forschung und Lehre insbesondere mit entrepreneurialen Themenbereichen sowie Bildungsfragen aus ökonomischer Perspektive unter dem Leitbild *Technology & Innovation* der Fakultät Wirtschaftswissenschaften.

MAY, Dominik. Dr. Dominik May ist Assistant Professor am College of Engineering an der University of Georgia in den USA. Am Engineering Education Transformations Institute forscht er zu Themen der Ingenieurausbildung und -didaktik in den Bereichen Remote Experimentation, Virtual Instrumentation und International Collaboration.

PITTICH, Daniel. Prof. Dr. Daniel Pittich hat die Professur für Technikdidaktik an der Technischen Universität München inne. Seine Professur richtet sich thematisch auf berufliches und hochschulisches Lehren und Lernen in technischen Domänen aus. Kernbereiche sind hierbei Kompetenzmodelle, Kompetenzerwerb, Kompetenzvermittlung und Kompetenzmessung.

PRAẞ, Nicolina. Nicolina Praß ist Geschäftsführerin der ITA Academy GmbH und ist für die Leitung des Digital Capability Centers sowie für das Management von Projekten zur Forschung und Entwicklung entlang der textilen Kette verantwortlich.

REINING, Nine. Nine Reining ist wissenschaftliche Mitarbeiterin am Lehrstuhl für Arbeits-, Organisations- und Sozialpsychologie an der Technischen Universität Braunschweig. Ihr Forschungsschwerpunkt liegt auf neuen Lehr-/Lernformen und -medien. Primär befasst sie sich mit der Lernfabrik als Lehr- und Lernort.

SAGGIOMO, Marco. Dr.-Ing. Marco Saggiomo war bis Dezember 2018 technischer Leiter des Digital Capability Center Aachen und bis zu seiner erfolgreichen Promotion wissenschaftlicher Mitarbeiter am Institut für Textiltechnik der Rheinisch-Westfälischen Technischen Hochschule Aachen. Sein Forschungsschwerpunkt lag u. a. in der Prozessoptimierung und Automatisierung.

SCHMITZ, Daniela. Dr. phil. Daniela Schmitz ist wissenschaftliche Mitarbeiterin an der Fakultät für Gesundheit, Lehrstuhl für multiprofessionelle Versorgung chronisch kranker Menschen an der Universität Witten-Herdecke. Sie forscht zu Bedingungen, Formen und Folgen von Multiprofessionalität in der Lehre, didaktischer Konzeption und Spezifikation von Anforderungen an eine multiprofessionelle Hochschuldidaktik sowie zur Normalisierung multiprofessionellen Lehrens und Lernens (Projekt der internen Forschungsförderung 2019).

TEKKAYA, A. Erman. Prof. Dr.-Ing. Dr.-Ing. E. h. A. Erman Tekkaya ist Professor an der Fakultät Maschinenbau der Technischen Universität Dortmund und leitet das Institut für Umformtechnik und Leichtbau. Seine Forschungsinteressen liegen u. a. in den Themenfeldern Umformtechnik, Simulation und Analyse von Herstellungsprozessen, Materialcharakterisierung sowie in der Ingenieurausbildung.

TENBERG, Ralf. Prof. Dr. habil. Ralf Tenberg ist Leiter des Arbeitsbereichs Technikdidaktik sowie Studiendekan des Fachbereichs 03 – Humanwissenschaften an der Technischen Universität Darmstadt. Seine Forschungsschwerpunkte liegen in den Bereichen: technisches Lernen und Kompetenzerwerb, Diagnostik und Prognostik in technischen Lern- und Entwicklungsprozessen, Professionalisierung von Lehrer:innen und Ausbilder:innen, schulische Organisationsentwicklung und Schulleitungsforschung.

TERKOWSKY, Claudius. Claudius Terkowsky (Dipl.-Päd.) ist Leiter der Forschungsgruppe Ingenieurdidaktik am Zentrum für HochschulBildung (zhb) der Technischen Universität Dortmund. Er forscht zu Labordidaktik, Kreativitätsförderung und innovativen Lehr-/Lernszenarien an den Schnittstellen von Mensch, Technik und Medien. Darüber hinaus ist er seit vielen Jahren in der hochschuldidaktischen Weiterbildung tätig.

Interdisziplinäre Qualifizierung von Tutorinnen und Tutoren

↗ wbv.de/dghd

- Material zur Implementierung
- Nachschlagewerk für die Praxis

Tutorielle Lehre ist ein erfolgreiches Konzept an Hochschulen, besonders in der Studieneingangsphase. An der TU Darmstadt werden Tutorinnen und Tutoren schon lange in einzelnen Fachbereichen und der Hochschuldidaktischen Arbeitsstelle qualifiziert. Durch die Förderung im Qualitätspakt Lehre im Projekt „KIVA" konnten die Konzepte weiterentwickelt und ausgeweitet werden. Der Band stellt die wissenschaftlichen Grundlagen und Praxisansätze des Modells zur Qualifizierung von Fachtutorinnen und -tutoren vor.

Im ersten Schritt ordnen die Autorinnen und Autoren die Tutorielle Lehre in den deutschen Hochschulkontext ein und beschreiben die historische Entwicklung. In den folgenden Kapiteln erörtern sie Modelle der Qualifizierung in Deutschland, Qualitätsstandards und professionstheoretische Ansätze sowie inhaltliche Aspekte und Methoden zur Qualifizierung.

In einem Praxiskapitel werden Möglichkeiten der Anwendung in einzelnen Disziplinen vorgestellt. Das Abschlusskapitel berichtet über die besonderen Strukturen der TU Darmstadt und die gelebte Interdisziplinarität in der Tutoriellen Lehre.

Olga Zitzelsberger, Thomas Trebing, Guido Rößling, Sabine General, Annette Glathe, Jacqueline Gölz, Henrike Heil, Tina Rudolph, Biljana Stefanovska, Michael Sürder (Hg.)

Qualifizierung von Fachtutor*innen in interdisziplinärer Perspektive

Blickpunkt Hochschuldidaktik, 135
2019, 304 S., Print plus E-Book 34,90 € (D)
ISBN 978-3-7639-6044-6
Als E-Book bei wbv.de

wbv Media GmbH & Co. KG · Bielefeld
Geschäftsbereich wbv Publikation
Telefon 0521 91101-0 · E-Mail service@wbv.de · Website wbv.de

Hochschulweiterbildung in Theorie und Praxis

Die neue Reihe bei wbv Publikation

↗ wbv.de/hwb

Die Herausgebenden wollen den wissenschaftlichen Austausch zur Hochschulweiterbildung fördern und eine Publikationsplattform für Beiträge zum Forschungsfeld bieten.

Die Themen reichen von der Konzeption erwachsenengerechter Hochschuldidaktik über empirische Forschungsergebnisse bis zu historischen, internationalen und theoretischen Analysen lebenslanger Lernprozesse an Hochschulen. Best Practice, Wissenschaftstransfer, Nachwuchsförderung und internationaler Austausch sind Ziele der Publikationsreihe. Veröffentlicht werden Sammelbände, Monografien, Dissertationen sowie Habilitationen.

wbv Publikation ist ein Geschäftsbereich von wbv Media.
wbv Media GmbH & Co. KG · Bielefeld
Telefon 0521 91101-0 · E-Mail service@wbv.de · Website wbv.de